U0017033

現代名著譯叢

經驗與教育
Experience and Education

重新譯注本

約翰·杜威 John Dewey　著

單文經　譯注

科技部經典譯注計畫

約翰・杜威（John Dewey）

凡例

一、本書依1998年發行的《經驗與教育》六十週年增訂版本重新譯注，分上、下兩篇；上篇為具有學術導論性質的緒論，下篇為重新譯注本，包括杜威《經驗與教育》一書的原文，以及四篇評論。

二、本書行文中引用《經驗與教育》的原文而需說明其出處時，概以其書名*Experience and Education*的縮寫EE表示。惟在四篇評論中，因係原作者對杜威《經驗與教育》一書所作的評論，即未再標明EE，而逕依原作者的作法，僅標明頁碼而已。

三、本書引用杜威其他著作時，除非特例，悉數引自校勘本《杜威全集》電子檔（*The Collected Works of John Dewey, 1882-1953. Electronic Edition, Second Release*）。該套全集計有：A類論著，初期（Early Works）5冊、中期（Middle Works）15冊、後期（Later Works）17冊、補綴（Supplementary Volume）1冊等共38冊；B類信函，4冊；C類講演稿，1冊。本書末參考書目中第二部分所列出的各種A類論著，其書目的寫法係依序標明其期別（初期為EW，中期為MW，晚期為LW，補綴為SV）、冊別、起訖頁碼、發表年代，及篇目名稱；而B類信函，則依序標明發信人、受信人、發信時間、序號、冊別。

四、原則上，本書將所出現的英文專有名詞、書名、人名等皆譯成中文，並只在第一次出現時附上英文。

五、原書為表示加強語氣而以斜體字型或大寫字體呈現，本書譯為中文時，皆改為粗黑體字型，並於必要時將斜體字型的原文置於括弧內，以資辨識。惟書末參考書目中出現的粗黑體字型，則為特定的書名及刊物名，是為例外。

六、原書所本有的注釋，悉加注明，餘皆為譯注者所為之者。

七、本書注釋中的文字，凡自網站上所取得的各種資料，皆經相互比對與研判，再就其為較確實者加以綜合歸納並且改寫而成。惟為節省篇幅，除非特例，多未附上網址。

八、本書中所見引號可大別為二類，一為西式標法" "，係依原書標示；二為中式標法「」，係譯注者自行增加者。

九、本書的翻譯部分，盡量做到活譯達意、簡鍊流暢、力求神似，並避免漏譯、刪割、走樣等情事。又為使文意更為清順易解，偶以意譯方式處理，並適時加上必要的補述。本書的注釋部分，力求該注則注、詳為解讀、深入闡釋，並提供必要的資訊予讀者參考。惟畢竟譯注者時間及能力皆有所限，疏失舛誤在所難免，尚祈方家不吝賜正。

目次

上篇 | 緒論

下篇｜譯注本

前言

　　《經驗與教育》重新譯注本（以下有時簡稱為本書）為譯注者（以下有時簡稱為本人）執行100年度行政院國家科學委員會（現改為科技部）補助人文及社會科學經典譯注研究計畫（以下有時簡稱為本計畫）的成果。本計畫所重新譯注研究的經典為「99年度行政院國家科學委員會補助人文及社會科學經典譯注研究計畫作業要點」附件七「國科會人文處經典譯注研究計畫98年度推薦書單」列在教育學門中英文部分的38本之一，是由美國約翰・杜威（John Dewey, 1859-1952）於1938年撰寫的《經驗與教育》（*Experience and Education*）。

　　此一代表這位20世紀最重要教育理論家最精要宣言的教育經典，已有1940年代的三個中譯本，及1990年代的一個中譯本。但這四個譯本多「譯」而少「注」，甚至只「譯」而不「注」；又，其中有譯者可能誤解原典文字或提供資訊不足的情況。因此，本計畫乃決定重新譯注，讓譯文更臻「信、雅、達」的理想，並讓注釋使讀者理解與原文有關的更豐富、更正確的訊息。

　　又，本計畫所譯注的《經驗與教育》一書，是原出版單位Kappa Delta Pi國際教育榮譽學會[1]（Kappa Delta Pi International

---

1　Kappa Detla Pi國際教育榮譽學會係美國哥倫比亞大學教授柏格萊（William Bagley, 1874-1946）於1911年在伊利諾州立大學成立。學會設立旨在提高教

Honor Society in Education, 以下簡稱 KDP）在 1998 年發行的六十週年增訂版（*Experience and Education: The 60th Anniversary Edition*）。該版本的特色之一是原出版單位 KDP 邀請了曾經獲贈該會桂冠學者榮譽的四位當代學者，為最早獲得此項榮譽的杜威所出版的這本書，各自撰寫了一篇評論。

　　本計畫的目的即在依據上開「要點」第十五條的說明：完成譯注研究計畫的成品，除了原典原文之翻譯之外，當包括（一）具有深度及分量的學術性導讀（critical introduction），含關鍵詞、作者介紹、著作發表的時代、典範意義、版本及譯本的介紹；（二）歷代重要相關文獻的檢討；（三）注釋（annotation）；（四）譯注術語的討論與解釋；（五）重要研究書目提要；（六）年表；（七）原典頁碼對照，以利查索；以及（八）其他重要的相關資料等要求，完成譯注研究的工作。

　　據此，本人自 2010 年秋，因為撰擬本計畫的申請書，即已初

育品質，並為獻身於教育事業的教育者提供相互聯繫和交流的平臺。KDP 自創立之初，就走在趨勢前端，開風氣之先，男女會員兼收，現今已由地方性學會發展為國際性組織，全球設有 572 個分會，共計 45000 多名會員。KDP 國際教育榮譽學會採菁英政策，只吸收具有學術素養，並在教學、行政及相關行業出類拔萃的教育人員。會員中人才輩出，歷史上知名人士如愛因斯坦（Albert Einstein, 1879-1955）、皮亞傑（Jean Piaget, 1886-1980）、杜威、喬治華盛頓・卡弗（George Washington Carver, 1864-1943）、艾莉諾・羅斯福（Eleanor Roosevelt, 1884-1962）等均為 KDP 桂冠學者。1998 年，KDP 國際教育榮譽學會出版部的馬比（Grant E. Mabie），在《經驗與教育》一書六十週年版次的編者前言之中，曾就該學會與杜威的關聯作了相當詳細的說明。1924 年，當該學會成立 13 年時，該學會考慮設置桂冠學者的榮譽獎項，俾便對於當今世上出類拔萃的教育人員表示肯定。當時該學會邀請杜威作為該學會頒贈的第一位桂冠學者，杜威接受了此項榮譽。翌年，即有另外七位教育界的菁英獲頒此一獎項。又，為行文方便計，Kappa Detla Pi 皆以 KDP 代之。

步完成下列項工作：（一）《經驗與教育》一書試行譯注了約近三分之一的篇幅；（二）由出版經過、版本分析、引用分析、當時評論分析，以及中、譯本分析等的解說，證明這是一本短小精悍的書冊；（三）由杜威的人、世、書的分析，說明這是哲人傳世傑作之一；（四）由出版旨趣、各章要義、名家評論等的描述說明這是歷久彌新的教育經典。其後，本人持續進行與本計畫的有關工作，俟2011年6月下旬獲知該計畫業已核定時，已經完成另外三分之一的譯注研究工作，並且初步完成杜威自述及傳記的譯文。其後，以迄2012年秋，再完成其他各部分工作，並且綴集成為上下二篇。茲謹將前後共費時二年有餘所完成的譯注研究成果，略加簡介如下。

　　本書上篇為緒論，是為《經驗與教育》的學術導讀。本篇先呈現簡式的杜威年譜，以摘記其生平梗概及重要著作。其後，再分為杜威其世其人、該書的重要性，以及重新譯注的必要性等三章。

　　第一章，杜威其世其人。先以跨越兩個不同的世紀，以及身兼哲學家與教育家二節，說明杜威其世其人。第三節敘述杜威關注教育問題的原因，第四節則補述研究杜威生平與著作的有關資料。

　　第二章，縷述《經驗與教育》一書的重要性。本章先以楔子說明譯注本書的緣起，其後再分為二節。第二節，自該書的外觀及篇幅的大小，以及流傳與接受的情況等，描述其重要性；文中包含了該書的出版經過、印行的版次、各個時代的評論、譯本（含中譯本）的數量，以及引用的情況，說明其為一本短小精悍的教育經典。第三節，則以1894年及1904年為界線，將杜威教育論著分為三個階段，詳述其以七秩晉九高齡於1938年出版的

《經驗與教育》一書，實為其辯解教育立場的力作。

　　第三章，說明重新譯注這本教育經典的必要性。第一節，先以原出版單位 KDP 在 1998 年發行該書六十週年增訂版的特色為由，指出該一新版本有待譯注的事實。第二節，以過去 1940 年代的三個及 1990 年代的一個中譯本呈現多譯而少注，或只譯而不注，甚至有漏譯、刪割、誤譯、走樣與資訊不足等情事，說明現有譯本可再予改進，而有重新譯注該書的必要性。第三節，則提出重新譯注的三項承諾：翻譯時謹守活譯達意、簡鍊流暢、力求神似之原則，注釋時試達該注則注、詳為解讀、深入闡釋之目標，研究時則盡力研所應研、譯研合體、臻真善美之境界。

　　下篇，為《經驗與教育》譯注本。這一部分又分為正文前各事項、正文八章、當代四位學者的評論四章、正文後各事項等四者。正文前各事項包括：六十週年版次的編者前言、1938 年版次的杜威序，以及 1938 年版次的編者前言等，可讓讀者迅速掌握該書出版的背景及出版旨趣等訊息。正文八章除依據前述的承諾，力求譯文的信、雅、達之外，並針對關鍵術語及重要概念進行注釋，以便讀者能清楚地理解原典的內容，以及作者杜威所欲傳達的意思。原出版單位邀請曾經獲贈該會桂冠學者榮譽的四位當代學者，為最早獲得此項榮譽的杜威所出版的這本書撰寫的評論，亦仔細加以迻譯，並作必要的注釋。在正文之後則有六十週年版次的編者所置入的杜威及四位當代學者的簡介，以及全書的索引。

　　完成此項譯注研究計畫，首先要感謝國科會的贊助。2011 年 6 月下旬，本人獲知核定該案執行的年限經縮減為一年，而非預定之二年。本人一方面慶幸，於僧多粥少的情況之下該案仍獲補助，但是，另一方面，本人亦因原初構想的工作進度受到打亂而

憂心。經過若干時日的思考，本人調整了心態：仍積極繼續執行
《經驗與教育》譯注研究案，並且加緊努力，為提出新一年度的
計畫作準備工作。當時，本人是希望能打鐵趁熱，於2011年年底
提出《經驗與自然》的譯注研究計畫之申請。但於2011年9月13
日向承辦人魏念怡研究員表示此一想法時，渠稱：「今後，凡執
行經典譯注專題研究之成果未經出版者，不核准新案」，並且建
議本人申請一般的專題研究計畫。

　　既然如此，本人乃在繼續完成《經驗與教育》一書譯注研究
工作的同時，並為申請「杜威教材論的評析」一般型研究計畫作
準備。此一計畫的申請書於2011年年底提出，而於2012年6月
下旬獲知該案亦有幸通過；更慶幸的是所申請的校勘本《杜威全
集》電子檔亦獲國科會同意購置。2012年8月下旬完成該電子檔
的採購程序，並由中國文化大學圖書館正式掛上的網站；本人因
而得以隨時進入電子檔查閱杜威的各項著作及相關的資料，這對
於本人據以核對譯注研究計畫成果所引用的杜威原著之正確性有
十分重大的助益。

　　其實，魏念怡研究員所轉達「舊案未出版，不核准新案」的
新規定，確實有其道理：一則讓申請人得以專心處理舊案，不必
為舊案與新案並存而兩頭忙，結果弄得兩頭不是。如今，本人即
是如此，得以心無旁鶩地將舊案妥予完成，然後，好整以暇地執
行一般研究案，並且「慢慢細細」地準備卜一個計畫，無論是
般型研究計畫，或者是譯注研究計畫。所以，要感謝國科會的明
智決定。

　　其次，要感謝提供舊有譯本的圖書館及居中協助的朋友。

　　如前所述，《經驗與教育》一書在1940年代出現了三個中譯
本，在1990年代又出現一個中譯本。第四個譯本是由臺北的五

南書局於1992年，將河北大學教育學系姜文閔教授翻譯、而由北京人民教育出版社於1991年出版的《我們怎樣思維‧經驗與教育》，印成的《經驗與教育》單行本，列入賈馥茗教授主編的教育經典譯叢；因為年代較近，一般圖書館都可以借到此一譯本。至於1940年代出現的三個中譯本：曾昭森譯本（商務印書館，1940），李相勖、阮春芳合譯本（文通書局，1941），李培囿譯本（正中書局，1942），則因為年代較為久遠而無法在一般圖書館借到。其中，李培囿譯本在臺灣的一些圖書館還可以較容易地借到；本人即是在2010年秋天在新北市中和區住處附近的國立臺灣圖書館借得。該館以該譯本年代久遠，未予流通而是收藏於書庫，不過，由書庫借出在館內閱讀則可。

　　至於另外二個譯本，就費了些工夫才取得影本。先說曾昭森譯本。本人於2011年春，透過國立臺灣師範大學圖書館辦理館際互借的同仁，向國立臺中圖書館借閱該譯本。該館答以該書因年代久遠且為孤本，依規定不得外借。正當本人為此而發愁時，國立臺灣師範大學圖書館的同仁以電子郵件告示，國立臺中圖書館館長已經寄來該譯本的影本。真是感謝！

　　說到李相勖、阮春芳合譯本，就更是煞費周章，勞煩了好多位中國大陸的朋友才找到。先是於2011年秋，本人透過位於武漢市之華中科技大學教育研究院的劉長海教授，請他代為搜尋該一譯本，結果，過了一個月時間，他傳來了一個譯本的電子檔，但卻不是李相勖、阮春芳的合譯本，而是我已經找到的李培囿譯本。於是，我又以電子郵件覆請他再繼續搜尋。他透過位於重慶市的西南大學教育學院的楊梅教授，打聽到位於西南大學圖書館藏有該一譯本，但是，也因為年代久遠且為孤本，依規定不得外借。悵甚之餘，乃急電並以傳真聯繫多年的老友，西南大學教育與心理研究中心張詩亞教授。結果，透過他的協助，再加上該校多位領導的特准，才由圖書館同意以照相方式將該譯本複製傳來。那才真是要感謝呢！

　　當然，也要感謝我最常出入借書還書的國立臺灣師範大學圖書館、中國文化大學圖書館，以及國立臺灣圖書館。

　　其次，要感謝的是家人的協助與支持。本人因為必須以較短的時間完成較多的成果，難免在分擔家事及陪同家人活動等方面的時間顯著減少，所以，他們的理解與體諒就顯得十分重要。又，要特別感謝遠在美國工作的長子單子睿，於2010年秋為我購買《經驗與教育》一書的六十週年增訂版。蓋本人原本擁有的是Collier Books的1963年版，也一直都是以該版本從事譯注計畫的準備工作，後來，因為搜集各個版本的資訊而獲知有增訂版流通，乃欲上網選購。然而，為爭取時效與節省運費，才請子睿協助購買後再郵寄予本人。

　　再次，則要感謝國立臺灣師範大學及中國文化大學的有關同仁。前者協助本人以退休教授身分辦理申請國科會計畫的手續，在本人轉至中國文化大學任職後，又協助辦理轉移的手續。後者，如教育學院創院院長伍毅夫教授，前任院長也是本人碩士及博士論文指導教授的歐陽育之教授，現任院長張建成教授，教育學系主任陳寶山教授、師資培育中心主任王等元教授，以及教育學系與師資培育中心同仁的多番鼓勵與支持，教育學院、師資培育中心、學系辦公室、研究發展處、總務處等有關單位的同仁在各項行政暨採購等程序上的協助，也都應予感謝。

　　最後，在本人還未利用館際互借的方式借閱圖書資料時，國立清華大學的謝小芹教授，國立中正大學的鄭勝耀教授，國立成功大學的于富雲教授，還有國立屏東教育大學的簡成熙教授，在

本人急需某本參考書或是某篇期刊論文，甚至光碟等圖書資料，
為本人借出並快遞傳來，一併感謝！

單文經謹識

於台北陽明山華岡大孝館

2012 年 10 月 31 日初稿

2015 年 3 月 1 日定稿[2]

2　本重新譯注稿經過多次校讀，於 2015 年 3 月 1 日定稿，距離杜威於 1938 年 3 月
　　1 日在 KDP 年會發表專題講演正好 77 年。當晚，《經驗與教育》一書的初版
　　正式問世。

上篇｜緒論

壹 杜威年譜（簡式[1]）

為讓讀者對杜威生平及重要著作有一概略理解，本書先將美國南伊利諾大學杜威研究中心（Center for Dewey Studies at Southern Illinois University Carbondale）公布在其網站上，而原出自該中心主任希克曼（Larry A. Hickman）及另一位學者亞力山大（Thomas M. Alexander）於1998年合輯的《杜威文選》（*The Essential Dewey*）第一冊的〈簡式杜威年譜〉（*Short Chronology*）迻譯後並略加修改如下（Hickman & Alexander, 1998: iv）。

1859年10月20日杜威生於維蒙特州伯靈頓城（Burlington, Vermont）

1879　　獲維蒙特大學（University of Vermont）學士學位

1879-81　任教賓州石油城中學（Oil City, Pennsylvania）

1881-82　任教維州夏樂地湖景學校（Lake View Seminary, Charlotte, Vermont）

1882-84　入讀約翰霍浦金斯大學（John Hopkins University）研究院

1884　　取得約翰霍浦金斯大學博士學位，獲聘密西根大學（University of Michigan）哲學系講師

1886　　與艾麗絲‧紀曼女士（Alice Chipman, 1859-1927）結婚

1　英文版的詳式年譜請見 http://www.siuc.edu/~deweyctr/pdf/CHRONO.pdf。

1888-89 獲聘明尼蘇達大學（University of Minnesota）哲學系教授

1889 獲聘密西根大學哲學系主任

1894 獲聘芝加哥大學（University of Chicago）哲學系（含心理學和教育學）主任

1897 獲選為赫爾中心（Hull House）的董事，發表〈我的教育信條〉（"My pedagogical creed"）

1899 發表《學校與社會》（The School and Society）

1889-1900 獲選為美國心理學會（American Psychological Association）會長

1902 發表《兒童與課程》（Child and Curriculum）

1903 發表《邏輯理論研究》（Studies in Logic Theory）

1904 獲聘為哥倫比亞大學（Columbia University）哲學系教授

1905-06 獲選為美國哲學會（American Philosophical Association）會長

1908 發表《倫理學》（Ethics）

1909 發表《德育原理》（Moral Principles in Education）

1910 發表《我們如何思考》（How We Think），《達爾文對哲學的影響》（The Influence of Darwin on Philosophy）

1913 發表《教育上的興趣與努力》（Interest and Effort in Education）

1916 發表《民主與教育》（Democracy and Education），《實驗邏輯論文集》（Essays in Experimental Logic）

1919 赴日講學

1919-21 赴華講學

1920 發表《哲學之改造》（Reconstruction in Philosophy）

1922 發表《人性與行為》（Human Nature and Conduct）

1924　赴土耳其參訪學校

1925　發表《經驗與自然》（*Experience and Nature*）

1926　赴墨西哥參訪學校

1927　發表《公眾及其問題》（*The Public and Its Problems*）

1927　夫人艾麗絲辭世

1928　赴蘇俄參訪學校

1929　發表《確定性之追求》（*The Quest for Certainty*）

1930　發表《新舊個人主義》（*Individualism, Old and New*）

1930　自哥倫比亞大學退休，受聘為榮譽教授

1932　發表新版《倫理學》（*Ethics*）

1933　發表新版《我們如何思考》（*How We Think*）

1934　發表《一個共同信念》（*A Common Faith*），《藝術即經驗》（*Art as Experience*）

1935　發表《自由主義與社會行動》（*Liberalism and Social Action*）

1937　以托洛斯基委員會主席身分赴墨西哥城（Chair of the Trotsky Commission, Mexico City）

1938　發表《邏輯：探究的理論》（*Logic: The Theory of Inquiry*），《經驗與教育》（*Experience and Education*）

1939　發表《自由與文化》（*Freedom and Culture*），《價值理論》（*Theory of Valuation*）

1946　續弦羅蓓塔・格蘭特女士（Roberta Lowitz Grant）

1949　發表《知與被知》（*Knowing and the Known*）

1952　6月1日辭世於紐約市。

貳　杜威其世其人

　　單德興（2004：15）在《〔格理弗遊記〕緒論》[1]中，敘寫該原典的作者綏夫特（Jonathan Swift, 1667-1745）生平述要時，開宗明義地提到：

> 文學作品絕非憑空而生，任何文學家都脫離不了時代，「讀其書」、「知其人」、「論其世」三者相輔相成，對於深深介入當時文壇、政壇與宗教界，並且在作品中常常諷刺時政與歷史的綏夫特來說，更是如此。

本人可以把這段文字套用在描述《經驗與教育》一書作者約翰杜威（John Dewey, 1859-1952）的生平：

> 哲學和教育的作品絕非憑空而生，哲學家和教育家都脫離不了時代，「讀其書」、「知其人」、「論其世」三者相輔相成，對於深深介入當時哲學界、教育界，並且在作品中常常議論時政的杜威來說，更是如此。

1　該一《〔格理弗遊記〕緒論》長達154頁，〈綏夫特年表與大事紀〉38頁，共192頁。正文部分的《格理弗遊記》，含譯注及參考書目，共478頁。

　　不過，論及《格理弗遊記》一書，我們可以很容易地把這本書歸類為文學作品。雖然《格理弗遊記》的作者綏夫特「觸角多元而敏銳，討論內容廣泛，文化、政治、宗教、經濟、社會⋯⋯無所不包」（單德興，2004：51），但是，我們把他歸類為文學家，應該不會有人表示異議。然而，我們就不容易把《經驗與教育》一書作單一的領域歸類。依一般的習慣，把它歸在教育的領域，似乎並不最為妥當。比較適切的作法應是把《經驗與教育》一書歸類為哲學和教育跨領域的作品，且把作者杜威說成哲學家和教育家。因為，得享九秩晉三高壽的杜威和綏夫特一樣，也是終其一生對於「人道關懷的堅持」（Loc. cit.），關心人類所面對的各種問題，發為諤諤之聲、名山之作，未曾或歇。其教學、研究、為文、演說的主題，跨越多個領域。但是，哲學和教育二者，為其涉入最深、影響最大者，則為眾所公認的。

　　以下，即自「世」及「人」兩個方面，先以「杜威為跨越兩個不同世紀不世出[2]的偉人」說明「杜威其世」，再以「杜威為身兼哲學家與教育家的大思想家」說明「杜威其人」！

一、杜威其世：杜威為跨越兩個不同世紀不世出的偉人

　　杜威為橫跨兩個時代的哲學家與最受敬愛的老師──在混亂的世界屹立不動的人。[3]

2　唐韓愈〈行難〉：「聖人不世出，賢人不時出。」不世出與不時出，皆指不時常出現的意思。

3　1944年10月24日，杜威八秩晉五壽誕時，美國《紐約時報》在其社論推崇杜威之文字，轉引自李園會，1977：232。

　　杜威生於1859年10月20日，而於1952年6月1日辭世。這93個年頭，他經歷了美國的南北戰爭、第一次世界大戰、第二次世界大戰等人類的浩劫，見證了美國逐漸的統一強大，移民人口增加導致的社會多元化、工業化與商業化形成的經濟發展，電報與廣播等新科技擴大了人類的視野與經驗，也體驗到了思想與體制的不同為人類生活帶來的差異境遇。作為一個跨越世紀的偉大哲人，他著書立言、躬身立德、力行立功，為美國乃至全世界，留下亙古長存的典範。

　　從西洋思想史的發展來看，杜威出生的1859年，是一個很重要的年代。達爾文（Charles Darwin, 1809-1882）的《物種源始論》（*Origin of Species*）、斯賓塞（Herbert Spencer, 1820-1903）的《何種知識最有價值》（*What Knowledge is of Most Worth?*）、班恩（Alexander Bain, 1818-1903）的《情緒與意志》（*Emotion and the Will*）、彌爾（John Stuart Mill, 1806-1873）的《論自由》（*On Liberty*）、馬克思（Karl Marx, 1818-1883）的《政治經濟學批判》（*Zur Kritik der Politischen Öknomie*）等重要著作，都在這一年問世（吳俊升，1983：11）。不過，這五位知名的學者：達爾文、斯賓塞、彌爾是英國人，班恩是蘇格蘭人，馬克思是德國人；無一為美國人。

　　事實上，對於一個甫從殖民地轉變而為一個聯邦共和國（1493-1776），當時建國歷史不到一百年的美國社會，人們成天鎮日所面臨的，仍然都是實際的生活問題，「不像當時歐洲和當今美國社會，有著一些較為抽象巨大的精神困擾」（郭中平，1998：14），或許因此而尚未孕育出可資傳諸名山的哲學思考[4]或

4　米德（George Herbert Mead, 1863-1931）在〈從美國國情背景論樂伊士、詹

是文學美藝的作品。這也難怪於1831年到美國訪問法國學者托
克維爾（De Tocqueville, 1805-1859）[5]，在1835年出版的《美國的
民主》（*Democracy in America*）報告中，說美國簡直是一個毫不
注意哲學的國度（秦修明譯，1966）。1836年，艾默生（Ralph
Waldo Emerson, 1803-1882）也在日記裡抱怨，在這個國家裡找不
到文科方面的天才人物（Boisvert, 1998: 1）。

　　杜威出世未數年，美國即經歷了建國以來一項最嚴重的考驗
——南北戰爭。戰後統一的聯邦政府，支持以北方實業家為主
的深度工業化和商業化的行動，配合大量來自世界各地移民所
增加的人口，使得美國成為與歐洲有所不同的社會，因而「越
來越顯出它由獨特的民族構成、經濟發展和政治制度而帶來的
特殊性。」（郭中平，1998：14）具體而言，這時候美國有了脫

姆士，和杜威的哲學〉（"The Philosophies of Royce, James, and Dewey in Their
American Setting"）一文之中評論道：「美國人並不向哲學的思考歷史的回顧
去尋求他們政治活動的意義。他們只須從亟待解決的社會問題之上著想，便
已找得到那些用以建立社會秩序的各種制度之理由了。」（陳伯莊，2006：
18）。陳伯莊選編的《美國哲學選》將杜威重要的哲學著作，如〈美國實
效論的發展〉（"The Development of American Pragmatism," 1918）、〈《經驗
與自然》序〉（"Preface to *Experience and Nature*," 1929）、〈論方法至上論〉
（"The Supremacy of Method," 1929）、〈論建善〉（"The Construction of the
Good," 1929）、〈哲學與文化〉（"Philosophy and Culture," 1939）、〈經驗、知
識及價值：引言〉（"Experience, Knowledge and Value: A Rejoinder," 1939）等
文章的全文或部分，作了非常精煉的譯注。

5　托克維爾全名為Alexis-Charles-Henri Clérel de Tocqueville（1805-1859），為法
國政治思想家和史學家，著有《美國的民主》（*Democracy in America*）（共
二冊，1835及1840年各出版一冊）及《舊政體與革命》（*The Old Regime and
the Revolution*）（1856）。《美國的民主》（1835）一書是於1831至1933年訪
美之後寫成。

離歐洲文化「殖民地」，建立獨立文化精神的需求；而人們的價值觀念、行為準則、人際關係等文化要素，也有了重新調整與重新組合的必要。於是，一些能在這樣一個不斷變遷的社會當中，為美國人找到安身（安定其身家）立命（寄託其精神）的哲學思想家，就「應時而出」了。例如，皮爾斯（Charles Sanders Peirce, 1839-1914）、詹姆斯（William James, 1842-1910）、樂伊士（Josiah Royce, 1855-1916）、米德（George Herbert Mead, 1863-1931）、桑他雅那（George Santayana, 1863-1952）等即先後來到這個世界上。杜威也躬逢盛會，躋身於此一行列。他們在19世紀的最後30年漸漸嶄露頭角，並成為受到國際重視的知名美國哲學家（Boisvert, 1998: 1）。

關於杜威出生地維蒙特州伯靈頓城的社會與經濟狀況，以及其對於杜威成長歷程乃至日後民主與教育思想的影響，有兩種不同的說法。依戴輝真（George Dykhuizen, 1899-1987）（Dykhuizen, 1973: 1-3）及王書林（1953：2）等的說法，伯城為一富有邊城風味的小城。在當時雖然已經成為維蒙特州商貿和文化中心，卻仍與農村維繫著密切的聯結。伯靈頓的人口不多，有較早來的「美國佬」，亦有愛爾蘭來的新移民，還有早先協助建城的法裔加拿大人；他們多數務農，工商業也以家庭的手工藝為主，人們保持著十分親密的關係──這和當時一些工業區內的大都市相對照，顯然有著个同的風貌。整體說來，這個文化內涵多元的農業社會稱得上純樸簡單。杜威終其一生，仍然保持著其成長時期，由19世紀伯靈頓城孕育而成的維蒙特人的特性：生活勤奮簡樸、重視親身經驗、尊重他人個性、講求公平交道。

然而，威斯布魯克（R. Westbrook, 1991: 1）及馬丁（J. Martin, 2002: 31-33）根據更多的史料，修正了戴輝真及王書林等書，乃至一般人常有的看法：杜威出生於新英格蘭地區的一座小城，其單一的人種結構、純樸的鄉間生活，孕育了杜威的民主改革思想。事實上，杜威出生的伯靈頓城，是維蒙特州的商業與文化中心，階級、宗教與種族的差異，使其成為一相當多元的、且逐步工業化的城市。若說在此出生的杜威所見所聞的生活複雜、貧富懸殊、教育低落，對於其體認到包括教育在內的社會改革之必要性，有所影響，應該不為過也。威斯布魯克（Westbrook, 1991: 1）即直指，「在該地的早期經歷使民主思想成為杜威思想的精髓」（王書林譯，1953：2）之說法有待修正，更為準確的說法應該是，伯城作為一個逐步工業化的城市，使杜威認識到了工業時代的民主問題。

20世紀以後，杜威體驗到了更多的科學、工業、國際商貿、世界大戰等複雜的劇變，但是，他始終保持著承襲自19世紀先哲梭羅（Henry David Thoreau, 1817-1862）及艾默生的一貫之道——「對於個人自由的尊重」。他不畏權勢，堅持此一原則，具體地實踐了其作為自由主義知識分子的理念（Edman, 1955: 25-26）。1906年，俄國名作家高爾基（Maxcism Gorky）偕女伶（而非夫人）訪美，引起非議，又因其政治傾向而受到朝野排斥；原預定下榻的旅館，亦因受公眾與輿論壓力而拒斥二人於門外。杜威夫婦乃見義勇為，竭誠歡迎高爾基二人入住其寓所，雖面臨哥倫比亞大學解職之危機亦不改其初衷。第一次世界大戰爆發，德國侵略歐陸各國之舉為杜威所深惡痛絕，乃違背其所秉持的反戰原則，支持政府於1917年向德國宣戰；但是，即使如此，杜威仍然挺身為哥倫比亞大學未依循程序而貿然開除的二位倡言反戰的教授抗辯，以示其捍衛個人言論自由之決心。1927年，麻薩諸塞州某城二位義大利籍製鞋工人未經公正審判，即以搶劫罪刑處死，杜威亦仗義執言，雖枉然無效，卻也證明其維護作為民主根本條件之「尊重個人自由」的原則，始終如一也（吳俊升，1983：70）。

　　1937年，俄國獨裁者史達林（Joseph Vissarionovich Stalin, 1879-1953）發動政治大整肅，將流亡在墨西哥的前領導人托洛斯基（Leon Trotsky, 1879-1940）作了不公正的缺席審判，課以叛國重罪。杜威以為此一作法嚴重違反了民主的程序原則，乃組織了「考察在莫斯科公審中針對托洛斯基控告的委員會」（Commission on Inquiry into the Charges Made Against Leon Trotsky in Moscow trial，簡稱為托洛斯基委員會），前往墨西哥城調查並作成道義裁決，宣布托洛斯基無罪。雖然，後來托洛斯基仍被暗殺；但是，杜威以一個78歲高齡的學者，南北奔波，為伸張正義、維護民主而竭盡心力之精神，著實令人欽佩。1940年，紐約市立學院（City College of New York）哲學系欲聘請羅素（Bertrand Russell, 1872-1970）為教授，卻為紐約市當局因天主教人士杯葛其婚姻的主張而阻擋，以致撤銷其聘約。杜威與一些知名教授起而爭取而罔效[6]；此事亦傳誦一時。

　　杜威作為維蒙特人的特性，還表現在他說話不疾不徐、慢條斯理，領悟力卻敏捷銳利，更是一副歷經風霜考驗的維蒙特人典型（Edman, 1955: 26）。不過，他的性情溫和，甚至有些靦腆，

6　後來，羅素於1940年出版的《意義與真理的探究》（*An Inquiry into Meaning and Truth*）的長篇摘要之中，詳述其自哥倫比亞大學、英國皇家學院、劍橋大學、牛津大學、倫敦政經學院、洛杉磯加州大學、北京大學、芝加哥大學、巴黎大學等給予的讚辭及獎章等，然後自諷為「紐約市立學院取消聘約的無價值的教授」（Judicially pronounced unworthy to be Professor of Philosophy at the College of the City of New York）。又，紐約市立學院於1847年創立，1961年成為紐約市都會大學暨學院體系的一所大學。

給人的印象並不特出，這可以他申請約翰霍浦金斯大學研究所的
獎學金一事為證。當時，杜威二度申請研究所的獎學金皆未果，
惟因研習哲學意志之堅，仍向族長借貸就學。入學第一年表現良
好，約翰霍浦金斯大學考慮給予第二年，即1883-1884學年的助
教獎學金時，校長吉爾曼（Daniel Coit Gilman[7], 1831-1908）曾函
詢維蒙特大學巴克漢（Matthew Henry Buckham[8], 1832-1910）校
長對於杜威的評論。巴克漢校長回函，對於杜威的人品敦厚讚譽
有加，唯直指其沉默寡言，較乏自信，且不夠獨斷，若能給予
獎學金，將會增強其信心。其後，杜威果獲獎學金。伯恩斯坦
（Bernstein, 1966: 28）指出：「此事有些諷刺，很快就要為批判教
育上的各種獨斷論而奮鬥的杜威，竟然被認為缺乏『教師所應
該有的獨斷特質』。」其實，我們可以從另一個角度來看，這種
「不獨斷」的精神，正是杜威思想偉大之處，其後來融攝各家之
言而形成博大的思想體系，都與此一精神有關。

　　杜威生命的大部分都在大學度過：先是在家鄉維蒙特大學[9]

7　吉爾曼先於1872年任加州大學校長，1875年任約翰霍浦金斯大學的創校校
　　長，任職長達25年之久。吉爾曼著有《一所大學的創建》（*The Launching of
　　a University*）一書，記載其創建約翰霍浦金斯大學的始末、辦學理念及擔任
　　校長的回憶。

8　巴克漢為杜威母親露西娜・李奇（Lucina Rich）的表兄，所以應是杜威的表
　　舅（見Martin, 2002: 14）。他是維蒙特大學的第11任校長，於1871年就任，
　　直至1910年辭世為止，任校長近四十年。在他任內，男女開始合校，也開始
　　設有選修課。

9　當時，維蒙特大學規模很小，1879年杜威畢業時，共有18位畢業生，教師
　　則僅有八位。又，維蒙特大學創立於1791年，為新英格蘭地區成立的第五所
　　大學，前四所依序為哈佛（Harvard University, 創立於1636年）、耶魯（Yale
　　University, 創立於1701年）、布朗（Brown University, 創立於1764年）及達
　　特茅斯（Dartmouth College, 創立於1769年）（Dykhuizen, 1973: 1-43）。

求學，再到約翰霍浦金斯大學進修，取得博士學位後，先在密西根大學、明尼蘇達大學、芝加哥大學等中西部的大學任教，最後則在20世紀之初，來到哥倫比亞大學，度過了將近半個世紀的人生。他除了一部分時間兼任過系主任或院長的行政工作，大部分的時間都是從事教學、輔導與研究的工作。他所教導過的學生很多，指導過的學位論文也不少，凡領受過其教誨者，皆對這位教師留下深刻的印象。曾修習在哥倫比亞大學杜威開設之專題研究功課的艾德曼（Irwin Edman, 1896-1954），以其親身的經驗說到杜威：

> 他外貌不顯眼，不像個好老師……他說話含糊不清、常常躊躇不前……他不太理會某一個聽者的要求……讓他們保持懸疑……這些都強調了他的講話正面地顯示了：一位君子有耐心地思考、探索、暗示、發展和檢視著各種想法……所有參加專題研究功課的人都感到他是一個真正的老師，他從不妄下斷言，而是合作地協助學生引發假設……他是一個啟導學生獨立思考的大師。（Edman, 1955: 24-25）

杜威在學術與實務方面的成就為他帶來了許多榮譽。1904年獲威斯康辛大學（University of Wisconsin）頒贈榮譽法學博士學位，1910年獲維蒙特大學頒贈榮譽法學博士學位，1913年獲密西根大學頒贈榮譽法學博士學位，1915年獲約翰霍浦金斯大學頒贈榮譽法學博士學位，1917年獲伊利諾大學頒贈榮譽法學博士學位，1920年獲北京大學頒贈榮譽博士學位，1929年獲哥倫比亞大學頒贈榮譽文學博士學位，1929年獲蘇格蘭聖安祖大學（St. Andrews University）頒贈榮譽法學博士學位，1930年獲巴黎大學頒贈榮譽博士學位，1932年獲哈佛大學頒贈榮譽法學博士學位，1946年獲挪威奧斯陸大學（Oslo University）頒贈榮譽博士學位，1946年獲賓夕法尼亞大學頒贈榮譽科學博士學位，1951年獲耶魯大學頒贈榮譽文學博士學位。其中，最值得一提的是巴黎大學頒贈杜威榮譽博士學位。前文曾談及，法國學者托克維爾於1831年，到美國訪問時發現此地為哲學的沙漠。然而，百年之後，1930年的11月6日，杜威在巴黎大學受贈榮譽博士學位典禮發表了〈道德中的三個各自獨立的因素〉（"Three Independent Factors in Morals" [10]）專題講演之後，多位教授起而稱讚杜威並且認可其影響，說道：「先生的哲學早已為法國的思想家們注意許久了」（轉引自Boisvert, 1998: 3）。至此，百年之前，法國先哲托克維爾有關美國哲學荒蕪之嘆，似可止歇矣！

　　另外，值得記述的一點是，杜威是在1904年受聘哥倫比亞大學，其後的大半生都是在這個國際大都會的紐約市這所國際知名的大學服務。哥倫比亞大學的哲學系固然為思想文化的重鎮，其師範學院更是執教育學界之牛耳，往來訪問、進修、研究、求學的學生及學者，直如過江之鯽也，其中不乏來自其他各國的菁英。這些學人返國之後，居各國政教界要津者，亦大有人在，乃有邀請其前往講學或擔任教育顧問者，中國自不例外。1919年，杜威應日本東京帝國大學之請，發表《哲學之改造》的系列專題講演。他在日本停留了三個多月後，原擬於講演結束即行返美，

10　文見LW 5: 279-288。這三個各自獨立的因素是：善（目的；結果），正當（律則；義務），以及德行（認可；標準）（good [ends; consequences], the right [rules; obligations] and the virtuous [approbations; standards] as "three *independent* factors in morals"）。

但經中國五個學術文化團體力邀，於5月1日抵達上海，開始為期26個月的居留。杜威及門弟子如時為北京大學校長的蔣夢麟（1886-1964）及教授胡適（1891-1962），南京高等師範學校校長的郭秉文（1879-1969）及教務主任陶行知（1891-1946）等人皆熱誠歡迎，並邀請擔任講座。

　　1919年10月20日，蔡元培（1868-1940）在杜威60歲生日晚宴上，即以「孔子與杜威」為題發表賀詞。蔡氏之所以將二人並舉，不僅認為杜威恰與孔子同月同日生，更由於他發現孔子與杜威思想之間有著某種相似性與契合點。1920年，北京大學授予名譽學位時的讚辭又稱杜威為「孔子第二」（Second Confucius）。1921年7月初離開北京時，蔡元培在歡送會上發表讚辭，再度以杜威和周遊列國宣揚理念的孔子相比擬。其所接受之尊崇，由此可見。而且，據隨同杜威一起訪華的女兒露西‧杜威（Lucy Dewey）46年後回憶說，在杜威訪華兩年多的時間裡，每當人們介紹他時，常將之比作孔子[11]。

二、杜威其人：杜威為身兼哲學家與教育家的大思想家

　　凡對教育領域有所認識的人，皆不會有一刻的懷疑：杜威對於美國教育的理論和實際，有著深邃的影響。[12]

---

11 關於杜威訪華期間，國人將杜威與孔子相比一事，杜威的傳記《杜威的安身與立命》一書的作者戴輝真與當時和杜威同行的女兒露西於1967年的信件往來有所討論。請見1967.03.16（20608）：George Dykhuizen to Lucy Dewey Brandauer及1967.03.22（20610）：Lucy Dewey Brandauer to George Dykhuizen。

12 這段讚辭刊載於《經驗與教育》一書1963年版的讚辭頁之中，署名為克伯屈（William H. Kilpatrick, 1871-1965）。這段讚辭是克伯屈在所撰〈杜威對

　　誠如鐸勤（Martin S. Dworkin, 1921-1996）（Dworkin, 1959: 1-2）在所撰的〈杜威：百週年回顧〉（"John Dewey: A Centennial Review"）一文所指出的：

　　在那些有確實記錄可徵的哲學家當中，杜威的專業生涯最長。其著作的範圍和數量，不只證明了他勤奮的精神不懈、直到終老，更證明了他心靈的活力十足、令人驚嘆。他第一篇論著，發表於22歲，處理的是形上學的問題。他生命中的最後15年，仍繼續致力於邏輯、價值理論、行為與自然科學方法論，以及知識理論等哲學的對話，為眾所公認最有分量的作品。在他出版的數十本書籍和講演專輯，為期刊、百科全書、年報，以及其他出版品所撰寫之數以百計的篇章，涵蓋了心理學、倫理學、政治學、法學、宗教等問題，以及對於各種運動和思想體系的批判式詮釋。其在許多期刊及書籍之中議論的時政，包括了選戰、國際販毒路線、生育控制、和平主義、國際聯盟，乃至墨西哥、中國、土耳其，以及俄羅斯等社會的革命等主題。不過，在所有出版的作品之中，獨以教育方面的論著對美國，乃至其他國家的影響最為廣泛，也最為深遠。

這一段文字，說明了杜威確係一位哲學家，在哲學領域有很大的貢獻，但是，其作為教育家的影響，則過之而無不及。

教育的影響〉（"Dewey's Influence on Education"）文章的開宗明義第一句話（Schilpp, 1951: 447）。該文載於許爾普（Paul Arthur Schilpp, 1897-1993）所編《杜威哲學》（*The Philosophy of John Dewey*）中。

　　然而，我們不要疏忽了，杜威作為專業哲學家，在人類的思想史上，也占有很重要的地位。且讓我們來看看，在《經驗與教育》一書1963年版的讚辭頁當中，所刊載的第一段讚辭，是由懷海德[13]（Alfred North Whitehead, 1861-1947）所寫的：

> 在人類的歷史當中，有一些學人的哲學思想能與其時代的需求相呼應，杜威就是其中的一位。就這方面的表現而言，杜威可以和古希臘的斯多葛哲學學派、奧古斯丁、阿奎那斯、培根、笛卡兒、洛克、孔德等人並列。[14]

懷海德在這一段文字，把杜威放在整個人類的歷史來看，彰顯了杜威在哲學史上的重要地位。當然，若是單從美國的歷史來看，在《經驗與教育》一書1963年版的讚辭頁所刊載的第三段讚詞中，柯恩（Morris R. Cohen, 1880-1947）把杜威看成「國之哲師」

13　Browning & Myers（1998）在合編的《歷程哲學家》（*Philosophers of Process*）書中將杜威與皮爾斯、懷海德、詹姆斯、米德、尼采（Friederich Nietzsche, 1844-1900）、Samuel Alexander（1859-1938）、柏格森（Henri Bergson, 1859-1941）及哈特熊（George Chales Hartshorne, 1897-2000）等人稱之為歷程哲學家，以其等認為宇宙基本上是有機的、創意的、暫時的；在此一形上學的基礎上，自然產生實用的知識論、目的論倫理學、有特色的神學與語言哲學。

14　這段讚辭應是取自許爾普（Schilpp, 1951: 477）書中，懷海德所寫的〈杜威及其影響〉（"Dewey and his Influence"）一文（pp. 477-478）；該書為杜威八十壽辰，友生祝壽的論文集。讚辭中各西哲的原文名字及生卒年代如下：斯多葛哲學學派（Stoics）（以芝諾Zeno, 336-264 B.C.為代表）、奧古斯丁（Aurelius Augustine, 354-430）、阿奎那斯（St. Thomas Aquinas, 1225-1274）、培根（Francis Bacon, 1561-1626）、笛卡兒（René Descartes, 1596-1650）、洛克（John Locke, 1632-1704）、孔德（Auguste Comte, 1798-1857）。

（national philosopher），亦頗適切：

> 杜威是美國哲學界的傑出人士，這是無可置疑的；他終身致
> 力於維繫自由文明的基本理念，貢獻之大，無與倫比；若有
> 國之哲師這樣的職稱，除杜威之外，無人能當之無愧也。[15]

作為一個哲學家，杜威：

> 理智地表達的，不只是揭露當世複雜文明所隱涵的事物，更
> 在形塑文明發展的方向上，扮演積極主動的角色。他不只單
> 純把所承繼的文化傳統反映出來；他還可以與過去和現在保
> 持一定的距離，因而得以其自由的想像，預為人類未來的可
> 能與應該努力的方向而籌謀。[16]（Bernstein, 1966: 4）

---

15 這段讚辭出自 Cohen（1954: 290）。Cohen, M.R.（1954）. *American Thought:
  A Critical Sketch*. Glenco, IL: Free Press.。在胡克（Sidney Hook）寫給《泰
  晤士報文學》副刊（*Times Literary Supplement*）編者，但始終未曾刊出的
  一封信稿中，亦言及：「杜威對美國的教育、心理、法律、歷史、社會學
  及政治學等各個層面的生活有深邃影響，而可稱為國師者，非杜威莫屬。」
  （1977.07.22 [21286]: Sidney Hook to *Times Literary Supplement* Editor）。在美
  國南伊利諾大學卡本德爾校區文理學院的網站首頁，介紹杜威研究中心時，
  引述《生活雜誌》（*Life*）的說法：「20世紀最重要的百位美國人之一」，
  而《紐約時報》（*New York Times*）則賦予「美國哲人」的封號 "America's
  philosopher."

16 這段文字是取自伯恩斯坦（Richard J. Bernstein, 1932- ）於1966年出版的
  《杜威》（*John Dewey*）一書。該書與富蘭克林、傑佛遜、艾默生、皮爾斯、
  詹姆斯、勞埃斯、桑他雅那、羅斯福、懷德海……等並列，收入「偉大的美
  國思想家」叢書。該書以杜威生平為經，其思想為緯，又以較為淺白的文
  字，將杜威的哲學作了中肯的詮釋與批判，極適合一般大眾閱讀。又，本人

　　作為一個教育家，杜威自道：「教育是實驗室，在實驗室裡，哲學的特徵就變得具體化，且可加以檢驗」（MW9: 339）。所以，我們看到他於治學、教學的同時，並且嘗試辦學。雖然，其辦學的行動，僅止於1896至1904年之間在芝加哥大學任教時始創的實驗學校，但是，其持續以其對於「人道關懷的堅持」，一方面從事哲學的論述，一方面又涉入教育實務的反省思考，則始終一貫。也正因為如此，我們才多次看到他有關「哲學可以定義為教育的普通理論」之說法[17]。

　　行文至此，我們已可確認，杜威既是哲學家也是教育家。不過，艾德曼（Edman, 1955: 27），則從另一個角度指出：

　　將envision一詞譯為預為籌謀；籌謀二字，亦作綢繆。語見《詩經・豳風・鴟鴞》：「迨天之未陰雨，徹彼桑土，綢繆牖戶。今女下民，或敢侮予？」清代朱用純《治家格言》：「宜未雨而綢繆，毋臨渴而掘井。」惟今人將二詞混用者漸多。

17　單單是《民主與教育》一書的最後一章，也就是第24章〈教育哲學〉（*Philosophy of Education*）中，就可以找到有關此一說法的三段文字：「如果我們願意把教育當作是形塑基本的理智及情緒性格的過程，以便妥與自然及人群相處，那麼，哲學就可以定義為教育的普通理論」（If we are willing to conceive education as the process of forming fundamental dispositions, intellectual and emotional, toward nature and fellow men, philosophy may even be defined as the general theory of education, MW9: 338）；「因之最鞭辟入裡的哲學定義，是採取最普通的角度來思考教育的理論」（The most penetrating definition of philosophy which can be given is, then, that it is the theory of education in its most general phases, MW9: 341）；「在概覽了前面討論之中所隱涵的哲學論題之後，我們把哲學定義為教育的一般化理論」（After a review designed to bring out the philosophic issues implicit in the previous discussions, philosophy was defined as the generalized theory of education, MW9: 341）。

　　杜威之成為眾所周知的教育家，遠在他成為一位具有同樣廣
大影響力的專業哲學家之前，這純粹是一件歷史上的意外。

　　然而，艾德曼隨即又說：「……此一意外……恰與杜威的本
意相符合。」或許鐸勤（Dworkin, 1959: 2）的推測是對的：

　　艾德曼對於杜威影響力的判斷，可能多少反映了專業哲學家
　　所企望的觀察。而且，把「意外」解成「本意」，我們也有
　　所質疑。

　　事實上，作為杜威思想日臻圓熟的人生最後十四年時所完成
的論著——《經驗與教育》一書，即是他以「經驗」為核心的
「哲學」思想，闡釋其相對應的「教育」主張，訴求的對象不只
是教育的專業人員，還有專業的哲學家，更有他始終關懷的普羅
大眾。

三、杜威關注教育問題的原因

　　1930年，杜威71歲時，在〈由絕對論到實驗論〉[18]（"From
Absolutism to Experimentalism"）（LW5: 147-160）一文當中，回顧
其思想發展的特點之一乃是對於教育實務和理論的重視（p. 22）。
我們可以從他個人成長、家庭生活、實際觀察、自我期許等方

---

[18] 該文有涂紀亮（譯）（2006），曾紀元（譯）（1981），單中惠（譯）（1987b）
　　等三個譯本。本人亦於試譯後，原欲置於本書作為附錄，奈因不符國科會的
　　規定而打消。

面，理解他關注教育問題的原因：

第一，個人成長：兒童及少年時代的經驗。珍·杜威（Jane M. Dewey, 1900-1976）所撰述的〈杜威傳記〉[19]中顯示，杜威周圍的親友包括他自己，都分擔了家務活動和責任，從中獲得了具體而實際的學習經驗。又，他厭煩課堂的誦讀教學，喜愛閱讀課外讀物，更懷念教師偶爾偏離規定課程的愉快經驗。這些經驗與他日後對於傳統教育的內容和方式屢有批評，而提倡以工作活動（occupations,或譯為職業活動、活動、作業、活動作業）為核心的革新教育，有相當大的關聯。

第二，家庭生活：成家之後養育兒女的經驗。1886年，杜威27歲時，與出身名門的艾麗絲·紀曼（Alice Chipman, 1859-1927）女士締結良緣，建立了自己的家庭[20]。先後出生的孩子們：佛瑞德（Fred, 1887-1967）、艾芙琳（Evelyn, 1889-1965）、莫理斯（Morris, 1892-1895），激發了他對於兒童教育的興趣，也促動了他創辦一所實驗學校的意願[21]。1896年，在芝加哥大學創辦了實驗學校[22]之後，他也指出自己的子女讓他將研究的興趣導向於教育的問題（Mayhew & Edwards, 1936: 446）。隨後，哥頓（Gordon, 1896-1904）、露西（Lucy, 1897-1983）和珍又陸續出生。再加

---

19 該文有單中惠（譯）（1987a）譯本。本人亦於試譯後，原欲置於本書作為附錄，卒因不符國科會的規定而打消。

20 杜威與夫人共育有六名子女，其中兩名不幸早逝。夫人於1927年病故。1946年，杜威續娶守寡的世交之女羅蓓塔（Roberta Lowitz Grant Dewey, 1904-1970），並另收養一子一女。

21 Simpson（2006: 3）指出，1894年11月1日，杜威從芝加哥大學寫信給仍留在密西根大學的杜威夫人信中，提及這一點。該信函見 Dewey, J.（1894）. John Dewey to Alice Chipman Dewey & Children, 1894.11.1（00218）。

22 該校又為人暱稱為杜威學校。

上 1905 年在義大利領養的兒子薩賓諾（Sabino Piro Levis, 1896-1973），更讓他在教育理論和實務方面的興趣緊密而擴大[23]。

第三，實際觀察：對於教育實際狀況的觀察。杜威在密西根大學任教時，即已與密西根州的教育人員有密切互動。1894 年，杜威三十五歲時，受聘於芝加哥大學擔任哲學、心理與教育系主任，讓他有機會觀察到芝加哥公立學校的情況，而體認到這些學校的教育條件真是糟糕到足以讓人「要像救世軍一樣在街角狂喊」（howl on the street like the Salvation Army）。顯然，杜威並未真正地在街角為兒童和社會的教育需求而狂喊，但是，很明確地，他對於學校未能提供適切的教育環境和服務的批評，卻一直持續了六十多年（Simpson, 2006: 2）。

第四，自我期許：哲學家應嚴肅看待教育問題。在〈由絕對論到實驗論〉一文當中，杜威明白指出：

> 任何有理性的人都會認為，進行哲學思考應該把焦點放在教育這個攸關人類最高利益的問題上，而宇宙、道德、邏輯等其他問題的順序，則都應該殿其後。（LW5: 156）

他特別關心年幼一代的教育，因為他認為任何高等教育，若無堅強而實在的兒童與青年教育為基礎，絕不會有令人樂觀的結果。所以，他歸結道：

---

23 後來，在杜威和繼配夫人羅蓓塔於 88 歲和 44 歲時，又領養的一對本名為路易斯（Lewis）和雪莉（Shirley Hume）的加拿大新斯科細亞省（Nova Scotia）出生的男孩和女孩：小約翰（John, Jr., 1942- ）和安綴恩（Adrienne, 1940- ），可能因為時日較後，對於他的教育哲學沒有明顯的影響，但是，這顯示了他對於生命和兒童之愛，則絲毫未減（Simpson, 2006: 3-4）。

對於教育問題的關注，融合了、也兜攏了我可能分立的興趣
——我對於心理學的興趣，以及我對於社會制度和社會生活
等方面的關注。（LW5: 156）

四、研究杜威生平與著作有關資料補述

杜威的傳記《杜威的安身與立命》一書的作者戴輝真
（Dykhuizen, 1973: 322）曾指出：大約40本書，七百多篇論文，
正由美國南伊利諾大學杜威研究中心（Center for Dewey Studies at
Southern Illinois University Carbondale）整理出版之中。事實上，
該中心自1961年起即陸續把杜威的全部著作，加以整理。目前，
已經發行的有：論著，包括早期（1882-1898）5冊、中期（1899-
1924）15冊、晚期（1925-1953）17冊、晚期補綴1冊，共38冊[24]；
另信函4冊，講演稿1冊。這一套《杜威全集》的紙本為柏斯
頓（Jo Ann Boydston）主編，南伊利諾大學出版部發行，早期於
1972年發行、中期於1978年發行、晚期於1985年發行。其電子
檔則是由希克曼主編，殷特雷公司（InteLex Corporation）發行，
初版發行於1996年，修訂三版發行於2008年。目前，該中心仍
持續整理杜威的講演稿及其他有關資料[25]。《杜威全集》業已由中
國大陸的復旦大學杜威與美國哲學研究中心的團隊翻譯為簡體中
文版，而由華東師範大學出版社出版。目前已經發行的有早期5
冊，中期15冊。

---

24 有的一冊僅收錄一本專書，有的則不只收錄一本專書；蓋杜威的專書，篇幅
有大有小。

25 請見該中心的網站http://www.siuc.edu/~deweyctr/scholarship_publications.html。

　　又，將杜威著作的目錄加以整理，而最具權威的為柏斯頓主編的《杜威著作導讀》（*Guide to the Works of John Dewey*）（Boydston, 1972）。該書所收錄的杜威著作書目即逾千項。該書由南伊利諾大學出版部發行，將杜威的著作依心理學、哲學與哲學方法、邏輯與知識論、倫理學、社會政治與法律哲學、藝術理論、價值理論、宗教哲學、社會與政治評論、教育與學校教育、批判與歷史研究，以及杜威在中國的講演與影響等12部分，並逐一請史耐德（Herbert W. Schneider）、韓六一（Lewis E. Hahn）、肯尼廸（Gail Kennedy）、魯克（Darnell Rucker）、雷斯（Wayne A.R. Leys）、摩里士（Bertram Morris）、艾姆斯（S. Morris Eames）、弗瑞斯（Horace L. Friess）、布里克曼（William W. Brickman）、艾特爾（George E. Axtelle）、伯奈特（Joe R. Burnett）、費希（Max H. Fisch），以及吳俊升（Ou Tsuin-chen）等12位知名學者撰寫導讀。

　　若欲更進一步理解杜威的生平與學術思想的發展，可參考三類杜威的傳記：一為自傳，二為傳記作家撰著的傳記，三為杜威研究學者撰著的評傳。第一類，有杜威於1930年所撰、旨在自道其思想轉變的〈由絕對論到實驗論〉（"From Absolutism to Experimentalism," 1930）一文；還有珍（Miss Jane M. Dewey, 1900-1976）、艾芙琳（Mrs. Granville M. Smith；Evelyn Dewey, 1889-1965）及露西（Mrs. W.C. Brandauer; Lucy A. Dewey, 1897-1983）等三個女兒[26]，基於她們直接經歷的事實，在杜威自己的協助下，於1939年發表的《杜威傳》（*Biography of John Dewey*）

26　有關杜威三個女兒的生卒年月，詳見杜威研究中心公布的杜威年譜 http://deweycenter.siu.edu/pdf/CHRONO.pdf。

（Jane Dewey, 1939）。該文收入杜威八十壽辰，友生祝壽的論文集之中。第二類，則有戴輝真（Dykhuizen, 1973）所撰《杜威的安身與立命》（*The Life and Mind of John Dewey*），以及馬丁（Martin, 2002）所撰《杜威的教育傳承：一本傳記》（*The Education of John Dewey: A Biography*）。第三類，如洛克斐勒（Rockefeller, 1991）所撰、專門研究杜威的信仰歷程和宗教思想的評傳《杜威：宗教信仰與民主人本主義》（*John Dewey: Religious Faith and Democratic Humanism*），該評傳並有中譯本：趙秀福譯（2010）；威斯布魯克（Westbrook, 1991）所撰、以杜威的自由主義思想貫串其生平與著作的《杜威與美國民主》（*John Dewey and American Democracy*），該評傳並有中譯本：王紅欣譯（2010）；賴恩（Ryan, 1995）所撰、以杜威的自由主義思想貫串其生平與著作的《杜威與美國自由主義的高潮》（*John Dewey and the High Tide of American Liberalism*）。

另外，吳俊升（1983）著有《增訂約翰杜威教授年譜》，係以〈由絕對論到實驗論〉、《杜威傳記》及《杜威的安身與立命》等資料為主編輯而成。

叁 《經驗與教育》一書的重要性

一、楔子

　　從事經典譯注研究卓有聲譽的單德興（2010：21）曾自道：他一向重視翻譯，也樂此不疲；然而，他亦坦誠地指出，他是冒著「缺乏創意」、「不務正業」之譏而從事翻譯工作。幸好，行政院國家科學委員會自1997年度起規畫推動人文學及社會科學經典譯注計畫，他才「頗有吾道不孤」之感，而且明顯地覺察到翻譯與譯者的地位逐漸受到肯定。

　　本人早在大學時代，即曾嘗試翻譯文章並發表在學生會刊。四十多年來，完成近三十件英譯中的作品。本人致力於此，主要是在翻譯過程體驗到譯者與原作者、乃至假想的讀者之間持續進行對話與互動而獲得的成就感。不過，這些工作絕大多數局限於「只譯不注」（魏念怡，2007：49）。直到2011年，本人執行本譯注計畫，方才有機會自我超越之。

　　國科會所要求的是「最忠於原典的翻譯與注釋」（魏念怡，2007：49）。依國科會〈譯注研究計畫作業要點〉（2008）規定，其成品至少應包括下列八項要件：（一）原典原文之翻譯；（二）具有深度及分量的學術性導讀，含關鍵詞、作者介紹、著作發表的時代、典範意義、版本及譯本的介紹；（三）歷代重要相關文獻的檢討；（四）注釋；（五）譯注術語的討論與解釋；（六）重要研究書目提要；（七）年表；（八）便利查索的原典頁碼對照。

　　依本人理解，譯注計畫實施十餘年來，單德興譯注（2004）的《格理弗遊記》應為最能符合上述要求者之一。該書全譯詳注本總計672頁，約三十三萬字，其中緒論長達七萬字，譯注與譯者附誌更超過九萬字，幾達譯文的五分之三；不僅附有作者年表與大事紀、人物與地名表、參考資料等，並在緒論中對於該書的出版史、版本史、接受史、國外流傳史、中譯史等有十分詳細的分析。尤其難能可貴的是，該譯注確實做到了「熔研究與翻譯於一爐」，「更充分表達此文本在原脈絡及移植到新脈絡之後所具有的文學及文化意義」的「雙重脈絡化」（dual contextualization）之要求，而使其成為該書自1872年「進入中文世界以來最忠實詳盡的譯注本」，而且從英、美、德、澳等國學者專家的回應與肯定，也顯示其為「翻譯史上難得一見的譯注本」（頁127）。本人至盼能效法之，戮力將《經驗與教育》的譯注作到盡善盡美的境地。如今，該譯注計畫已經執行完畢，研究的成果亦已完成，是否已達本人的自我期望，尚祈方家予以指教。

　　杜威以一位思想家，關注各項「人的問題」[1]，所撰寫的文章遍及哲學、教育、科學、藝術、政治、社會、經濟……等學門，其中以哲學及教育二者最受矚目。2010年譯注計畫所推薦的人文及社會科學經典，杜威所著者有三，哲學學門推薦《經驗與自然》（*Experience and Nature*, 1925, 1929）及《藝術即經驗》（*Art*

1　借用杜威於1946年出版的《人的問題》（*Problems of Men*）論文集書名。又，1947年11月13日，杜威在哥倫比亞大學哲學研究所發表〈哲學的未來〉（"The Future of Philosophy"）講演時，也提及：「哲學的任務乃是處理存在於人和世界關聯的問題」（LW17: 466）。

as Experience, 1934）二本，教育學門推薦《經驗與教育》一本。
前者如何推薦，本人無由置喙。唯後者選取《經驗與教育》而未
選其他著作，應該是其來有自。以下即先說明其緣由，再評析該
書現有中譯版本的情況，藉以強調重新翻譯與詳加注釋之必要。

二、這是一本短小精悍的教育經典

當我們看看這本書的外觀、感覺一下這本書的重量，再想想
這本書作者的歷史地位、咀嚼一下這本書的內容，最後，則思
考一下我們這個時代的教育問題，我們會說這是一本雖然「短
小」、卻稱得上「精悍」的教育經典。

一般而言，「短小精悍」通常用來形容人雖身軀短小卻精明
強悍，也可用來形容文章或發言簡短有力；本人借以形容《經驗
與教育》一書，是因為由外觀及篇幅看，它確實「短小」；但就
其出版後廣為大家接受又流傳久遠的情況看，則不可不謂為「精
悍」。

本人用「短小精悍」這個簡單的片語來形容這本書，另有一
層意思：像杜威這樣一個「高大而溫和」[2]的學者，卻能在他七秩
晉九的高齡，寫出這一本篇幅短小，卻鏗鏘有力且擲地有聲的書
來，著實令人欽佩，而不禁有「雖不能至，然心嚮往之」之嘆也。

（一）短小：由外觀及篇幅的大小看

謹先舉本人現有《經驗與教育》的二個版本為例。其一，為

2　一般的印象中，杜威是瘦高身材，但其身高究竟如何，有待考證。然而其個
性溫和，則為其女兒珍在為杜威整理的傳記中提到的（Jane, 1951: 7）。

1963年，由KDP授權Collier Books印行的版本，除了讚辭頁、書名頁、版權頁、作者序文、作者簡介、編者前言、目次等16頁外，內文有75頁，全書91頁。書長5.9英寸，寬3.5英寸。這是在美國流傳最廣的版本（Jackson, 1998: 133）。

其二，為1998年，亦即該書出版六十週年，由KDP出版部重新印行的增訂版，分為三個部分：第一，包括書名頁、版權頁、六十週年版的編者前言、作者序文、原編者前言、目次等共14頁；第二，為內文116頁；第三，收錄了格林妮（Maxine Greene）、賈克森（Philip Jackson）、答玲－哈蒙德（Linda Darling-Hammond）及戴維斯（O.L. Davis, Jr.）等當代教育名家所撰寫的四篇評論（critical commentary）、杜威及四位名家簡介，以及索引等共66頁。全書196頁，書長6.15英寸，寬4.75英寸。

至於1938年，由KDP國際教育榮譽學會授權麥克米蘭公司（Macmillan Co.）所發行的《經驗與教育》一書初版，或許因年代久遠，本人目前尚無緣擁有，亦未有機會在圖書館借得，是以尚無法較仔細地描述其外觀。但是，由重慶正中書局於1942年印行的李培囿中文譯本的序文[3]看來，1938年的版本應是116頁。根據美國南伊利諾大學杜威研究中心由編者柏斯頓與版本編輯貝莘格（Patricia Baysinger）及雷雯（Barbara Levine）整理出版的《杜威全集》中，收錄《經驗與教育》一書後期著作（1925-1953年）中的第13冊，其後附錄以記載該冊各專書出版緣起與經過所撰之〈版本說明〉（"Textual Commentary"）當中的記載得知，該

---

3 李培囿的譯者序是這樣描述的：「……本書字數雖不多，只有一一六頁，然而內容極為精彩。」

一版本「長7.5英寸，寬4.75英寸」[4]（LW13: 412）。

　　除了這三個單行本之外，還有收入文集中的版本。其中，最值得注意的是《杜威全集》後期著作第13冊所收錄的《經驗與教育》一書，含杜威的序文共62頁（LW13: 1-62）。另外，由印度德里的數位增能基金會（Digital Empowerment Foundation）專案辦理的Gyanpedia一案，所釋出的《經驗與教育》一書電子檔[5]，包含讚辭、作者序文、作者簡介、編者前言，僅有40頁。

　　由以上五個版本的外觀及大小看，難怪戴維斯（Davis, 1998: 168）會用slender 形容這本書的「短小」。Slender的意思為纖細、苗條、微少、微薄；賈克森（Jackson, 1998: 133）也說，這真是一本「瘦小」的書（physically thin as books）。以1963年由Collier Books印行的版本為例，它剛好可以放在女士的小包包，或者男士的外套口袋。賈克森（Jackson, 1998: 134）更說，這本書實在是太纖瘦了，好像是出現在女性流行雜誌上的模特兒一樣，纖瘦到令人難以相信（too thin to be believed）；若是把這本書平放在手掌上，就好像放在秤盤上，根本感覺不出什麼重量。

　　事實上，根據《杜威全集》後期著作第13冊的〈版本說明〉，當初，KDP國際教育榮譽學會的執行委員會邀請杜威撰寫這本書時所簽訂的協議，對於字數的要求是20,000至25,000字（LW13: 411）[6]。這二萬多字分成八章，各章的篇幅都可謂不多。以1963年的Collier Books版本的75頁為例，有十多頁即構成一章，

4　這段文字之後，還補充了一句「與其他的系列講演大小相同」。

5　請參見http://gyanpedia.in/tft/Resources/books/dewey2.pdf。

6　詳見LW13: 411。負責邀稿的是KDP國際教育榮譽學會出版部的霍爾－奎斯特。

有三、五頁一章,甚至三個段落即成一章。賈克森(Jackson, 1998: 134)即指出,這樣的篇幅大小,就一本書而言太小了,而若就一篇講稿而言,卻又長了些[7]。

綜上所述,由外觀及篇幅大小來看,《經驗與教育》的確稱得上是一本「短小」的書。

(二)精悍:由流傳與接受的情況看

前文提及,精悍一詞可以用來形容人,雖然身軀短小,但是卻很強悍,也可以用來形容書本,雖然篇幅短小,卻很有分量。由此以觀,《經驗與教育》是一本稱得上「重要」的專書。

一本書是否重要,是否能稱之為經典,就是要看它是否禁得起時間的考驗,也就是說,其出版當時是否為人接受,出版之後是否流傳得久遠。且讓我們來梳理一下《經驗與教育》一書的出版經過、版本分析、各個時代的書評、中譯版本分析等資料,以了解該書的接受與流傳的情況[8],藉以說明其「重要」或「精悍」

7　賈克森(Jackson, 1998: 133)還特別計算過,如果以平常演講的速度,一個字一個字地讀,需要三個多小時才能讀完,詳見本書下篇當代四位學者的評論中的第二章〈再訪《經驗與教育》〉譯文。

8　國科會人文處兼辦經典譯注一案業務的研究員魏念怡於該處發行的簡訊第八卷第三期所撰〈十年辛苦不尋常──國科會人文處經典譯注研究計畫〉一文(2007:49-53),在回顧該計畫的緣起、經過及執行情形時,特別提及單德興譯注(2004)的《格理弗遊記》(*Gulliver's Travels*)一書。本人乃自圖書館借得一本詳細拜讀後,確認其堪稱經典譯注的模範。單德興在該書將《格理弗遊記》的出版史/版本史、接受史、包括剛出版及早期接收的情況,國外流傳史,以及中譯史,皆作了十分詳細的敘述。本人亦思倣效之,惟《格理弗遊記》為17世紀以來,家喻戶曉的文學名著,其「身世」自為不凡。

之緣由。

1. 出版經過

　　《經驗與教育》一書是杜威為KDP國際教育榮譽學會於1938年3月1日下午6：30在大西洋城雀兒喜旅館（Chelsea Hotel Atlantic City）宴會廳發表的專題講演（LW13: 410; Mabie, 1998）[9]而撰寫，於1938年2月25日出版。

　　根據《杜威全集》後期著作第13冊的〈版本說明〉，杜威這次講演早在一年之前就已敲定。1937年2月22至23日在紐奧良召開的KDP國際教育榮譽學會的執行委員會中，麥克雷肯（Thomas C. McCracken）會長報告他和副會長已經親訪杜威，並且徵得杜威的同意於年會晚餐上發表此一專題講演。麥克雷肯會長並且公開宣布，此一講演將由杜威以現在的問題和趨勢來批判自己的教育哲學（LW13: 410）。

　　當時，杜威高壽七秩晉九，像這樣必須長途跋涉的行程，已經逐漸減少了。誠如杜威於1938年2月24日寫給查禮・莫里士（Charles W. Morris, 1901-1979）[10]的信中說，他已經幾乎放棄了公

　　《經驗與教育》這樣一本出版七十多年的教育領域學術專書，似無如此之多的史料可資耙梳也。於是，本人只就目前所能找到的資料，稍作拼湊，盡力將《經驗與教育》的「身世」略作交代，期能彰顯其重要性於一、二而已。

9　這是杜威應KDP國際教育榮譽學會邀請所做的第二次專題講演。第一次是在1929年2月26日於克利夫蘭（Cleveland, Ohio）發表的《教育科學的泉源》（*The Sources of a Science of Education*）（該書載於LW5: 1-40）。1938年的這次專題講演開啟了十年講演系列的序幕（見LW13: 411）。霍爾－奎斯特在這本書的編者前言之中向讀者們解釋，該學會希望能以此書的出版，彰顯杜威對KDP國際教育榮譽學會和該一系列專題講演的貢獻。

10　下文會提及杜威在約翰霍浦金斯大學（John Hopkins University）研究院時的

開講演的邀約，一整年只接受了二個邀約，大西洋城的專題講演
即為其中之一（LW13: 410）。在1937年6月8日，由KDP國際教
育榮譽學會和杜威簽定的協議中，杜威應於1938年1月1日前交
稿，並言明於交稿時贈予500美元稿酬。顯然，杜威準時交了文
稿（LW13: 411）。

　　依據〈版本說明〉上的敘述，在1938年1月15日寫給KDP
國際教育榮譽學會的麥克雷肯會長的信中，出現了關於題目的問
題。然而，到底是怎麼樣的問題？是杜威未在文稿之中確定題
目？抑或是麥克雷肯對於杜威所定的題目有意見？我們無法以目
前掌握的資料來推斷。不過，在信中杜威是這樣寫的：

> 4日的大函，我因故延遲回覆，謹此致上歉意。不過，我希
> 望霍爾－奎斯特（Alfred L. Hall-Quest）所訂定的題目「教育
> 與經驗」（Education and Experience），可以免除掉製造嚴重
> 的不便（LW13: 411）。

至於為什麼後來由這個題目，又改變而為「經驗與教育」，亦有
待再行查證。

　　關於這次講演，〈版本說明〉還記載了二個插曲。其一，杜
威原本計畫早到大西洋城一、二天。但是，因為女兒珍生了病，
而可能無法準時赴會。當然，後來，他還是準時到會，並且完成

老師George Sylvester Morris（1840-1889）。為資區隔，喬治的姓氏譯為莫理
師，而查禮的姓氏則譯為莫里士。莫里士為語意學者暨哲學家，於1925年在
杜威的好友兼同事米德（George Herbert Mead, 1863-1931）的指導下完成博
士學位。

了任務。不過，在2月14日及2月19日寫給莫格羅女士[11]（Myrtle Mcgraw, 1899-1988）的信函當中，可以看出杜威似乎為此而頗為困擾。2月14日的信中提及：「我必須在26日晚間趕到那兒，因為我愚笨地同意在那個晚間的一個會議上，發表簡短的講演。」2月19日的信中提及：「我發了一封電報給要我一週之後講演的那些人，說我可能無法到會」（LW13: 411）。

其二，1938年3月1日，也就是發表講演的當天，杜威仍準時到場。〈版本說明〉指出，杜威正好利用這個機會回應他的哥倫比亞大學師範學院（Teachers College, Columbia University）同事柏格萊[12]為首的「精粹論者」（Essentialists）所提出的批評。這些精粹論者[13]引用師範學院克伯屈（William H. Kilpatrick, 1871-1965）及康茲（George S. Counts, 1889-1974）等人的文字，說他們

---

11 莫格羅於青少年時期，自1916年即與杜威通信，曾受杜威鼓勵而到哥大就學；她後來成為兒童生長與發展學家，以神經行為發展理論知名。杜威鼓勵其探討嬰幼兒對未知的外界之反應，因為他相信嬰幼兒會因此而整合其運動與認知的能力。莫格羅的研究證明了杜威的想法：探究由奠基於經驗的判斷來管控。這一點在1938年出版的《邏輯》（*Logic: The Theory of Inquiry*）一書中有所論列。

12 柏格萊主張學科中心的課程論，認為教材應該反映人類文化之中最基本、最精華的部分。在「精粹論者宣言」之中，陳述了柏格萊的教育哲學：如果教學強調精粹，就不應讓學生來作選擇其所學習的內容和方法。精粹論者主張所有的兒童皆應學習共通的教材，而這套教材不該隨著外在世界的更迭而有所變異。楊國賜於1974年出版的《當代美國進步主義與粹主義教育思想之比較研究》一書，對於精粹論教育哲學有詳細的介紹。

13 其他的有發言人修爾斯（Louis Shores, 1904-1981），德米亞克夫（Michael Demiashkevich, 1891-1938），謝恩（M.L. Shane），都來自畢保德學院（George Peabody College, Nashville, Tenn.）；還有來自底特律郡一所學校（Detroit County Day School）的蕭（F. Alden Shaw）等（LW13: 411-412）。

誤解了杜威的教訓。依據3月2日《紐約時報》（*New York Times*）的報導，他發表了「精粹論者宣言」（Essentialist Manifesto），把當時學校教育的失敗歸咎於進步教育的主張，並且指出，在一本新書（即《經驗與教育》）之中，杜威自己舉了許多例子，說明進步學校不明智地應用其理論。杜威則回應：「這群精粹論者所發表的宣言太過籠統，以致無法說清楚他們所指的精粹到底是什麼意思。」杜威並且批評傳統學校「除了只會為少數學童提供紀律和有組織的教材以外，別無成效可言」（LW13: 411-412）。

由以上的敘述，我們似可確認，第一，杜威完成《經驗與教育》一書的文稿在先，專題講演的發表在後。查吳俊升（1983：85）說「《經驗與教育》乃此講演之結果」；李培囿（1942：1）的譯者序所說的「《經驗與教育》一書，是……演講詞所集成者」，則未說清楚其中先後。二人的說明會讓人誤以為講演的發表在先，書籍是將講詞再加整理後出版。第二，顯然杜威的講演並未照著文稿宣讀，而可能只是簡短地敘說該書的要點，順便駁斥柏格萊等精粹論者的批評。

又，由以上出版經過的敘述，我們可以略知杜威出版《經驗與教育》一書的用意，乃在於藉此總結其教育哲學的主張，並且以回應當時批評者的言論來澄清其所受到的誤解。關於這一點，下文〈三、這是杜威辯解教育立場的力作〉一節中會再作稍微詳細的說明。另外，本書下編譯注本中「參、當代四位學者的評論中」〈一、格林妮針對《經驗與教育》所作的評論〉譯文。還有由本人所撰，但另行發表的〈解析四位當代學者對《經驗與教育》的評論〉（單文經，2013）一文也有所論列。

2.印行的版次

　　由上文的敘述，我們確知《經驗與教育》一書的版權是邀請單位KDP國際教育榮譽學會所擁有[14]。依據〈版本說明〉的敘述，這個由紐約的Macmillan Co.印行的版本，在杜威有生之年，至少印行了11次。單單1938年6月、8月、11月，就加印了三個刷次[15]，1939年在6月和12月各加印了一個刷次，1944年8月、1946年2月、1947年4月、1948年1月、1948年8月又各加印了一個刷次。其後，一直到1953年的第16個刷次，這之間加印的5個刷次的書，連「杜威研究中心」也都遍尋不著，所以不能確知其加印刷次的年月（LW13: 412）[16]。至於1953年之後，該書出版的情形如何，因為本人手邊沒有直接的資料，只有從間接的資料來推敲[17]。

　　第一筆間接的資料是1998年，KDP國際教育榮譽學會出版部的馬比（Grant E. Mabie, 1998: iii），在《經驗與教育》一書的六十週年版次的編者前言之中，所指出的：《經驗與教育》一書是該學會出版品的模範，因為該書始終都放在該學會出版品的目錄當中，而且是最常接到函請同意重印、轉載、摘選，或引用的

14　該書以Kappa Detla Pi的名義註冊，其編號A 115114（LW13: 412）。

15　馬比（Mabie, 1998: iii）指出，1938年3月1日當晚參加杜威專題講會的每一位與會者，皆獲贈這木書；該書因此而有了立即再行增加刷次的需求。

16　行文至此，本人深深地敬佩美國南伊利諾大學杜威研究中心的工作人員，自1961年中心成立，即開始整理出版《杜威全集》，費了三十年時間，到了1991年終於將書出齊。特別是要感謝編者，也是該中心的第二任主任，現已退休的柏斯頓以及二位版本編輯者貝莘格與雷雯，本人才可能間接地知道《經驗與教育》一書的出版經過。

17　本人在國立臺灣師範大學圖書館查得中央書局在1968年發行的影印本，是根據1957年版本21刷次影印而成。

一本書。

　　第二筆間接的資料是本人在2010年秋天，以國立臺灣師範大學退休教授的身分，進入臺師大圖書館的館藏查詢，再進入國內外聯合目錄，接著進入國內部分，而得以在NBINet全國圖書聯合目錄中查詢臺師大圖書館及75所合作館的館藏書目資料。接著本人以 *Experience and Education* 書名進入該目錄，出現二個條目，惟其中一個條目只是書名相同[18]，並非杜威所著的《經驗與教育》一書。乃再進入另一個條目查詢，共得23筆資料，唯其中有4筆為中文譯本，經去除後得19筆可資參考的資料。這19筆有關《經驗與教育》一書的版本資料，可概分為四類：單行本、與另一書合輯的版本，以及編入文集的版本。另外，還有以摘選的方式印行的版本。

　　就單行的版本而言，有1938年的Macmillan版本、以1957年Macmillan的第21刷版本版複印而成的1968年台灣中央書局照相影印本、1963年的Collier Books版本、1969年的London Collier--Macmillan版本、1997年的Simon & Schuster版本、1997年的Simon & Schuster版本、1998年的Simon & Schuster版本、1998年的六十週年版本、2007年的Simon & Schuster版本。一共有八個版本。除了1938年的Macmillan版本、以1938年Macmillan版本版複印而成的1968年中央書局影印本、1998年的六十週年版本為116頁，其餘都維持91頁的大小，正文的篇幅為17至91頁[19]。

18　該書為 Edwards & Kelly（1998）.

19　Collier Books是由Collier家族所創設，後來又成為Crowell-Collier Publishing 的一部分，並與Macmillan Publishing合併為Macmillan, Inc.。Simon & Schuster 出版社是美國哥倫比亞廣播公司下的一個部門，於1924年創立，它與Random House, Penguim，及HaperCollins等，同為英語世界的四大出版

　　就與另一書合輯的版本而言，則是由出版公司Frederick Ellis
於將《經驗與教育》和杜威另一本書《我們如何思考》（*How We
Think*）合輯，於2007年出版。在這個版本當中，《經驗與教育》
皆輯印於17至91頁。

　　就編入文集成為一部分的版本而言，則有二件。一為由大
英百科全書出版公司（Encyclopedia Britannica）所輯印的《二
十世紀的哲學與宗教》（*20th Century Philosophy and Religion*），
於1990年出版的第二版，為其西方世界巨著（Great Books of the
Western World）套書第55號。該文集除了收錄杜威的《經驗與
教育》之外，還收錄了詹姆斯、柏格森（Henri Bergson, 1859-
1941）、懷海德、羅素、海德格（Martin Heidegger, 1889-1976）、
維根斯坦（Ludwig Wittgenstein, 1889-1951）、巴思（Karl Barth,
1886-1968）等人的著作，全書共552頁。

　　另外一件則是由佘茉兒（Susan F. Semel, 1941- ）選編的《教
育的基礎：重要的文本精選》（*Foundations of Education: The
Essential Texts*）。該文集除了收錄杜威的《經驗與教育》之外，還
收錄了杜博斯（W.E.B. DuBois, 1868-1893）、克雷明（Lawrence
A. Cremin, 1925-1990）、緹亞克（David B. Tyack）、鮑爾斯及金
蒂斯（Samuel Bowles & Herbert Gintis）、安揚（Jean Anyon）、拉
維奇（Diane Ravitch）、柯林斯（Randall Collins, 1951- ）、羅提
（Dan Clement Lortie, 1925- ）、歐克斯（Jeannie Oakes）、格林妮
（Maxine Greene）、馬丁（Jane Roland Martin）等人的著作，由

　　商。1998年Simon & Schuster's的教育部門，包括Prentice Hall and Macmillan
併入Pearson Education。由此可知，《經驗與教育》一書的出版，始終都是由
同一個出版集團負責。

Routledge在2010年出版，全書224頁[20]。

　　惟以上所記載的各個版次，只是本人在圖書聯合目錄中找到的，資訊不一定齊全。即使如此，也可以看出《經驗與教育》一書在英文世界印行的版次已經不在少數了。

3. 各個時代的評論

　　依據《杜威全集》〈版本說明〉的資料顯示，《經驗與教育》一書出版之後，在二年之內，亦即1938年4月至1940年4月之間，即接受了16次評論（轉引自LW13: 412-413）[21]。這些評論的長度，有的像卡文納（Francis Alexander Cavenagh, 1884-1946）在《哲學》（*Philosophy*）上所發表的，只有一段文字的簡短讚辭；有的則如富利門（Frank N. Freeman, 1880-?）在《學校評論》（*School Review*）上所發表的三頁之長的詳細討論；不一而足。

20　本人判斷，該書應該只摘選《經驗與教育》一書的部分文字。

21　該段文字的注解把這16個評論予以詳列，茲轉錄於下：*American Sociological Review* 3（Dec. 1938): 917-18（Arthur Katuna）; *California Schools* 9（June 1938): 148-49（Ivan R. Waterman）; *Clearing House* 13（September 1938): 56（Orlie M. Clem）; *College of Education*（Univeristy of Washinton）*Record* 4（April 1938): 111（Willis L. Uhl）; *Commonweal* 27（22 April 1938): 729-30（Ruth Byrns）; *Curriculum Journal* 10（February 1939): 90-91（Harold Alberty）; *High Points* 21（February 1939): 74-76（Francis Grififth）; *Internatiooal Education Review* 7（1938): 379-81（Kurt F. Leidechker）; *National Association of Secondary-School Principals Bulletin* 23（1939): 42; *Philosophy* 14（1939): 482-83（F.A. Cavenagh）; *Progressive Education* 15（1938): 572-73（Joseph Kinmont Hart）; *Religious Education* 34（1939): 252（A.J.W. Meyers）; *School Review* 46（1938): 786-89（Frank N. Freeman）; *Social Frontier* 4（1938): 269（George E. Axtelle）; *Survery Graphic* 29（April 1940): 257-58（Eduard C. Lindeman）; *Thought* 14（1939): 318-22（Thomas M. Harvey）.

但是，這些評論者都同意《經驗與教育》是一本重要的著作。例如，華特門（Ivan R. Waterman）即指出：

該書可能是比那些由同一位作者撰著的，篇幅大許多倍的書籍，在澄清現代教育的基本原則，以及引發教育領域的領導者，依據這些基本原則來推動教育實務等二個方面，具有更大的價值（轉引自LW13: 413）。

烏爾（Willis L. Uhl, 1885-1940）在西雅圖華盛頓大學的《教育學院誌》（*College of Education Record*）中說：

當年將出版的八百本教育類書籍中，是少數列為"必定"（must）要閱讀的，也是在閱讀之後，將"必會引發討論的"（will be discussed）的一本書。（轉引自LW13: 413）

又，「lucid」一字似乎成了一個很多人喜歡用的形容詞[22]。早先曾評論過杜威多本著作的林德門[23]（Eduard C. Lindeman, 1885-

---

22 林德門和梅爾斯都用lucid一詞。但是，林德門以lucid understanding說明讀這本書之後，會獲得較清晰的理解，而梅爾斯則用lucid style形容其文筆的清晰。譯為中文時，同一個英文字，但用不同的中文表達，應會更趨於典雅。為什麼他們都用lucid一詞來評論該書呢？原因之一可能是杜威的文字一向給人「文句艱澀，讀起來曲折不順」的印象（這方面的評論請見Boisvert, 1988: 38; Cremin, 1961: 237-238; Dworkin, 1959: 13-15; Edman, 1955: 23, Maxcy, 2002: xvii等）。難得有一本像是在跟人談話一樣的講演辭，比起其他的著作親切易讀多了。又，在本小節另引的馬比及艾斯納則在1998年用lucid的同義字succinct表示一樣的看法，請見下一段文字。

23 林德門（1885-1953）時任紐約社會工作學院（New York School of Social

1953），對於《經驗與教育》一書的評論是：

> 任何心存公正的人閱讀此書，都會對於教育的方向，有明白
> 而透徹的（lucid）理解，而且，會更確認這樣的教育必會對
> 人類福祉的增進有所助益。（轉引自 LW13: 413）

梅爾斯（A.J.W. Meyers）的評論當中，也用了這個字眼，稱讚杜
威的文筆「清順流暢，而且，醞釀了一種非正式談話的氛圍。這
是一本一般讀者和專業的教育人員都適合閱讀的好書。」（轉引
自 LW13: 413）最後，這些評論者也都同意卡文納的說法，認為
杜威把許多的訊息打成一包，放在一本「明智的且很有用的小
冊子之中」（轉引自 LW13: 413）。亞伯提（Harold Alberty, 1890-
1971）指出：

> 這本由美國最前沿的教育哲學家及時出版的小冊子，可以說
> 是為杜威眾多的教育哲學論著，作了最佳的綜述。（轉引自
> LW13: 414）

　　1963 年的 Collier 版本的編者在作者簡介中，除了杜威的生平
事蹟及重要著作之外，還在約略地評論《經驗與教育》於杜威教
育論著中的重要地位時，也下了同樣的判斷（p. 7）：

Work）教授，是美國成人教育的先進。杜威曾於 1940 年 4 月 4 日寫信給林德
門，說道：「我再度地表示衷心的感謝……拜讀您讚賞的辭語，總是讓我感
到充滿喜悅」（轉引自 LW13: 413）。

杜威……持續不斷發表教育主張……他在教育領域較早的著作《民主與教育》（1916）一書，是其教育主張的最全面宣示。二十多年後的《經驗與教育》（1938）……則代表這位20世紀最重要的教育理論家最精要的宣言。更有進者，這也是杜威在教育領域當中發表過的最簡單、最易讀的大範圍宣言。

1973年戴輝真（Dykhuizen, 1973）在其所撰杜威的傳記《杜威的安身與立命》中指出：「《經驗與教育》出版後的幾十年當中，不斷有人提到它，證明了這本書的重要性。」吳森則在其〈杜威哲學的重新認識〉一文中指出（1978：112）：該書提出了對批評者的答辯，可以補充《民主與教育》一書之不足，但「此書論經驗之性質，亦有他書未說明的，所以也有其獨立價值。」吳俊升（1983：86）也同樣指出，《經驗與教育》可以袪除不少以往對於杜威的誤解，所以在杜威教育論著中，為《民主與教育》以後「第一重要著作」。

1998年KDP出版部主任馬比在所增撰的六十週年增訂版前言中指出，該書經常接到函請同意重印，也始終都放在該學會出版品的目錄當中，是該學會的模範出版品。他說：「在為數不多的篇幅之中，杜威將他的教育哲學作了簡潔（succinct）而完整的宣示。」（iv）另外，在這個版本的封底，艾斯納（Elliot Eisner）所撰的短文有這樣的一段文字：「沒有任何一本書能像《經驗與教育》一樣，如此簡潔地（succinctly）把握住杜威教育哲學的精華。」

就上述的1938年至1940年、1963年、1973年、1978年、1983年，以及1998年，一共22則的「評論」，篇幅都比較短小，而且性質多為「摘述」、「介紹」、「推薦」、「讚辭」；嚴格說起來，「評」和「論」的成分並不多。相對而言，1998年六十週年增訂版所收錄的四位研究杜威教育思想的當代學者所撰著的評論式文章，即有所超越，而具有相當大的參考價值，詳見本書2.3〈當代四位學者的評論〉，並見本人所撰〈杜威《經驗與教育》一書蘊含的教育改革理念〉（單文經，2013a）、〈自由為教與學主體行動之目的：杜威觀點〉（單文經，2013b）、〈解析四位當代學者對杜威《經驗與教育》一書的評論〉（單文經，2013c）、〈杜威《經驗與教育》一書所呈顯的教育願景〉（單文經，2014）、〈杜威教材通論的評析〉（單文經，2015a）以及〈杜威社會控制論的教育涵義〉（單文經，2015b）六篇論文的討論。

4. 譯本（含中譯本）的數量

　　由柏斯頓在安綴生（Robert L. Andresen）的協助之下，於1969年所編輯的《1900至1967年杜威著作的譯本書目》（*John Dewey: A Checklist of Translations*, 1900-1967）一書所載可以看出，至1967年為止，《經驗與教育》一書有11個不同文字的譯本[24]。行文至此，本人應再就《杜威全集》〈版本說明〉中所揭露的資料加以補充：這11個不同文字的譯本當中，有的譯本可能有不同版本。它們是由不同的學者在同一時代，或是不同的時代加以翻譯。例如，吳俊升在1983年所著《增訂約翰杜威教授年譜》指出，日文譯本有二部，而中文譯本則有三部。「這三部中文的譯本：一為曾昭森所譯[25]（商務印書館，1940）；一為李相勗、阮

24　除了這11個外文譯本外，似未有新增者，參見Levine（2007）。

25　感謝國立臺中圖書館提供影本。

春芳所合譯[26]（文通書局，1941）；一為李培囿譯[27]（正中書局，1942）」（吳俊升，1938：86）。

　　既然討論到《經驗與教育》一書的中文譯本，本人還有三點補充說明。其一，前揭《1900至1967年杜威著作的譯本書目》中，指出中文譯本有三部（Boydston, 1969: E13/8）。經本人仔細核對，確認其中二部即是吳俊升在《增訂約翰杜威教授年譜》書中所指出的曾昭森及李培囿的譯本。而其所列的第三部中文譯本，由羅馬拼音轉譯而成的書名看來，應不是李相勖、阮春芳所合譯的譯本，而應是1948年，由許孟瀛譯的《教育與實驗哲學》。依本人判斷，《1900至1967年杜威著作的譯本》一書可能有誤。蓋由書名看來，它應該是柴爾滋（John Lawrence Childs[28], 1889-1985）於1931年在哥倫比亞大學由克伯屈指導而完成的博士論文，對於杜威的教育理念有精到的詮釋，也有很中肯的評論；但該書絕不是《經驗與教育》一書的中譯本（Childs, 1931；許孟瀛譯，1948）。

　　其二，本人進入NBINet聯合目錄中查詢的結果，也可以為吳俊升在《增訂約翰杜威教授年譜》書中提供的訊息，作一些補充。第一，出版曾昭森譯本（1940）的商務印書館，是指上海的

26　感謝華中科技大學教育研究院劉長海教授、西南大學教育學院的楊梅教授，特別是西南大學教育與心理研究中心張詩亞教授等學者的協助，於2012年3月由西南大學圖書館特准將該譯本以照相方式複製傳來。特誌之。

27　感謝國立臺灣圖書館提供影本。

28　1916年，柴爾滋以基督教青年會（YMCA）神職人員的身分在北京等地傳教，1922年初，返回美國。杜威到中國（1919-1920）時，曾住在柴爾滋家中一段時間，對他印象深刻。後來，二人曾合寫過文章。柴爾滋較熱中於社會改革，與杜威立場略有不同。

商務印書館。第二，出版李相勖、阮春芳合譯本（1941）的文通書局，是指貴陽的文通書局；後來，於1946年，該譯本又由重慶的文通書局印行。第三，出版李培囿譯本（1942）的正中書局，是指重慶的正中書局；後來，又有1946年上海正中書局印行一版（刷）及再版，1947年又印行四版[29]。

其三，除了上述舊有的譯本之外，在中文世界又有了新的譯本。1991年，由河北大教育學系姜文閔教授翻譯的《我們怎樣思維‧經驗與教育》，是北京人民教育出版社出版，收入外國教育名著叢書。後來，台北的五南書局則於1992年，將《經驗與教育》印成單行本，列入賈馥茗主編的教育經典譯叢，並分別於1995年二刷，1998年三刷，成為國內最通行的譯本。

5.引用的情況

2011年1月15日，本人以 *Experience and Education* 書名，進入 Google Scholar 搜尋，所得引用次數為8127次。2012年10月15日，再搜尋的結果為12408次。2014年12月15日，搜尋的結果為17256次。在這三個時間，本人亦以 *Democracy and Education*

29　本人在國立臺灣圖書館找到的譯本，書後版權頁顯示，該書為「民31六月渝初版；民35三月滬一版」。由譯者李培囿於1940年9月完成的譯者序，可知其為長汀國立廈門大學教育學系的教授。本人對於廈門大學為何在長汀，十分好奇，乃上網搜尋，方知其因抗日戰爭而遷至長汀。這八年當中，辦學條件極為艱苦，但成就巨大。學校延聘許多優秀學者，在校生達到了1044人，學系從9個發展到15個。廈大學生一方面積極參加抗日救國運動，組織成立「國立廈門大學學生救國服務團」等團體；另一方面勤勉學習，發憤攻讀，務期求得真正學問。又，教育學系後來併入福建師範大學，1978年設立高等教育科學研究室，1984年改為高等教育科學研究所，2004年改為教育研究院。

書名，進入Google Scholar搜尋，所得引用次數為8215次，15531次，20249次。若將二者的引用次數相比，*Democracy and Education*似略勝一籌，但亦已為數不少也。

綜合本節所述，由流傳與接受的情況看，《經驗與教育》的確稱得上是一本「精悍」的書。

三、這是杜威辯解教育立場的力作

杜威是一個與時俱進、日新又新的學者。麥克西（Maxcy, 2002: xix）即指出：杜威時常因應最近發生的事件，把先前的主張作一番重整，而以新的、甚至是不同的面貌出現。若是拘執於他在「特定時空條件」（specified spatio-temporal conditions）（LW12: 499）之下所發表的主張，就會產生誤解。克雷明（Cremin, 1961: 237-239），胡克（Hook, 1980: xx）及史奇貝克（Skilbeck, 1970: 12）等人也有類似的看法。其實，杜威的思想言行總是在連續中有變化，在變化中有連續，雖然時有變易，卻仍有軌跡可循。

於是，理解杜威，或是閱讀杜威，就一定要秉持演進與發展的觀點，進入其個人生命歷史的脈絡，細究他各個時期的論著，方能較綜合而全面地掌握其思想的真義；哲學的主張如此，教育的主張也如此（Boisvert, 1988: 211-212; Campbell, 1995: 1; Hickman, 1998: xii; Jackson, 1998: 137）。本此，以下分為三個階段，就杜威重要教育論著中所蘊含的理念加以串結，俾便確認《經驗與教育》一書乃是杜威辯解教育立場的力作。

（一）專攻哲學與教育新聲初啼（1894年之前）

　　1875年，杜威16歲時，入讀位於家鄉伯靈頓城的維蒙特大學（University of Vermont），因修習生理學而得讀赫胥黎（Thomas Henry Huxley, 1825-1895）的《生理與衛生學功課》（*The Elementary Physiology and Hygiene*）一書，得知生物的整體性，而引發研究哲學的興趣。又因閱讀《雙週刊》（*Fortnightly*）而間接得讀孔德的《實證哲學》（*Positive Philosophy*）。更關鍵的是受教於托利（Henry Austgutas Pierson Torrey, 1837-1902）[30]，得以透過宗教氣息濃厚之蘇格蘭哲學，間接地接觸到重綜合輕分立的黑格爾哲學。托利並於杜威19歲大學畢業後，擔任學校教師的二、三年之間，指導杜威研讀哲學（吳俊升，1983；Dykhuizen, 1973；Jane Dewey, 1939；LW5: 147-160；Martin, 2002）。

　　1882年春，杜威23歲時，於前一年所撰生平第一篇論文〈唯物論之形而上的假定〉（"The Metaphysical Assumption of Materialism"），蒙《思辨哲學期刊》（*Journal of Speculative Philosophy*）主編哈里斯（William T. Harries, 1835-1909）賞識，得以發表。二個月之後，又在該刊發表〈斯賓諾薩之汎論〉（"The Pantheism of Spinoza"）。經此增強，杜威研究哲學的意志遂定。1882年秋，於托利及哈里斯二位教授的鼓勵之下，進入約翰霍浦金斯大學（John Hopkins University）研究院。杜威在約大

30　John Dewey（1930）的自述及Jane Dewey（1939）的杜威傳記中皆多次提及托利，但遍查許多資料，皆只查到H.A.P. Torrey，既不知其全名，亦不知其生卒年代。經進入全國圖書書目資訊網，乃查得其曾編譯《笛卡爾（Rene Decartes, 1596-1650）哲學文選》（*The Philosophy of Descartes, in Extracts from His Writing*）一書，而得知其全名及生卒年代。

研究院從皮爾斯習邏輯，從霍爾[31]（Granvill Stanley Hall, 1844-1924）習心理學，從喬治・莫理師[32]（George Sylvester Morris, 1840-1889）習哲學史。1884年秋季，杜威以《康德的心理學》[33]（*The Psychology of Kant*）論文取得博士學位，並經莫理師延攬為密西根大學（University of Michigan）哲學系講師，隨即展開了他在大學數十年的任教生涯（吳俊升，1983；Dykhuizen, 1973；Jane Dewey, 1939；LW5: 147-160；Martin, 2002；Schillp, 1951: 611-683）。

　　1885年，杜威在《科學》（*Science*）週刊上發表〈教育與婦女之健康〉（"Education and the Health of Woman"）；這是杜威討論教育問題最早的一篇論文。這篇論文旨在應用科學實證的統計數據說明教育對婦女健康的影響，並未揭露杜威的教育理念。第一篇能看出杜威日後教育主張之端倪的論文，是1886年任教於密西根大學哲學系時，應密西根州校長協會（Michigan School-Masters' Club）之邀在第一屆年會上發表的〈從大學的立場看中學的心理學〉（"Psychology in High-Schools from the Standpoint of the College"）（EW1: 81-89）。例如，他反對把該科當作一套特別的心理學知識系統傳教給學生。相反地，該科的教學應以「培養學生開放而彈性的心靈」（EW1: 85-86）為主旨。因此，該科教學是否成功，端視學生在心智上是否鮮活，是否能以不同的方式來看舊觀念，且以真誠的方式來看新觀念，並且能進行獨立思

---

31 霍爾為實驗心理學家，曾師從詹姆斯，並赴來比錫師從馮德（Wilhelm Wundt, 1832-1920）。

32 是時，莫理師在約翰霍金斯大學客座半年。

33 杜威的著作絕大部分都保持下來，唯獨這本博士論文已經失傳，至為可惜。

考。由此，他更進一步指出，教育的目的應該是發展「心智的自由，使得心靈得以開放、能容受各種觀念，而且能在各種觀念之間無所限制地移動」（EW1: 87），而教師所發揮的作用應該是「喚醒」與「激發」（EW1: 86）。

　　1888年，杜威出版了《民主的倫理》（*The Ethics of Democracy*）（EW1: 227-249）一小冊，為其討論民主的首部論著，他並且在該文中闡釋他的倫理學和教育理念。他認為民主的核心應該是多數人思考的形成與傳達的手段，而不只是一種政府的型式，或者是一套多數決的規則。民主的範圍應該比政府形式還更大些；它應該是一種「社會的型式」（a form of society），也就是共同生活的型式（EW1: 232）。一個由「自由、平等與博愛等倫理理念」（EW1: 244）結合而成的民主社會當中，應該把每個個人的「人格當作首要與終極的實在」（EW1: 244），並且鼓勵人與人之間進行良性的互動，相互學習與成長，方能實現其作為「倫理社會共同體（community）的一員」（EW1: 247）之責任。自由、平等、博愛與共同體等概念告示了他民主理論的到來，也為他的教育主張提供了依托與實質的內涵（EW1: 240ff）。

　　1888年秋天，杜威轉赴明尼蘇達大學（University of Minnesota）任教一年後，1889年再度回到密西根大學，這四、五年間，杜威的研究轉向了哲學、倫理學和心理學等領域。然而，他還是偶有教育的論著發表，顯示他逐漸浮現的教育興趣有日漸濃郁的趨勢；這主要是因為他與密州教育人員的密切互動，增加了他對於教育實際問題的關注，再加上其子女相繼出生，而對於教育問題有了更直接的體認。1893年，杜威於《教育評論》（*Educational Review*）中發表〈中學的倫理教學〉（*Teaching Ethics in the High Dchool*, LW4: 54-61）一文，即是一個值得注意的例子。他反對以「道德說教的方式」（moralizing）傳授「倫理概念」（ethical percepts）（LW4: 54）或是「固定的行為規則」（LW4: 56），而主張教師應以「生活過程中發生的事件」（LW4: 54），引導學生思考與討論，激發其「同情的想像力」，並且在「人際關係」中表現合宜的「行動」（LW4: 57）。所以，在教授倫理學時，教師的角色應該是要讓學生親身體驗與理解倫理思考和作決定的實際作法，以便養成「習慣」、形成「智慧」（LW4: 60）。如此，學生日後在經歷道德問題時，方得以找尋特別情境的事實，探查原因並檢視其個性，進而發現一般人互動的特性，並且就此一倫理關係中的選項進行權衡。杜威並且建議，其他如科學、語文、歷史等科目，也都應以此種「科學的方法」（LW4: 55）來進行教學，方才能增進其對於「人生」（LW4: 61）意義與價值的理解。杜威這篇文章開啟了日後有關教師角色、教學目的、學習性質，以及課程理想的前導，也預示了杜威日後逐漸興生之教育思想的重點。

　　1893年，杜威在《哲學評論》（*Philosophical Review*）發表的〈自我實現為道德理想〉（"Self-Realization as the Moral Ideal," LW4: 42-53）一文，也值得注意。該文前半部批判英國唯心論者格林（Thomas Hill Green, 1836-1882）的道德動機或理想的觀點，後半部則強調以自我實現調和道德的目的和方法。文中他反對把自我當作事先假定的固定架構（the presupposed fixed schema），而主張自我是具體明確的活動（a concrete specific activity）。他不認為倫理學有所謂固定的理想，而只有正在運作的理想（working ideal），正如自然科學當中正在運作的假設（working hypothesis）一樣。他先指出，一般人大都已經放棄此生只是為來生而準備的想法，卻仍認為此生的一部分只是為了較後面的階段而準備，然

後，他批評大家對教育的看法也是如此，總是把現在的教育當作
是為以後的生活作準備。杜威是這樣寫的：

> 如果有人要我就教育的精神當中，指出最必須改革的事項，
> 我應該會說：不要再把教育當作只是為以後的生活作準備，
> 而應該要充分地實現於目前生活中的意義。（EW4: 50）

我們可以看出，其教育即生活的主張在該文中得以初試啼聲。

（二）淑世壯志與創辦實驗學校（1894-1904年）

　　1894年是杜威思想發展過程中很重要的一年[34]。這年他離開
了密西根大學，來到芝加哥大學（University of Chicago），受聘
為哲學、心理和教育系的主任。他在芝加哥大學服務十年，一直
到1904年才因故辭職，轉赴哥倫比亞大學。這十年，是杜威作
為「哲學家也是教育家」的思想發展過程中很重要的一段時間。
前述艾德曼所言杜威「意外」地先以教育家、後以哲學家名聞於
世，也是發生在這一段時間。

　　當時，芝加哥大學甫成立四年，力爭上游，積極自各地徵聘
一流學者前來壯大陣容。杜威亦思在哲學的領域，有所斬獲。
但，詹姆斯、樂伊士、桑他雅那等人皆在哈佛，杜威只好從密西
根大學引領若干舊識到芝加哥大學，並且積極培養自己的博士學

---

34 這一年也是美國教育史上很重要的一年。鐸勤（Dworkin, 1959: 8）把「杜威
　　來到芝加哥任教」，和「曼恩（Horace Mann）於1837年前往麻薩諸塞州就任
　　學務委員會的秘書長，開始推動國民普通教育」，視為同樣具有劃時代歷史
　　意義的二件事。

生。當時，年方三十出頭的杜威，帶領著一群年富力強的學者，共同鑽研邏輯學，倒也真闖出了名堂。更重要的是，他在這段期間正式放棄了「針對黑格爾那些經過改造的『邏輯範疇』進行『重構』或再調整」（郭中平，1998：42）之努力，以便使其等能得到與他所追求的、以經驗層次的證實或實驗為依據的結果更為一致[35]。1896年發表的〈心理學中的反射弧概念〉（"The Reflex Arc Concept in Psychology"）一文，1900年發表的〈邏輯思維的幾個階段〉（"Some Stages of Logical Thought"）一文，以及1903年杜威帶著一群年輕學者出版的《邏輯理論研究》（*Studies in Logic Theory*）一書等，即是其轉向的最佳宣示。在這些論著當中，杜威將邏輯理論和機能心理學（functional psychology）結合在一起，並且追隨皮爾斯，把思想當作懷疑與探究的過程，且以科學的思維為最高階段（Bernstein, 1966: Ch. 2 & p. 101；吳俊升，1983：40）。《邏輯理論研究》一書出版後，詹姆斯熱心地表示歡迎這本書的問世，並且「正確地預言『芝加哥學派』將會在下一世代主宰美國的哲學界」（Bernstein, 1966: 57）。

芝加哥是個快速成長的大城市，多采多姿的社會環境，讓杜威對社會實況和人生百態都有了更直接的觀察與經歷。杜威待人接物，尊賢容眾，與高官政要、巨賈重商、販夫走卒，固皆有往來，對貧困孤苦者尤其注意與關懷，逐漸形成其以教育和民主來濟世救人的志願。杜威又得與創辦貧民福利機構赫爾中心（Hull House）的艾丹姆（Jane Addams, 1860-1935）結識，並受其改良

35　杜威在自述學術思想發展的文章〈從絕對主義到實驗主義〉中說：他由黑格爾主義漂流出來，費了十五年；而他用「漂流」一字，是要表示此一移動的時間漫長，而且是不知不覺的（LW5: 154）。

社會的理想影響，更讓杜威體會到，人類應該、也可以行動或作
為，與周圍的環境互動，並依民主的原則溝通，共謀社會福祉，
改善大眾生活。而教育扮演著極為重要的角色：使個人的經驗精
進，使指導未來經驗的能力增加，並且進而導引社會向著民主自
由的境界邁進（單文經，1992：9）。於是，芝加哥成為杜威研
究社會、政治和經濟困境的實驗室。更精確地說，他創建了應
用心理學或教育的實驗室——或者以「哲學詮釋的心理學」（a
philosophical interpretation of psychology）為基礎的教育實驗室
——探討在受過良好培訓的教師指導之下所建構之知識的整體
（LW11: 202ff）。

　　依辛普森（Simpson, 2006: 10-11）的說法，芝加哥為杜威至
少提供了三種實驗的園地：(1)城市中社會、政治和經濟發展與
改革的實驗，(2)學校教育實驗，以及(3)他自己家中的兒童發
展實驗。其中最重要的是，因為結識有進步教育之父[36]美譽的派
克（F.W. Parker）、學校行政經驗豐富的楊格（E.F. Young[37]），以

---

36 杜威在其1930年所發表的〈新學校中有多少自由？〉（"How Much Freedom
　　in New Schools?" 1930, LW5: 319-325）稱派克為「進步主義教育之父」。
　　而1947年10月19日《紐約時報》刊載的、由范恩（Benjamin Fine）訪
　　問杜威所撰〈吸引最好的人進入教學專業〉（"Attracting the Best Minds to
　　Teaching"），以及1949年10月23日《華盛頓郵報》刊載的、由馬可（David
　　Taylor Marke）訪問杜威所撰〈賀杜威九十高壽〉（"Dewey Sees Ripe Old Age
　　Ahead"）二文，則皆稱杜威為「進步主義教育之父」。

37 楊格（Ella Flagg Young, 1845-1918），曾任芝加哥市的學務總監，後任芝加哥
　　大學教授，同時在杜威指導下，於55歲之年完成博位學位，後又出任芝加哥
　　師範學校的校長，並再度出任芝加哥市的學務總監。著有《學校中孤立的情
　　況》（*Isolation in the School*）、《學校中的倫理學》（*Ethics in the School*）及
　　《現代教育理論的類型》（*Some Types of Modern Educational Theory*）等書。

及創辦赫爾中心而獲頒諾貝爾和平獎的艾丹姆等人，而將其教育淑世的壯志落實於1896年所創設的實驗學校（Bernstein, 1966: 23-43; Jane Dewey, 1939: 27-30）。因為杜威在芝加哥的見聞和學習，使他很幸運地成了「教育怪咖」（an educational crank）[38]，而他的教育思想也有了重要的轉折。他開展了許多的研究項目，諸如知識的性質、教育學作為大學的一個學門、未來教師的培養、教育理論和實務的關係；兒童與青年的發展，以及教育的心理、倫理學和社會的各個層面等（Simpson, 2006: 10-11）。

　　在杜威以《邏輯理論研究》一書在美國哲學界嶄露頭角之前，已經因為1896年在芝加哥大學創設實驗學校（Laboratory School）而聲名大噪。1899年，杜威為實驗學校籌款所作的三次講演，經匯集而成《學校與社會》一書，廣受各界歡迎，更確立了杜威作為兼顧理論與實際的教育家之地位。1902年，出版《兒童與課程》一書，又為杜威日正當中的聲望錦上添花。可惜，後來因為實驗學校與另一所學校合併的問題，以及杜威聘請夫人為實驗學校校長，卻未事先告知芝加哥大學校長等事，而與芝加哥大學校長及同事發生了摩擦，杜威乃憤而辭職，隨即受聘於哥倫比亞大學，於哲學系專任且在師範學院教課。

　　1894年，在杜威剛到芝加哥大學服務時，曾寫信給夫人艾麗絲，說道：「有時候，我想，我應該不要再以直接切入的方式來教哲學，我應該藉由教育來教哲學」（John Dewey to Alice Dewey, 1894, 11, 01）。威斯布魯克（Westbrook, 1993）指出：雖然杜威仍是以直接切入的方式來教哲學，從未停止過，但是，卻透過了

---

38 杜威在前述1894年11月1日，從芝加哥大學寫信給仍留在密西根大學的杜威夫人信中，即以此一名號戲稱自己[1894.11.01（00218）]。

以教育人員及關心教育問題的一般社會大眾為訴求的論著，使得他的哲學觀點能接觸到更多的讀者。在芝加哥大學這段期間，除了上述的《學校與社會》和《兒童與課程》，還有1897年〈我的教育信條〉一文較值得注意。

〈我的教育信條〉一文分為教育意義、學校、教材、教法、學校與社會進步等五節，列舉74則信條。杜威指出，教育的對象是社會中的個人，所以教育過程須兼顧心理與社會二方面，不可偏廢；學校是社會的形式，教育是生活的過程，而不是未來生活的預備；兒童本身的社會活動才是學校科目的真正核心；教育是經驗的繼續改造，教育的過程與目的相同；教育方法應重視兒童能力與興趣的發展；教育是社會進步及社會改革的基本方法。毋怪乎吳俊升（1983：34）會說：「杜氏後來發展之教育理論體系中之要點，皆已見於此文。」他並指出，該文由《全美教育協會期刊》（*National Education Association Journal*）一再轉載，而成為重要的教育文獻。事實上，杜威之後的教育論著多在闡述此書的觀念。

《學校與社會》是杜威為實驗學校籌款所作的三次講演〈學校與社會〉、〈學校與兒童生活〉、〈教育中的浪費〉彙集而成。杜威指出，學校教育的功能須因應社會經濟發展而調整，教育內容與方法也應改變；學校應成為社會生活的雛形，也應成為兒童學習生活的地方；一切的教育設施都要以兒童為中心來組織。幼稚園、中學與大學，乃至師資培育等機構，都應與社會密切聯繫；學校應成為社會的中心，善用社會的資源，避免教育中的浪費。《學校與社會》出版後，不但達成了預定的籌款目的，還多次加印。1915年，增錄六篇論文再版，其後加印次數亦多（MW1: 361-370）。

　　《兒童與課程》是杜威與楊格合編的芝加哥大學教育專輯系列中的第五輯（Schilpp, 1939: 623）。杜威指出，偏重課程教材與偏重兒童經驗，二派理論皆具有片面性，解決之道在於改變觀念，把兒童與課程看成教育過程中的二端，如同二個點才能夠形成一條直線一樣，必須兼顧兒童與所學習的教材才能夠形成完整的教學。他並指出，舊教育固然因為忽略兒童經驗的動態特質而失諸僵化，新教育也常因過度期望兒童自發學習而流於放任，可行的作法是把教材心理化以引發學生的學習興趣，再逐步導引學生學習符合邏輯的教材。《兒童與課程》問世後，亦多次加印。1956年，芝加哥大學出版社將《學校與社會》與《兒童與課程》合刊，迄今銷售數十萬冊，是杜威教育論著中最受歡迎者（MW2: 389-390）。

　　杜威在〈我的教育信條〉一文開宗明義即指出，一切教育活動都是在人類社會中進行，離開社會的大環境，就無個人的教育可言。《學校與社會》提示，學校不可孤立於社會之外，而應該強化學校與社會的關係。《兒童與課程》則明指，教育應由兒童的經驗開始，讓兒童逐步由活動經驗的積累，而漸能接受成人依邏輯原則而安排的課程。明顯地，杜威藉此調和個人與社會、學校與社會、兒童與課程的對立。然而，或因當時的教育總是較偏於社會而忽視個人，偏於學校之內的環境而輕忽學校之外的社會人環境，更偏於成人安排的課程而未見兒童親歷的經驗，所以，我們看到杜威在這三種著作中似乎總是有所倚重，以致引發不少的誤解。最為明顯的莫過於《學校與社會》中的一段文字：

　　　　我方才所說可能有些誇張，那是因為我想把舊式教育的特點說明白些：被動的態度，把兒童呆板而機械化地聚集在一

起，課程與教法一致化。總而言之，舊式教育的重心在兒童
之外，在教師，在教科書，在任何你喜歡的地方，但就是不
在兒童自己、不在兒童的本能與活動。若是這樣，關於兒童
的學習，我們可以大談大論，但是，關於兒童的**生活**就乏善
可陳，因為我們根本就不把學校當成兒童**生活**的地方。現
在，我們的教育即將到來的改變是重心之轉移。那是改變，
是一場革命，像哥白尼所說天體中心由地球轉移到太陽一
樣。就此而言，兒童成了太陽，一切教育的措施皆應圍繞著
兒童，以其為中心加以組織。[39]（MW1: 23）

又如《兒童與課程》中，杜威在最後的二段文字，提問：「『兒
童』對『課程』一案，我們如何宣判呢？怎麼裁決呢？」他的回
答是：「『兒童』贏了。」（MW2: 290）

　　或因如此而有很多人認為杜威主張以兒童為中心的「新教
育」，而把杜威當作兒童中心教育的代言人（吳俊升，1972：

---

39 杜威確實希望學校與社會都要重視兒童，把學校當作兒童學習生活的地方，
而且一切的教育設施都要以兒童為中心來組織。然而，若是我們仔細閱讀
《學校與社會》三篇講辭，會明白杜威真正想表達的意思是，我們所培養的
兒童是在一個「具體而微的社區、粗具雛形的社會」（SS, M1: 12）當中生
活，將來長大之後能成服務社會的一分子，以及能促進社會發展、民主進
步的公民。準此，學校教育的功能、內容與方法之變革，也是為了要適應
社會的變遷。幼稚園、中學與大學，乃至師資培育等機構，都應與社會密
切聯繫；學校應成為社會的中心，善用社會的資源，避免教育中的浪費。
本書作者十分同意Martin（2002: 199）所說，許多人誤解杜威反對機構中心
（institution-centered）的教育，主張兒童中心的教育，其實，杜威真正主張的
是社會中心的教育。因為學校所培養的並不是孤立的個人，而是能與人建立
良好關係，共為社會發展與進步的社會成員與公民。

3）。也就因為如此，在杜威為創辦實驗學校而受到世人讚譽時，也招致了不少的批評（Cohen, 1998: 427）[40]。面對此種情況，杜威只有不斷地利用機會辯解。

（三）盛名之累與持續不斷辯解（1904-1952年）

杜威於1904年進入哥倫比亞大學擔任哲學系專任教授，兼在師範學院教課。1930年退休而成為受薪的駐校榮譽教授，1938年轉為不支薪的榮譽教授，以迄1952年辭世為止，共服務48年之久。紐約是個大都會，哥倫比亞大學又是一所國際知名的大學，其哲學系固然為思想文化的重鎮，其師範學院更是執教育學界之牛耳，往來訪問、進修、研究、求學等學生及學者直如過江之鯽也，其中更不乏來自其他各國之佼佼者，甚至是各國簡派來此進修的官員或是積極培養的學子。於是，原已在哲學與教育領域嶄露頭角的杜威，更因為持續不斷地發表論文與演講等而聲名遠播，其對於美國國內乃至世界各國的影響，亦因而逐漸醞釀與發酵。

杜威在1908年底至翌年初發表的〈實用主義的教育意涵〉

---

40 這篇由密西根大學的柯恩（David K. Cohen）（與前文提及的Morris R. Cohen不同一人）所撰的〈杜威的問題〉（"Dewey's Problem"）一文，係出自《小學期刊》（*Elementary School Journal*）98卷5期。該期出刊於1998年5月，是由史丹佛大學的菲利普（D.C. Philips）與舒曼（Lee S. Shulman）合編，以杜威於1894至1904年之間在芝加哥大學服務時所發表的《學校與社會》、《兒童與課程》、《邏輯理論研究》、〈心理學中的反射弧概念〉、〈我的教育信條〉、〈教育作為大學科目〉（"Pedagogy as a University Discipline"）、《心理與政治倫理學講義》（*Lectures on Psychological and Political Ethics*）、〈進化論與倫理學〉（"Evolution and Ethics"）等論著為對象，邀請多位專家進行評析，共撰九篇論文，值得研究杜威哲學與教育思想的朋友注意。

（"The Bearings of Pragmatism upon Education," MW4: 179-191）
一文中，批評了過去受二種老舊的心靈理論——純粹理性的超
驗論（transcendental theory of pure reason）與洛克式的經驗論
（Lockean empiricism）——組成的思想所影響，而硬性地將教育
一分為二：一類強調理性官能的訓練以製造學究式的知識，進而
培養上層統治的閒暇階級，另一類著眼於被動接受外來的感覺和
印象，俾便培養下層附從的勞工階級。實用主義的教育致力於培
養**實驗的**心靈習慣（*experimental* habit of mind），讓個人在民主
社會中與自然和人群互動，形成能掌握情境要素、汲取必要資
訊、判定行動目的、主動規畫手段、追蹤行動軌跡的智慧。雖然
該文只是點到為止，但畢竟是杜威闡述實用主義與教育關係的第
一遭；該文除討論教育目的，並且論及課程、教材與教法，可謂
為後來的《民主與教育》一書發出了有趣的先聲（an interesting
anticipations）（Hahn, 1977: xxv）。

　　杜威在1909年出版的《德育原理》（*Moral Principle in
Education*, MW4: 266-293）一書，是將1897年所發表的〈教育
的倫理學原則〉（"Ethical Principle Underling Education," EW5:
54-83）一文擴充而成，為研究杜威道德教育理論最重要的著作
之一。杜威在該書採取一貫的立場，以廣義道德教育觀（morally
conceived education）取代狹義的道德教育觀（education of morals
or moral education proper），認為學校教育的一切措施，所有的科
目與活動皆可能具有道德意義，除了參與學校的生活之外，學校
別無其他的道德目的。

　　杜威於1910年出版《我們如何思想》（*How We Think*, MW6:
177-356）一書。該書復於1933年大幅修正重新出版；杜威並為新
版加上了副題：《再論反省思考與教育過程的關聯》（*A Restatement*

of the Relation of Reflective Thinking to the Educative Process, LW8: 107-353）。該書係為小學教師而寫，除闡釋在學校中必須教授科學方法的理由，並且指明小學教師訓練學生熟稔科學思想方法的細膩步驟。兩版都將全書分為三個部分：思想訓練的問題（The problem of training thought）、邏輯的尋思（Logical consideration），以及思想訓練（The training of thought）。新版除了篇幅多了四分之一以外，並以較簡單明瞭的文句將第二部分的許多理論分析加以改寫，更因應學校教學的實際狀況，將全書與教學有關的部分加以改寫。

1913年出版的《教育上的興趣與努力》（*Interest and Effort in Education*, MW7: 152-199）是將1895年發表的〈與意志之訓練關聯的興趣〉（"Interest in relation to training of the will," EW5: 111-150）及1897年發表的〈努力心理學〉（"The Psychology of Effort," EW5: 151-163）二文綜述擴大而成。該書調和了赫爾巴脫（Johann Friedrich Herbart, 1776-1841）的興趣論，及哈里斯的努力論，認為二者的主張互不相悖，在教育上應予兼顧。

1915年與長女艾芙琳合著的《明日的學校》（*Schools of Tomorrow*, MW8: 205-404），將符合「教育即自然發展」精神的學校，依其特色分章說明理念並介紹實驗學校的作法。名為「民主與教育」之最後一章中的最後一段話：

> 奉機會平等為圭臬的民主主義，要求一種教育，這種教育把學習與社會應用、想法與實行、工作，以及對工作意義的認識，自始至終融為一爐，直到永遠。（p. 404）

已經預示1916年《民主與教育》一書的要點。

　　1916年，《民主與教育》一書問世。26章的鉅著絕大部分為與教育有關的基本理念，如目的、興趣、努力、紀律、自由、思考、教材、教法、科學、工作、遊戲、兒童、個人、社會、道德、知識等皆有所論列。雖然這些基本理念，在其先前的論著中已經充分發揮，但在本書中才發展而為更齊全的思想體系。杜威以經驗來界定教育，因而教育具有進步、道德、民主、科學等性質。在科學、道德與民主的範圍之下，個人的經驗繼續不斷的成長與發展，教育方能有所進步，社會方能因而重建。他並且指出：「如果我們願意把教育當作是形塑基本的理智及情緒性格的過程，以便妥與自然及人群相處，那麼，哲學就可以定義為教育的普通理論。」（MW9: 338）也因為如此，1930年，杜威在他〈由絕對論到實驗論〉文中自道：《民主與教育》「十分完整且詳細地闡明了我的哲學思想」（LW5: 156）。

　　或有學者抱怨這本書名為民主與教育，卻少談民主而多談教育，令人疑惑（Peters, 1977: 103）。然而，就杜威心目中的理想而言，雖然「民主不能等同於教育的歷程」（Hook, 1980: x），但是，在民主的社會當中，民主即教育，教育亦即是民主。杜威自述他企圖藉著該書「檢驗並敘述民主社會的理念，及其應用於教育事務中出現的問題」（MW9: 3）而總結了過去的哲學思想與教育經驗。所以，我們可以說，該書是杜威著作之中，討論教育問題而理論體系最為完備周密者。這本費了杜威四、五年寫作時間、列為師範校院教育教科叢書、以教育哲學導論為副題的鉅著，「是舉世少見以教科書的形式問世而成為經典，且一直為教育哲學學界人士必讀者」（Hook, 1980: ix）。該書甫一出版即甚受好評而呈洛陽紙貴的盛況（MW9: 377-382），杜威積累的美名也因為該書而登上巔峰。

　　杜威一方面藉著《民主與教育》總結他先前的教育主張，另一方面也針對人們對他的批評提出了辯解。例如，他在書中引用艾默生的說法，建議教師與家長固然應「重視兒童，自始至終重視他，但是也要重視你自己。」（MW9: 57）藉此為他在《學校與社會》書中所說「一切教育的措施皆應以兒童為中心加以安排」（MW1: 23）所引起的誤會提出辯解，並且提醒家長及教師在保持兒童純然天性的同時，也要把自然之所向以知識武裝起來。他在《學校與社會》書中提倡以日常生活經驗為兒童主要的學習內容，並在實驗學校大力推行工作活動的教學。在《民主與教育》書中則把教材的發展分成三個階段（MW9: Ch. 14），而以工作活動與日常生活經驗為最初的階段，第二階段為他人所確認的訊息與知識，第三階段則是經過合理的方式處理而組成的知識或科學。藉此，或許可為其較偏於兒童經驗而輕忽課程教材的誤會，作一番澄清。

　　卡恩（Cahn, 1988, LW13: xii-xv）指出，在20世紀教育思想史上最普遍的誤解之一，就是錯把杜威當作「新教育」的代言人。或許杜威在《學校與社會》及《兒童與課程》二書中為了矯枉而過正，以至於造成偏倚於兒童之嫌，但基本上他對於新舊二種極端的教育作法都予以批評與警告。或許因為在《民主與教育》中以保守的教育與進步的教育之對比作為第六章的章名，復加他在1928年接受了進步教育協會（Progressive Education Association）名譽主席一職[41]，所以美國社會大眾乃至世界各國的教育界人士，

41　Graham（1967: 23-24）根據柏克萊加州大學1941年由Berdine J. Bovard所撰寫的博士論文《進步教育協會的歷史：1919-1939》（*A History of the Progressive Education Association*, 1919-1939）指出，該協會的發起人們曾經邀請杜威

都不約而同地把杜威與進步教育畫上等號，更把杜威當作「進步教育」的代言人。事實上，他很少把進步和教育連用，整部《民主與教育》只出現一次；反而是「進步社會下的教育」在《民主與教育》書中多次出現。又，依克里巴德（Kliebard, 2004: 189-190）的說法，最早把進步一詞用在教育實務上的，當屬1890年代賴思（J.M. Rice）發表的一系列有關美國教育的評論。進步一辭大多意指現代及新興，而與傳統及守舊相對；有時，則只表示積極、正面。然而，當進步教育協會日益壯大，大家開始探問進步教育到底何所指？更提出許多質疑與批評。不幸，如齊佛斯米（Zilversmit, 1993: 10-13）所指出的，打從一開始，眾人對於進步教育的詮釋即言人人殊，因而產生不少分歧、偏離，甚至曲解、

擔任榮譽會長，但是，杜威拒絕了，所以，才由主要的發起人Cobb邀請其祖父的好友，曾任哈佛大學40年校長的名學者Charles William Eliot（1834-1926）擔任榮譽會長。Eliot於1926年8月辭世，該協會的執行董事會乃再度邀請杜威繼任榮譽會長，杜威終於同意。以杜威當時在教育界日正中天的威望，願意出任進步教育協會的榮譽會長，自然為該會帶來更高的知名度（Graham, 1967: 41）。但是，不知是幸或不幸，這更讓許多人把他與進步教育或是新教育聯想在一起，而需杜威不斷地找機會來澄清誤解。又根據Graham（1967: 20）的報導，該協會本是由一些實驗學校負責人組織而成，所以原來的名稱為實驗學校促進協會（Association for the Advancement of Experimental Schools），但在1919年一次籌備會議上，大家考慮到二個理由，而決定改名為進步教育協會（Progressive Education Association）。理由之一是：原來的名稱容易讓社會大眾誤以為這些實驗學校，會把孩子們當作實驗室的白老鼠；其二，原來的名稱會讓社會大眾誤以為只有特定的學校可以進入這個協會，而進步教育含蓋的範圍較廣。於是，1920年的年會就正式改名。又，該協會創始時所揭櫫的自然發展、興趣、教師為引導者、研究兒童發展、注意兒童生理發展、家校合作、進步學校領導教育運動等七項原則，即以杜威的理念為依據（楊國賜，1985：106-109；Zilversmit, 1993: 10）。

誤解杜威原意的情事,令他感到十分無奈,於是屢屢找機會澄清
與辯解。《經驗與教育》即是在此一背景之下完成的力作。

在《經驗與教育》之前,杜威即至少已經發表了〈進步教育
與教育科學〉("Progressive Education and the Science of Education,"
1928, LW3: 257-268)、〈新學校中有多少自由?〉("How much
Freedom in New Schools?" 1930, LW5: 319-325)、〈走出教育困惑之
道〉("The Way out of Educational Confusion," 1931, LW6: 75-89)、
〈為什麼要進步學校?〉("Why Have Progressive Schools?" 1933,
LW9: 147-167)、〈需要一種教育哲學〉("The Need for a Philosophy
of Education," 1934, LW9: 194-204)等五篇為進步教育尋求補編
救失之道的文章:或指出進步學校必須加強其學術的力道,才能
對於教育科學有所貢獻;或批評進步學校常失諸過度自由,而強
調應該兼顧自然發展與紀律學習;或直指進步學校不可因方法的
隨興,而錯過了真才實學的習得;或點出進步教育固應重視學生
親身體驗,也應該注意教材的組織。所以,雖然KDP原本希望杜
威這次專題講演「以現在的問題和趨勢,來批判自己的教育哲
學」(LW13: 410)。但他卻未完全遵照此一要求,而是藉著這個
機會抒發對於當時有關傳統教育與進步教育教育之爭的看法,以
便為自己的教育立場辯解。尤其,不少進步教育運動的倡行者,
紛紛徵引杜威的文字以為己用,不是斷章取義,就是誇大其辭,
甚至刻意扭曲,或者,根本就不曾仔細閱讀杜威的文字,不是想
當然耳,就是張冠李戴,甚至移花接木,以至於讓杜威成了反對
者的代罪羔羊。杜威雖已屢藉所發表的篇章澄清之,但仍然希望
藉著這篇講辭的發表,能夠再一次地達到正本清源的目的。

《經驗與教育》共分八章。前三章旨在澄清觀念與形成經驗
理論。他先點出「非此即彼」想法的謬誤,說明教育不是「非

『傳統』即『進步』」，而必須以其是否能夠促進具有教育價值的經驗——即符合連續性與互動性二項規準——之成長為依歸。他並澄清「教育即生長」所受到的「壞的生長也是生長」之誤解，主張教育應兼顧德智體等方面的生長，而非毫無限制、甚至是病態的生長。《經驗與教育》的後續五章以先前論述為基礎，探討紀律、自由、目的、方法、教材等相關議題，為進步教育所可能干犯的紀律鬆弛、純任自由、漫無目的、方法不實、輕忽教材等謬誤提出警示，並為其自己一切回歸於教育的主張提出辯解。杜威懇切地呼籲，凡是明智的教育工作者，就應該：

> 以教育（Education）的本身來思考教育的問題，而不是用什麼教育上的主義（’ism），甚至也不應以「進步主義」來思考教育的問題。（EE: vi-vii）

他認為，除了教育本身，任何以主義來思考和行動的作法，都會不由自主地捲入對於其他主義的反抗而不能自拔。結果，就沒有餘力再為實際的需要、問題和可能發生的事情等，進行包容力大的、具有建設性的審視。可惜的是，言者諄諄、聽者邈邈，人文主義（humanism）、發展主義（developmentalism）、精粹主義（essentialism）、佛洛伊德主義（Freundianism）、職業主義（vocationalism）、社會重建主義（social reconstructionism）……各方人馬仍然各行其是，以致全美教育危機日重，招致各界譴責不斷（李玉馨，2010：110）。

《經驗與教育》出版後，杜威仍以哥倫比亞大學榮譽教授身分潛心研究與著述，亦偶有教育論著發表，令人感動的是他在1952年為其在哥倫比亞大學的學生及教育哲學課的助教克萊葡

（Elsie Ripley Clapp, 1879-1965）所撰《教育資源的運用》（*The Use of Resources in Education*）一書所寫的序言（Dewey, 1952: 127-135），仍然為進步教育受到的惡意攻擊所帶來的警惕，苦心孤詣地指出進步教育的貢獻與尚待努力之處。杜威在這篇絕筆的文字當中對於五十多年來他與進步教育運動之間的關聯作了一番回顧，對其發展現況及未來走向，既表失望亦頗傷感。但他仍秉持一貫作法，提示進步教育推動者應當明白去舊固然不易、革新亦甚難成的道理，而懷抱臨深履薄之心，步伐穩健地實行。一句：「任何教育，若非不斷進步，皆不可稱之為進步教育，這應是一般常識，但不幸情況並非如此」（Dewey, 1952: 131）是多麼沉重的慨嘆，多麼深遠的期許。

綜合本節所述，杜威終身站在兒童、社會、乃至全人類福祉的立場，為兒童的健全成長、社會的民主進步、人類的教育發展而屢發振聾啟聵之聲：他以連續原則，試圖調和個人與社會、兒童與課程、自由與紀律的對立；又以互動原則，隨時對社會大眾所關心的教育問題提出回應，著書立言警示世人而始終不倦。縱因在不同的時間點所提出看似不盡一致的主張而招致批評或誤解，卻也突顯其主張雖有主奏與變奏之分，但其調性則維持一樣，那就是：為了讓下一代能接受合乎理想的教育，我們必須既教兒童，亦教教材；既教兒童經驗，也教兒童知識；既重工作活動，也重系統科目；既重兒童興趣，也重兒童努力；既重自由，也重紀律⋯⋯。更深一層來看，杜威這種維持主奏而時有變奏的作法，恰是因應不同時代的情況（temporalism）（Hu, 1940: 209），秉承「執兩用中」（吳俊升，1972：388）的「時中」[42]（timing）

---

42 儒家謂立身行事，合乎時宜，無過與不及，是為「時中」。例如：《易．

原則，而提出的權變主張。

蒙》：「蒙亨，以亨行，時中也。」孔穎達疏曰：「謂居蒙之時，人皆願亨，
若以亨道行之，于時則得中也。」又如：《禮記‧中庸》有云：「君子之中庸
也，君子而時中。」而鄭觀應亦在〈《盛世危言》初刊自序〉說：「時中，用
也。所謂變易者，聖之權也。」

肆　重新譯注這本教育經典的必要

　　總上所述，《經驗與教育》確為值得譯注的教育經典，但目前已有若干中文譯本。那麼，為何還有重新譯注的必要呢？一方面是因為增訂版與其他版本相比，在內涵上確實有所超越，而且尚無中譯本，所以有必要翻譯。另一方面則是依前言所提及的，由譯注研究計畫要求「最忠於原典的翻譯與注釋」，以及完成譯注研究計畫成品的譯文、學術導讀、研究文獻、注釋、術語、書目、年表、頁碼對照等八項要件來看，現有譯本確有可資改進之處，而應予重新譯注。謹說明如下。

一、增訂的版本有待譯注

　　《經驗與教育》一書自從 1938 年出版以來，發行的版次或刷次容或不少，但只有 1998 年由 KDP 重新印行的增訂版在內涵上有了較明顯的改變：其一，正文部分的每段文字皆加撰一則旁批，以提示其要點；連杜威所撰的序文也都有旁批。其二，正文部分編製了索引，便於檢索。其三，與杜威一樣受贈為 KDP 桂冠學者的四位當代教育名家受邀各撰寫一篇評論。杜威於 1925 年的首屆，格林妮（Maxine Greene）於 1988 年，賈克森（Philip Jackson）及戴維斯（O.L. Davis, Jr.）於 1994 年，而答玲－哈蒙德（Linda Darling-Hammond）於 1995 年獲贈該項榮譽。由後繼者為首屆桂冠學者的教育經典撰寫評論，亦可謂別出心裁，為該書增色不少。

　　格林妮的評論題為〈《經驗與教育》：脈絡與結果〉（"*Experience and Education*: Context and Consequence"）。用中文的「前因後果」與「來龍去脈」二個成語，應該可以傳神地詮釋「脈絡與結果」一語的意義。細讀格林妮這篇評論，我們會發現她不只是敘述杜威《經驗與教育》成書的時代背景，還把他相關的哲學著作及時政議論加以串連，闡釋杜威的學說主張與憂時心懷；我們更發現格林妮把讀者拉到杜威身後的時代，以若干事件及後人的著作加上她自己的經驗、知識與見解，討論杜威該書對後世的影響。不只如此，格林妮更坦誠地指出了一些杜威說法不足之處。格林妮並指出，這樣的質疑與辯難會使得「杜威的主張更為深化，也會變得更為豐富……讓我們閱讀杜威文本的心得，真正具有教育價值」（EE: 126）。

　　賈克森的評論題為〈再訪《經驗與教育》〉（"Dewey's *Experience and Education* revisited"）。這篇評論最有趣的是說到，杜威受限於篇幅而用字遣辭非常精簡，他舉杜威《經驗與教育》書中參考林肯討論民主意義時所用的 of, by 及 for 三個介系詞，而以「在經驗當中產生、藉由經驗而發展、為了經驗而進步」（education is a development with, by, and for experience）說明經驗與教育的關係。他打了個比方說這句話「精簡到像一團放在鍋爐烤太久的一堆黏糊糊的食物一樣……已經焦糖化了」（EE: 137）所以，我們必須加很大量的液體，才可能把那團食物還原到可以食用的狀態，而不至於造成消化不良。他的意思是，只有把杜威的全部論著當作一個整體來廣泛而深入地研讀，獲有了先備的基礎，才可能理解杜威這句話的意思。換句話說，「是要請讀者或聽眾自己弄清楚這是什麼意思」（EE: 138）。接著，賈克森用了二大段文字示範他是如何「弄清楚」杜威這句話的意思。像這樣，賈克森這篇在受贈桂冠學者典禮上發表的專題演講，憑其研究杜威思想多年的功力，以詼諧而充滿激勵的語言詮釋他再訪《經驗與教育》的心路歷程，讀來言盡意長，直如餘音裊繞。

　　答玲－哈蒙德的評論題為〈《經驗與教育》：對於今日教學和學校教育的啟示〉（"*Experience and Education*: Implications for Teaching and Schooling Today"）。這篇評論重點放在中小學課程與教學的實務作法。她指出，數十年來有許多中小學的教育工作者，仍秉承杜威妥善辦好教育的理念，進行各種型式的課程與教學改革，其成功的關鍵在於「良師會積極採行『二者皆然』（both-and）的作法，而非陷於『非此即彼』的泥淖中。」（EE: 153）然而，此種教師難求，所以教育改革總是舉步維艱。更有進者，她舉出了不少史實及她自己所作的研究，說明自杜威以來一脈相傳的教育改革理念，仍然在許多地方有不少人堅持著。她並且在結尾時大聲疾呼：

> 如果我們關心兒童的未來，以及民主的前程，我們就毫無選擇地要走較困難的道路，並且創造廣泛的條件，使教師能成功地完成讓教育增能的任務。（EE: 166）

　　戴維斯題為〈邀請大家來思考〉（"An Invitation to Think"）的評論，是四篇評論之中最短的一篇，卻也是一樣的發人深省。首先，戴維斯指出，有些教育書籍具有濃郁的意識型態，為劇烈的改革開立處方；另外一些則如同簡易的食譜，可以即刻派上用場。戴維斯認為，杜威的《經驗與教育》與眾不同，既不嘲弄當時的教育實務，也不苛責教育專業人員。它對二者皆嚴謹待之。
它也呈現了杜威關心的某些主要問題較為成熟的觀點。更重要
的是，「這本書邀請美國的教育人員為他們自己作一些思考。今
天，它仍然提供如此的邀請。」（EE: 168）所以，他一而再，再
而三地重讀這本書。他指出，雖然杜威這本書：

> 並未包括可以直接應用的建議。它提供的是協助我們祛除無
> 甚裨益的爭議，進而仔細地思考和小心的行動。……在《經
> 驗與教育》中，杜威從未放棄他基本的主張；……他建議我
> 們要對不同的選項作謹慎的考慮，而不希望我們作隨意的妥
> 協。杜威從不為我們思考；他充滿信心地鼓勵我們為自己而
> 思考。（EE: 170）

除了馬比所撰六十週年版次的編者前言之外，當代教育名家
艾斯納（Elliot W. Eisner）並撰寫了封底評介。這兩篇短文一前一
後，都是敘述《經驗與教育》的要點，並指陳推薦該書的理由，
自不在話下。例如，馬比說：

> 為什麼這本已經出版了一個甲子的書，仍然受到大家的注意
> 呢？因為該書對於那個時代的傳統學校和進步學校二者的作
> 法，都作了十分突出的分析。雖然，杜威明顯地偏好進步教
> 育的主張，但是，他也非常強烈地指出了這二種主張的缺
> 陷。在為數不多的篇幅之中，杜威將他的教育哲學作了簡潔
> 而完整的宣示。（Mabie, 1998, iv）

又如艾斯納說的：

《經驗與教育》不為任何的"主義"辯護。它也不作任何的妥協，也避免作折衷的修補……在本書中，可以看到一盞明燈，它會化解掉籠罩在教育理論的濃霧。（Eisner, 1998: Back cover）

這二段文字，真可謂畫龍點睛，把這本書說活了。我們有必要將此一增訂版重新譯注，讓它再顯龍威，為世人指點方向，引領世人為實現真正的教育理想而持續地思考，不斷地努力。

二、現有譯本可再予改進

本人在翻譯《經驗與教育》的過程中，曾經將手邊的四個中文譯本仔細地與原文對照過，發現它們固然有不少值得參考的優點，卻也發現了很多可資改進之處。謹舉隅說明之。

（一）過去的譯本多譯而少注，甚至只譯不注。

細查《經驗與教育》的四個譯本，我們發現它們不是多譯而少注，就是根本只譯不注。

曾昭森譯本共有二個注釋，都在第二章的倒數第二段，原文為 The old Ptolemaic astronomical system was more complicated with its cycles and epicycles than the Copernican system. 曾譯以 Ptolemaic 及 Copernican 二字為注釋對象。

姜文閔譯本共有八個注釋。一個在第一章第五段，原文為 Theirs is to do--and learn, as it was the part of the six hundred to do and die. 姜譯以 six hundred 為注釋對象。但是，其注釋的內容卻因參考的資訊不足而有訛誤，有如下一小節所述。另有三個注釋在第二章：一個為倒數第三段的 Lincoln，另二個與曾譯近似，唯其以 Ptolemaic astronomical system 及 Copernican system 為注釋對象。第五個注釋在第六章最後一段，原文為 The development occurs through reciprocal give-and-take, the teacher taking but not being afraid also to give. 姜譯把這段話作進一步的闡釋。還有三個注釋在第七章，分別以 Hogben, Aristotle 及 St. Thomas 二個人名為注釋對象。

至於李相勖、阮春芳合譯本，以及李培囿譯本，則未有任何注釋。

（二）過去的譯文有漏譯、刪割、誤譯、走樣與資訊不足等情事

就譯事工作而言，本人乃行伍出身，未受過任何翻譯的專業訓練，純粹是因為興趣而試著翻譯，又自認有些成就感而譯將下去，對於翻譯理論原也只懂得大家都熟知的信、雅、達三原則，本不敢隨意臧否其他譯品，惟衝著宋淇（1983：65）所轉述的、喬志高說過的：「翻譯猶如人性，總有改善的餘地」，復本「他山之石，可以攻錯」之教訓，方敢試撰本小節。

思果（2003：17-18）指出：「翻譯最難在精確妥貼」，他主張信、達、貼三原則。信就是忠實表達作者原意；達是要讓讀者能懂；貼是指文體、氣勢，也就是「譯什麼，像什麼」。換言之，精確妥貼的譯文應該盡量避免錢鍾書（1964）所說的「失真或走樣的地方，在意義或口吻上違背或不盡貼合原文」，也不能像牛馬克（Newmark, 1981: 7）所說的「走失了意味」（loss of meaning）[1]。茲謹就這四個《經驗與教育》的譯本中所見漏譯、刪

1　本人由曾茂才（2008：xvii）轉知區劍龍（1993：338）將 "loss of meaning"

割、誤譯、走樣等情事，指出一、二，藉收惕己之效也。

　　第二章第五段開頭 "Later, I shall discuss in more detail the principle of the continuity of experience or what may be called the experiential continuum." 或可譯為「稍後，我還會再針對經驗連續性的原則，或可稱之為經驗連續體的概念，作較仔細的討論」。

　　李譯為：「以後，我將更詳細的討論經驗的聯接性原則」。
　　李阮合譯為：「經驗聯續原則或稱經驗的聯續體將於以後詳加討論」。
　　曾譯為：「遲一些，我就會較詳細的去討論經驗的連續性原理」。
　　姜譯為：「以後，我將更詳細的探討經驗的連續性原理，或者可以稱之為經驗的連續性」。

　　李譯、李阮合譯，及姜譯皆把 shall 譯成「將」，是為「歐化譯文」（張振玉，1993：81）；曾譯的「去討論」更是如此，都是不像中文的譯文，亟應避免。李譯及曾譯皆把 "or what may be called the experiential continuum." 漏譯或刪割不譯，其原因不詳；有可能是因為不解 "continuum" 的意思。然而，吾人當切記梁實秋所說的，譯者沒有權利做刪割的事（黃邦傑，2006：28）。至於姜譯，雖未漏譯，但將 "experiential continuum" 與 "continuity of experience" 同樣譯為「經驗的連續性」，亦或許是因為不解 "continuum" 可以譯為「連續體」。又，本人以為，加上「概念」

_____

解為「走樣」。本人以為，若解為「走失了意味」，兼指未能達意，又沒了原文的味道，或可更貼近錢鍾書所說「失真或走樣」的原意。

一詞以求通順，應不為過。蓋「譯詞貴在錘鍊」，適度的加詞或減詞，自須謹慎為之；而有意或無意的漏譯或刪割不譯，則宜儘量不為（黃邦傑，2006：83-142）。

　　第一章第五段第二句"Theirs is to do — and learn, as it was the part of the six hundred to do and die." 杜威只用"six hundred"一語就把1853年，六百多名英國輕騎兵在土耳其克里米亞半島衝鋒陷陣，卻遭到俄國砲兵三面圍攻而死傷慘重的史實交代過去。英文世界的讀者應該熟悉這個典故，但是，中文世界的讀者就不然。這好比中文世界的讀者應該比較熟悉「八百壯士」一語所代表的意義。然而，對文化背景不同的讀者而言，若不加注釋，就不容易理解。且讓我們看看四個譯本如何處理。

　　李譯為：「他們的本分是做和學，如六百戰士的本分是做和
　　　　死」。
　　李阮合譯為：「他們祇是照著奉行──學習正如六百士兵的
　　　　責任，非戰即死」。
　　曾譯為：「正如那軍紀的標語，『士兵的責任就是去做和去
　　　　死』一樣，學生的責任就祇是去做和去學了」。
　　姜譯為：「學生的本分就是執行任務──學習，正如600士
　　　　兵是去打仗並且直到戰死一樣」，姜譯並在「士兵」後
　　　　加一注釋：

　　相傳西元前480年，波斯人入侵希臘，希臘人奮起應戰，
　　Leonidas王率兵（人數說法不一，杜威採用了「600人」的
　　說法）禦敵於國門之外，全體壯烈犧牲。

借用思果（2003：18）的話來評論，李譯及李阮合譯的直譯是對作者負了責任，但是，因為未就"six hundred"一語加以注釋，對讀者的服務不周。其中，李譯「做、死、學」的直譯精確信實，但不夠貼切，遑論風雅；李阮合譯比李譯高明許多，以十分接近中文的譯法呈現給讀者。至於曾譯，不但未予注釋，卻又誤加了一句「軍紀的標語」，造成雙重的服務不周。這可能是因為資訊不足，不理解這個典故是取自英國丁尼生男爵（Alfred Lord Tennyson, 1809-1892）的英詩"The Charge of the Light Brigade"，以致造成誤譯。然而，曾譯在「做、死、學」三個動詞前上加個「去」字，而成為「去做、去死、去學」，可發揮加強語氣的作用。與前述「去討論」中的「去」字為「歐化譯文」，因為語境不同，而有不同的效果，不可相提並論。

再借用思果的話（2003：26），姜譯「讀起來不像是翻譯」，這是一句稱讚的話。事實上，曾譯的譯文準確可靠，還試著加上注釋為讀者提供服務。套句黃文範的話（1997：266），姜譯已經做到「從對原作忠實到對讀者忠實」，超越了李譯、李阮合譯及曾譯。但是，或許也是因為資訊不足，以致所提供的注釋內容卻有訛誤之虞，至為可惜！但是，這不能怨他，因為時方1992年，資訊取得不如今日便利。

有了四個譯本的前車之鑒，本人是這樣譯解的：

學童們只能照著指令去做、去學習——就像當年在土耳其衝鋒陷陣、卻遭俄國砲兵三面圍攻而死傷慘重的600多名英國輕騎兵一樣，只能勇猛向前衝——照著指令去作、去戰死。

本人並為這段文字加上稍長的注釋，由我國抗日戰爭時，死守上海四行倉庫而壯烈犧牲的「八百壯士」談起，再說明杜威引述的「六百壯士」故事的出處。最後，並且指出，杜威在1895年與麥克禮蘭（James A. Mclellan）合撰的《數目心理學及其對算術的應用》（*The Psychology of Number and its Application to Methods of Teaching Arithmetic*）書中的一章〈心理學對教師所能做的〉（"What Psychology Can Do for the Teacher," 1895: 15）中，即曾有過類似的說法。他是這麼說的：

> 一個受過良好教育而且能自我反省的教師，乃是一個能專業自主的教育工作者，而不是個只會聽令於他人的士兵。

本人以為，或許包含有如此豐富資訊的注釋，才算是善盡了譯注者的責任。

三、重新譯注的三項承諾

行文至此，本人業已將重新翻譯與詳為譯注《經驗與教育》的必要性作了交代，本節將說明本人對此一經典譯注研究計畫的三項承諾，以為自我之勗勉。

首先，就翻譯而言，本人會謹守活譯達意、簡鍊流暢、力求神似之原則。

活譯與「硬譯」、「死譯」相對。許多譯家皆強調這一點，梁實秋所說的「忠於原文……不是生吞活剝的逐字直譯之謂，那種譯者乃是『硬譯』、『死譯』」最易明白（黃邦傑，2006：28）。消極而言，要「擺脫字枷句鎖」，因為那是「活譯的第一步」（黃國彬，1996：121）；積極而言，要「準確與靈活」（黃邦傑，2006：181）。

　　準確而不靈活，就做不到達意。一旦「原譯不達，就是不信。暢達的譯文未必信，辭不達意的譯文必定不信」（楊絳，1996：98）。譯者乃是原作者與讀者之間的橋梁，達意就是要表達原作者的意思，讓讀者能確實明白；為此，譯者當盡力理解原著；不僅理解字句的意義，還進而領會字句之間的含蘊，甚至字句之外的語氣聲調（楊絳，1996：93-94）。不論意譯、直譯都應以簡鍊流暢為分際。而簡鍊流暢須要譯者就譯文多方錘鍊，嚴復《天演論》「譯例言」所謂「一名之立，旬月踟躕」誠非誇言（楊絳，1996：102）。

　　本人當依上述要領，在充分傳達原著的真意、而能「意似」之同時，並能夠掌握原著的寫作風格或形式的「形似」，甚至「神似」（張振玉，1993：159-165），盡量做到思果所說「精確妥貼……與原文對看，如影隨形」（思果，2003：17）。或者用更簡單的說法，就是不但「譯得出」、「譯得準」，還要「譯得好」（黃國彬，1996：27）。

　　其次，就注釋而言，本人會試達該注則注、詳為解讀、深入闡釋之目標。

　　注釋之必要，或因「名物不同」而無法以同事物的字翻譯，暫以音譯或相似字代之，然而不加注釋無法明其意者（楊絳，1996：102）；或因原文有特定時空的意義，因時移勢動不加注釋無法理解者。然而文學翻譯的大量注釋，或許會造成與讀者的藩籬，學術翻譯則必不可少（黃文範，1997：287）。文學翻譯當中，「原文的弦外之音，只從弦上傳出；含蘊未吐的意思，也只附著在字句上」（楊絳，1996：95）；學術翻譯則不然，而應當盡量直話直說，務期清楚而易解。

　　杜威的用字一向較為艱澀；《經驗與教育》為其晚年對教育人員發表的講辭，可讀性已經相當高。惟該書承載了其畢生教育主張的精華，又受篇幅所限而屢有點到為止、意猶未盡，乃至晦而不明、語焉不詳之處，本人當秉持該注則注（蕭乾，1996：165）的原則，詳為解讀、深入闡釋，以善盡學術翻譯者的職責。

　　最後，就研究而言，本人會盡力研所應研、譯研合體、臻真善美之境界。

　　科技部的譯注研究計畫著重的是「熔研究與翻譯於一爐」（單德興，2004：127）的學術翻譯，強調的是研究與翻譯並重。就本計畫而言，《經驗與教育》書中的關鍵術語之討論與解釋、重要概念的分析與評述固須研究，杜威生平及著作、發表的時代、版本及譯本的介紹，乃至概覽與評論有關的研究文獻，把《經驗與教育》放在杜威的全部論著，進而放在整個人類的教育思想史當中，以理解其在教育學術領域的歷史及現代所具的典範意義，也須要研究。本人深感慶幸的是，因《杜威全集》暨以杜威研究對象的文獻目錄皆已出版，使得本研究的客觀條件極為優越，再加上研究成果若通過審查國科會將依約出版，使得本人研究的主觀意願也極為高昂。相信在本人悉心以赴的努力之下，定能妥善完成此一計畫，不論翻譯、注釋與研究皆能臻於真善美的境界。

下篇｜譯注本

壹　正文前各事項

六十週年版次的編者前言

p. iii

　　Kappa Delta Pi國際教育榮譽學會與杜威——是個多麼適切的組合！1924年，當本學會成立十三週年時，本學會考慮設置桂冠學者的榮譽獎項，俾便對於當今世上出類拔萃的教育人員表示肯定。當時本學會邀請杜威作為本學會頒贈的第一位桂冠學者，杜威接受了此項榮譽。翌年，即有另外七位教育界的菁英獲頒此一獎項。

　　1928年，執行委員會通過了會長麥克雷肯（Thomas C. McCracken）有關設置Kappa Delta Pi講演系列的構想，希望"對於廣泛的教育問題有興趣的傑出學者"，能就專業的教育人員及一般民眾所關心的論題，作一系列的專題講演。本學會再一次邀請杜威開啟這個系列專題講演的首頁。杜威的講演是於1929年1月28日在克利夫蘭（Cleveland）發表，其專題為〈教育科學的泉源〉（"The Sources of a Science of Education"）。在這本首發講演文稿印行的細小書冊中，防塵套上有這樣一段讚辭：杜威"是當今仍活躍的美國最重要的哲學家，我們可以公正地說，他的主張改革了我們先前對於教育的態度。"雖然，這些書冊的版稅根本就無法支應付印的成本，但是，就像霍爾－奎斯特（Alfred L. Hall-Quest）在他所記述的本學會成立25年的歷史中所指出的，之後的執行委員會仍然相信這套系列專題講演已經形成了"對於美國教育文獻非常有價值的貢獻"（1938, 296）[1]。

　　這本小冊子則是將第十次專題講演文稿加以擴充而成[2]。杜威於1938年3月1日在大西洋城（Atlantic City）雀兒喜旅館（Chelsea Hotel）宴會廳所發表的這次專題講演，為全體與會人員帶來了振奮與激勵。每一位與會者皆獲贈這本由講辭擴充而成的書冊；該書因此而有了立即再行付印的需要。

　　霍爾－奎斯特在這本書的前言之中（正如原先的版本一樣，此一序言也收入本版的ix至xii頁）向讀者們解釋，本學會希望能以此書的出版榮耀杜威對KDP和該一系列專題講演的貢獻。同樣的，我們也希望能藉此書六十週年版的發行，來榮耀此一偉大的人物和他所寫的這本書。《經驗與教育》一書是該學會出版品的標竿，因為該書始終都放在本學會出版品的目錄當中，而且是最常接到函請同意重印的一本書。

p. iv

　　為什麼這本已經出版了一個甲子的書，仍然受到大家的注意呢？因為該書對於那個時代的傳統學校和進步學校二者的作法，都作了十分突出的分析。雖然，杜威明顯地偏好進步教育的主張，但是，他也非常強烈地指出了這二種主張的缺陷。在字數不多的篇幅之中，杜威將他的教育哲學作了簡潔而完整的宣示。

　　該書所具有的不朽重要性，可以反映在此書六十週年版，緊

1　該「六十週年版次的編者前言」作者、當時的KDP出版部主任馬比（Grant E. Mabie）僅在此地標明此一KDP國際教育榮譽學會歷史的文獻年代及頁碼，卻未示知其文獻的篇名及出處。

2　如本書上篇叁之二中的第一小節「出版經過」所示，杜威依1937年6月8日與KDP國際教育榮譽學會所簽定的協議，於1938年1月1日前交出文稿（LW13: 411）。

接著杜威專題講演之後，所收錄的四位著名教育人員，同時也是杜威研究的學者所撰著的評論式文章，以及發人深省的思考。由格林妮（Maxine Greene）、賈克森（Philip Jackson）、答玲－哈蒙德（Linda Darling-Hammond）及戴維斯（O.L. Davis, Jr.）的評論當中，我們可以看出杜威的見解和我們今天的世界是多麼地能產生共鳴。如果您是第一次閱讀這些文字，請想想看，今天所時興的各種教育主張之中，真是多麼廣泛地滿布了他的所思所想。請再想想看，這些時興的教育主張之中，有多少真正地付諸實行；維持現狀的支持者們——以成本效益、秩序，或政治的考量——又是如何地阻擋真正的教育改革，而置學習者的需求於不顧。我們不禁要質問，把學校當成企業來經營，抑或是當作一項研究的方案，才是真正能增進學生學習效果的作法。杜威是把學校當成實驗室，讓學生和教師能共同地透過經驗，並且明智地探索他們周圍的世界來學習。非常悲哀的是，雖然，仍舊有人用一些新的術語，把杜威所提議的許多改革理念加以包裝，並且把它們當作適切的作法兜售，但是，太多太多具有影響力的教育人員卻根本不屑一顧。

馬比（Grant E. Mabie）

KDP 出版部主任

（Director of Publications Development）

杜威序

教育領域充滿了各種爭論

　　所有的社會運動都包含著各種衝突，而這些衝突就以理智的方式反映（reflected intellectually）在各種爭論上[3]。像教育這項攸關社會大眾利益的重要事業，如果不也成為一個大家在理論上，或是實務上競相爭論的場域，就表示這個社會不健康了[4]。但是，就理論而言，至少是對形成教育哲學的理論而言，實務上的衝突，以及由不同層次的實務衝突而引起的爭論，只是設定了一項問題。真正高明的教育理論，其任務就是要確認各種衝突的成因，然後，採取不偏於任何一方的立場，在理解各方的實務和觀念的內涵之後，提出一項更為深入且更為全面的實施計畫[5]。

3　懷德海（Alfred North Whitehead, 1861-1947）曾說過：「學說間的衝突，不是一件壞事──而是一件好事」，見吳克剛譯，1960，頁35。

4　這裡有二點補充。第一點：杜威作為一個哲學家，並不把自己關在象牙塔裡做學問，而是希望走入人群，為社會大眾的問題，理出一些思緒，並且試著找出處理問題的方法。所以，有不少的後來學者，如伯恩斯坦（Richard Bernstein）（1966）在所著的《杜威》（John Dewey）一書中即有專章討論〈社會改革者的形塑〉（"The Shaping of a Social Reformer"）。又如陶爾頓（Thomas Carlyle Dalton）（2002）亦在所著的《蛻變為杜威：哲學家和自然論者的兩難》（Becoming John Dewey: Dilemma of a Philosopher and Naturalist）稱呼杜威為社會福利的改革者。第二點：杜威哲學中「工具論」（instrumentalism）的核心要義之一即是，希望為社會上的衝突（conflict）和問題（problem）找出其關鍵，探究其成因，擬定解決方案，並且付諸試驗，俾便確認最佳的方案，以為日後行事之張本。

5　杜威應是最早以哲學的思考，試圖建立教育理論，並且系統地建立「教育哲學」這個學術研究領域的學者之一。1898年，杜威在芝加哥大學擔任教育

新的概念必須導出新的實務作法

　　上述對教育哲學的任務所作的描述，並不意味著後出的教育理論，應該在相反對的思想派別之間求取妥協，或是找出一條**中間路線**（*via media*），也不應該在各個派別當中，東抓一點、西挑一點，再把它們作一番折衷的組合。真正的意思是，我們必須介紹一套新的概念，進而引導出一套新的實務作法[6]。就是這個原

p. vi

　　學系主任時，即在教育學系的各科科目大綱之中，確立了「教育哲學」一科的教學大綱。吳俊升（1983：37）以為，大學教育學學系始設教育哲學一科，杜威為始創者之一。依據校勘本（即由南伊大杜威研究中心出版的《杜威全集》）所整理的出版經過所說（MW 9: 378），1916年出版的《民主與教育》一書，原本就是為教育哲學一科而撰寫的教科用書。杜威與出版該書的Macmillan Co.簽訂出版合約時的書名就是《教育哲學》。後來因為考慮到出版後能訴求更廣大的讀者，才決定改名為《民主與教育》。又，芝加哥大學於1895年將哲學、心理和教育系改為學院，教育學系單獨設立，杜威仍兼主任。

6　所謂中間路線（*via media*）是指在二個極端的中間點，意指妥協。杜威不主張採取這樣的作法，而是要「另起爐竈」。杜威所說的：「我們必須引介一套新的概念，進而引導出一套新的實務作法」，可以舉〈實用主義的教育意涵〉（"The Bearings of Pragmatism upon Education"）（MW4: 178-191）一文的要義為例說明。他在這篇論文當中指出，過去的教育理論和實際與二種不同的心靈哲學理論有關。第一種，以心靈的最高官能是理性。純粹思維而得的知識為目的自身，與社會利益和應用分離。這類以「文化」、「博雅」和「人文主義」式的教育為基調的學究型教育，旨在培養「紳士」等統治和閒暇階級。第二種，以心靈乃是被動地接受外來的感覺和印象，經組織而產生知識和信念。這類以訓練讀、寫、算的能力，以及依賴與服從的心靈為主旨的教育，旨在製造能在附屬的經濟職位上有用的「下層階級」。這二種教育皆不讓學生接觸自然實物，而只學習抽象的知識。杜威所倡行的實用主義的教育，則以人類的心靈，在與自然和社會的互動歷程中，形成能掌握情境要素、汲取必要資訊、判定行動目的、主動規畫手段、追蹤行動軌跡的智慧。這類教育培養的**實驗的**心靈習慣（experimental habit of mind）（與**獨斷的**心靈習慣

因，建立一套悖離傳統和習慣的教育哲學，是一件十分困難的事情。就是這個原因，以這一套新的概念為基礎來經營學校，比只是依循舊制來管理學校，困難了許多[7]。因此，每每有新觀念以及由其所指導的新活動而形成的運動產生，遲早都會再招喚一個回返原點的運動[8]，回到過去的、看起來似乎比較簡單且比較基本的觀念——目前在教育上，有人試圖把古希臘和中世紀的原則加以恢復，即為例證[9]。

p. vi

應思考教育的本身而非什麼主義

　　就是在這種脈絡之下，我在這本小冊子的最後提議，凡是把眼光朝前，希望把現在的需求加以調整，以便適應新秩序的人，

---

dogmatic habit of mind 相對），可以適應民主社會各項工作活動（occupations）的實踐者。又，該文係於《進步教育期刊》（*Progressive Journal of Education*）在1908年12月的創刊號，1909年1月的第三號，1909年2月的第四號，分成三次刊畢。

7　在〈新學校中有多少自由？〉（"How Much Freedom in New Schools?" 1930, LW5: 319-325）一文中，即有如此說法。

8　杜威說這句話，是要提醒辦理新教育不容易，因而務必要認真務實。事實上，他也指出了一項事實，請參見克伯屈在所撰的〈杜威對教育的影響〉（"Dewey's Influence on Education"）文章之中的說法：「某些評論者指出，美國的教育史即像是由某一個口號搖擺到另一個口號的鐘擺，永無止境。……事實上，從較長遠的時間點來看，就說是二個世紀好了，我們還是會很容易地體認到教育實際作法有巨大的改變。……那時，『不理解而只記憶』是規則，現在我們把理解當作首要考慮」（Kilpatrick, 1951: 464）。單文經（2006a）〈教改性質的歷史分析〉也提及，一般而言，對於教育改革性質有直線進展和往復循環二種不同看法。

9　杜威雖未明言，但他所指應該是柏格萊等精粹論者，以及赫欽思（R.M. Hutchins, 1899-1977）等永恆論者。

就應該以**教育**（Education）[10]的本身來思考教育的問題，而不是用什麼教育上的主義（'ism），甚至也不應以"進步主義"[11]來思考教   p. vii
育的問題。因為，除了教育本身，任何以主義來思考和行動的作法，都會不由自主地捲入對於另外的主義之反抗，而不能自拔。況且，在這之後，大家就不會再為實際的需要、問題和可能發生的事情等，進行包容力大的、具有建設性的審視，而只會忙著為對抗另外的主義而建立各項原則。這本小冊子所呈現的評論，其價值就在於試圖喚起大家，注意到**教育**（Education）中的較廣大且較深遠的論題，並且試著為這些論題提出適當的參照架構。

---

10 請注意，杜威是以大寫 E 開頭的 Education，表示教育的本身。在《經驗與教育》一書的最後一段文字之中，杜威則用斜體字表示之：I do not wish to close, however, without recording my firm belief that the fundamental issue is not of new versus old education nor of progressive against traditional education but a question of what anything whatever must be to be worthy of the name *education*. 這段話的意思是，他要在本書結尾再度表明自己堅定的想法：基本的問題不是新教育或舊教育，也不是傳統教育或進步教育的對立，而是對教育意義的掌握，以及如何讓教育實至名歸。又，杜威所著的《民主與教育》一書的第四章（MW9: 46-58），對於教育意義有十分精闢的探討。

11 杜威對於進步學校的偏失早有批評，例如，1928 年在《進步教育》（*Progressive Education*）期刊，發表〈進步教育與教育科學〉（"Progressive Education and the Science of Education"）（LW3: 257-268）一文，1930 年又於《新共和》（*New Republic*）發表〈新學校中有多少自由？〉（LW5: 319-325）一文。特別是後者，對於進步學校之設立，多因為反對過去教育太過重視形式，壓抑了學生學習成長的自由，然而許多進步學校卻因為過分強調自由而造成不少流弊。關於美國進步主義教育演進與發展的討論，請參考克雷明（Lawrence Cremin, 1925-1990）於 1961 年出版的《學校的轉變：美國教育中的進步主義》（*The Transformation of the School: Progressivism in American Education*）一書。又，對於進步主義教育哲學有興趣的讀者，請參閱楊國賜於 1982 年出版的《進步主義教育哲學體系與應用》一書。

編者前言

　　《經驗與教育》這本書，為 KDP 國際教育榮譽學會舉辦十年一循環之系列演講的首次循環，畫下完美的句點。所以，這本書有部分原因，是為了感謝杜威作為本學會第一系列和第十次系列講者，特別發行的年度出版品。《經驗與教育》一書，和作者其他的著作相比，雖然篇幅較小[12]，但對於教育哲學而言，卻有著很大的貢獻。在一個滿布困惑的時代，美國教育界充塞著多種力量，各自揮舞著相互矛盾的高牙大纛，《經驗與教育》這本短小書籍的出版，為教育前線工作者的團結一致，提供了明確的指引。"新"教育[13]的教師們，凡是公開宣示，正在積極地將杜威博士的學說加以應用，並且強調經驗、實驗、有目的的學習、自由，乃至其他眾所周知的"進步教育"概念者，就很有必要明瞭

杜威博士本人對於當前教育實務的反應。KDP 國際教育榮譽學會深知，有一些懸而未決的問題，使美國教育界分歧而為二個陣營，以至於弱化了美國教育向上提升的力量；職是之故，為了能獲致清楚的認識，也為了顯示 KDP 國際教育榮譽學會的用心，本學會執行委員會邀請了杜威博士討論這些問題，以便能帶領因為面臨社會變遷所帶來的危機而陷入困惑的國家走出險境。

　　《經驗與教育》針對"傳統教育"和"進步教育"二者，作了

12　請見上篇叄之二（一）「短小：由外觀及篇幅的大小看」中所敘述的、《經驗與教育》一書各個版次的頁數，以及尺寸大小等出版項的文字。

13　杜威在 1899 年出版的《學校與社會》（*School and Society*, MW1: 3-111）一書，用「新教育」一詞來表示他所欣賞的「實驗的、兒童中心的，並且導向社會重建的教育理念」（Dworkin, 1959: 33），而未見他用「進步教育」一詞。《經驗與教育》一書，則將「新教育」與「進步教育」二詞交互使用。

精闢的分析。二者的根本缺陷，也在本書有所論列。傳統的學校仰賴科目，以文化的遺產為教育的內容；而"新"學校則重視學習者的動機[14]和興趣，以變遷社會的時興問題為教育的內容。這二套價值觀念都很重要，但是，若只倚重其中一套，則一定有所偏失。健全的教育經驗應該**兼重二者**，尤其應該重視學習者和學習內容之間的連續性（continuity）與互動性[15]（interaction）。毫無疑問地，傳統的課程重視教材內容的組織，也重視學科結構的建構，但是，卻忽視了學童原本具有的潛能和興趣。不過，今天，我們卻見到，對這類傳統學校教育的反動，又把學校教育給推到了另一個極端——散亂零落的課程、過度的個人主義，以及純任 p. xi自然的虛假自由[16]。杜威博士堅決主張，不論是舊教育，或者是新

14　杜威在此地用的是impulse，本應直譯為衝動，惟中文裡衝動似有負面意義，乃譯為動機。事實上，impulse是指源自本能的動機（instinctive motives）。

15　互動一語，有時譯為交互作用，視上下文而定。

16　杜威所提倡的「新教育」，往往被人誤以為「我們教的是兒童，而不是教材」，只重兒童「興趣」，卻僅讓兒童習得一些工作活動（occupation），而忽略了其應漸進地透過「努力」，學習有組織的教材。事實上，杜威一再澄清，工作活動為兒童的學習提供了起點，而非終點。完整的學習，終究還是要讓兒童精熟有組織的學科知識（organized disciplines of knowledge）。當兒童隨著年級的提升，心智成熟了，直接參與工作活動的機會就應該少些，而應強調文化當中有組織的理智資源。這一點，在《民主與教育》一書第14章〈教材的性質〉中即有了清楚的說明。在《經驗與教育》一書中，杜威又對於課程理論的這個方面，有更為確切的說明。如我們在該書中看到的，杜威為他的理論設了一個專章（The progressive organization of subject matter）來討論。在此一章名中，"progressive"一詞，與他所說的進步教育無直接關聯。該詞指出了一項事實，就是在學校教育的過程當中，學生所學習的課程逐漸轉變而更為系統化，因此，這些課程就愈來愈像是包含在學科（academic disciplines）中、精煉過的而且在邏輯上有組織的知識（Klibard, 2006: 125）。關於這一點，《禮記·學記》亦有「先其易者，後其節目」之說

教育，二者皆有其缺失；二者都有其反教育的一面，因為二者皆未能遵守一套審慎地建立的經驗哲學而形成的諸多原則。本書的許多篇幅，皆在闡明經驗的意義，以及其與教育的關係[17]。

　　杜威博士不滿於既有的各種學說，認為它們徒然製造分立與增加困擾而已，因而他提出以科學方法來詮釋教育的主張。杜威博士認為，人類藉著科學方法為工具，研究外在的世界，因而積年累月地獲取意義和價值等知識，然而，這些知識一經形成，並非一成不變的結果[18]，而是批判性之研究和有智慧之生活的資料，必須持續不斷地進行科學的探究。具體而言，科學探究所面對的知識體系，應該理解為必須進行持續不斷探究的工具，俾便以現有的知識為憑據，進行更多的知識探究。職是之故，科學家並不把研查的工作侷限於已經發現的問題，而是持續前進，研究問題的性質、時代、條件，以及意義等。為了達成此一目的，科學家可能必須檢視有關的知識庫藏。就教育而言，就必須運用持

也。易者與難者，應有其先後，固不能先後倒置，亦不可只學習易者，而不及於難者，惟漸進而前行，方能獲得實學也。

17　杜威終其一生，都致力於建設他以經驗概念為核心的哲學體系；是以，若欲理解其經驗哲學與教育思想，可以先由其著作當中以經驗為名的論著，例如，《經驗與自然》（1925 年初版，1929 年修訂再版）、《藝術即經驗》（1934 年），以及《經驗與教育》入手。Boisvert（1998: 161）即是這樣建議的。吳森亦說（1978：112），先讀《經驗與自然》及《邏輯：探究的理論》（*Logic: The Theory of Inquiry*），再讀《民主與教育》即會覺得其淺顯易解。又，《經驗與教育》可補充《民主與教育》之不足，但該書論經驗之性質，亦有他書未及者，故有其獨特的價值。

18　依據杜威的詮釋，教育的學說也應當是與時俱進、不斷更新的，而非死守著既有學說不求精進，徒然製造分立與增加困擾而已。「然而，這些知識一經形成，並非一成不變的結果」為譯注者加上，譯注者並且就整個段落的文字，重組了一番。

續不斷、漸進組織（progressive organization[19]）的教材，俾便因為　p. xii
理解這些教材，而明瞭問題的意義和重要性。科學研究可以獲致
經驗，也可以增進經驗，但是，這些經驗若要具有教育價值，就
必須以持續不斷進行科學探究而得的知識為基礎，而且，這些
知識必須能對於學習者的見解、態度和技能有所改善或"調整"
（"modulate"）。於是，真正的學習境況，乃是具有縱向和橫向二
個面向的，亦即既具有歷史性、又具有社會性，既是有規則可資
依循的、又是動態而隨時可變的。

　　對於熱切盼望在這個時代當中，能獲致可靠指引的教育工作
者和教師們，這將會是一本讓人注目的書籍。《經驗與教育》一
書提供了一個堅實的平台，讓人們能夠攜手合作，創建一個能尊
重各種不同來源的經驗，並且奠基於積極正向的——而非消極負
向的——經驗與教育哲學的教育體制。若果真能獲得此一積極正
向的哲學引導，將會使美國教育稍減擾攘不安的惡名，進而建立
堅強的教育隊伍，共為美好的明天而努力。

編輯　霍爾－奎斯特

（Alfred L. Hall-Quest）

KDP 國際教育榮譽學會出版部

19　如前面的注釋所示，此地 progressive 一詞譯應為「漸進的」。《經驗與教
　　育》第七章即專論〈進展的教材組織〉（"Progressive Organization of Subject-
　　Matter"）。

貳　正文各章

第一章　傳統教育與進步教育

> **教育史就是一部由相反對的理論組合而成的歷史**

　　人們喜歡以極端相反的方式來思考問題。他們慣常以**非此即** p. 1
彼（Either-Ors）[1]的想法形成其信念，因而不認為在二個極端之
外還有其他可能[2]。當人們受到形勢所迫，覺察到極端的想法無法
付諸實行時，他們仍然會堅持地以為，該一極端的主張在理論上
是對的，只是在付諸實行時，因為外在的形勢迫使我們不得不妥
協。教育哲學也無例外。教育理論的歷史顯示了二種極端相反的
主張，一種認為教育應該由內向外發展，另一種認為教育應該由

1　丹麥哲學家齊克果（Søren Kierkegaard, 1813-1855）於1843年出版的第一本
　　著作，書名即是Either/Or。該書集中論述了自由與奴役之間的選擇。Either/
　　Or可以譯成「非此,即彼」,也可譯成「或此或彼」；都是一選一，但前者較具
　　排斥性，而後者則較緩和，有二者皆可的意思。顯然，杜威的意思是前者。
　　又，Either/Or的相反詞為Both…and，表示二者兼有。
2　原文為intermediate，可譯為中間，又其為動詞時，可作居間調停解，是以或
　　可譯為居間調和。杜威早年從觀念論者莫理師習哲學，受黑格爾影響甚大。
　　皮德斯（Peters, 1977: 6）稱杜威雖受皮爾斯及詹姆斯影響由黑格爾論著轉變
　　而成實用主義者，但其受黑格爾影響，始終無法容忍二元論。杜威自己也
　　說：「在我的思想中，黑格爾還留著恆久的積累」（Dewey, 1930: 21）。

外向內形塑；前者主張教育應該以自然天賦為基礎，後者主張教育是克服自然傾向的歷程，並且代之以由外在壓力而養成的習慣[3]。

傳統教育的基本理念是把過去的東西傳遞給新的一代

p. 2　　　就目前的情況而言，一旦談到學校的實務，像這樣極端相反的主張，就自然形成了傳統教育與進步教育的對比。就前者而言，若不字斟句酌、拘泥於文字，而以較廣義的方式來敘述，那麼，我們會發現其基本的主張有如下列：第一，教育的教材包括了那些已經在過去被證明有效的知識和技能；所以，學校的首要任務就是要把這些知識和技能傳遞給新的一代。第二，在過去，各種完備的標準和行為規範也早已經建立；道德訓練旨在依從這些規範和標準形成習慣的行動。第三，學校組織的一般型態（我是指學生和學生的關係，以及學生和教師的關係），把學校變成了與其他社會機構畫清界線，而且大不相同的機構[4]。各位讀者只要想像一般學校課室的樣子、其時間表的安排、分級編組的架構、考試與升級的辦法、有關秩序的規定等等，就會立刻明白我所說的"組織的型態"（pattern of organization）何所指。然後，

p. 3　　　請你把這樣的景象，和家庭中的情況加以對照，你就會理解「學

3　對於這些不同教育理論的詳細論述，請參見《民主與教育》一書中，第四章〈教育如生長〉（"Education as Growth"）、第五章〈準備、開展、形式陶冶〉（"Preparation, Unfolding, and Formal Discipline"）、第六章〈教育，保守與進步〉（"Education as Conservative and Progressive"）、第八章〈教育目的〉（"Aims in Education"）及第九章〈以自然發展及社會效率為目的〉（"Natural Development and Social Efficiency as Aims"）等章。

4　譯注者自行加上第一、第二、第三的序號，便於閱讀。

校變成了與其他社會機構畫清界線，而且大不相同的機構」何所指[5]。

傳統教育的主要目標是要為年輕人未來所負的責任作準備

方才我所提到的三個特徵，決定了教學與訓育[6]的目標與方法。教學的主要目的或目標，就是要藉由教學材料的傳遞，讓年輕人獲致有組織有體系的知識，以及形式完整的技能，以便使年輕人能為其未來所須負擔的責任，以及成功的人生做好準備[7]。因為教材和良好行為的標準，都是由過去傳遞下去，所以，整體而言，學生的態度總是溫馴的、被動的，以及服從的。書本，特別是教科書，乃是過去的知識和智慧的主要代表，而教師則是學生與這些材料取得有效聯繫的主要機關。教師乃是代理人；透過教師，知識和技能乃得以傳達，而行為的規則乃得以執行。

5　《民主與教育》第二章〈教育扮演著社會功能〉（"Education as a Social Function"）之中，有專節討論學校是特殊的環境（The School as a Special Environment）。又，這句話的引號為譯注者加上，便於閱讀。

6　此地，訓育一辭的原文是discipline，亦可譯為紀律或規訓。又該辭有時指學科、學門，視上下文而定。

7　《民主與教育》一書中，第五章〈準備、開展、形式陶冶〉第一節即專門討論生活預備說的教育理論。杜威最早針對生活預備說提出批評的文字，應是1893年發表的〈自我實現為道德理想〉（"Self-Realization as the Moral Ideal"）一文（EW4: 42-53）。他認為，一般人大都已經放棄此生只是為來生而準備的想法，卻仍認為此生的一部分只是為了較後面的階段而準備。接著，他批評大家對教育的看法也是如此，總是認為現在的教育旨在為以後的生活作準備。他主張，這是教育上最必須改革的事項（pp. 49-50）。他反對為生活作準備，而提出教育即生活的主張，此文是為濫觴。請參見本書上篇叄之二中的第二小節，亦即頁69-70的敘述。

進步教育興起於對傳統教育的批判

p. 4　　　我為傳統教育做一精簡的摘要,並非為了要批判其基本的哲學。所謂新教育或是進步學校的興起,原本即是對於傳統教育的不滿;實際上它就是對於後者做了一番批判。若是把此一含蓄的批判說清楚,就多少有如下述:本質上,傳統的體制是由上由外而注入的。它把成人的標準、教材,以及方法等,強施於那些還只是緩慢生長,趨向成熟的人。其間的差距之大,使得那些必須學習的教材、學習的方法,以及行為的方式等,對於年輕人現有的能力而言,顯得完全不相干。它們遠遠超過了年輕學習者現有的經驗所及。結果,他們只好接受注入的方式;即便是良師,也不得不使用一些經過設計的技巧,把強施的手法稍加掩飾,以便讓那些做法的蠻橫形貌能略微緩解。

傳統教育視兒童為被動的學習者

　　　但是,在成熟的人或成年人製作的成品[8],與年輕人的經驗和能力,二者之間有著難以跨越的鴻溝,以至於其所形成的困境妨礙了學童在教學過程當中的主動參與[9]。學童們只能照著指令去

p. 5　做、去學習——就像當年在土耳其衝鋒陷陣、卻遭俄國砲兵三面圍攻而死傷慘重的六百多名英國輕騎兵[10]一樣,只能勇猛向前衝

8　此地,成品是指前段文字所說的成人的標準、教材,以及方法等。

9　學習的方式可粗分為二類,一為接受別人所傳遞而獲得(acquisition),一為參與(participation)活動或討論而習得。詳細的討論,請見斯華德(Annn Sfard, 1998)在《教育研究人員》(*Educational Researcher*)期刊發表的〈論學習的二項譬喻以及選取其一的危險〉("On Two Metaphors for Learning and the Dangers of Choosing Just One")一文。

10　這段文字讓人想起我國抗日戰爭時,死守上海四行倉庫而壯烈犧牲的「八百

——照著指令去做、去戰死。此地，學習意指獲得已經融入書本及年長者頭腦中的東西。更有進者，所教的東西，在本質上，都被當作是靜止不動的。這些東西被當作是完工的產品教給學童，毫不考慮其原本是如何製造而成的，也不考慮未來會發生什麼改變。在很大的程度上，這些東西是一些認為未來跟過去十分相似的社會，所製造出來的文化產品[11]；但是，人們卻在一個變遷才是規律而毫無例外的社會當中，把這些東西用來當作教育的糧食[12]，

壯士」。杜威在這段文字所引述的「六百壯士」應該是取自〈輕騎兵的衝鋒〉（"The Charge of the Light Brigade"）這首詩所描述的一段戰事。這首詩的背景是1853年，俄國侵犯土耳其而引起的克里米亞半島戰爭，導致英、法、土三國共組聯盟抗俄。在一場戰役中，由於軍令傳達不清楚，六百多名英國騎兵沿著山谷一路進攻，卻遭到俄國砲兵三面圍擊而死傷慘重，等到終於通過山谷和俄軍正面交戰時，已經死了超過二百多人……這在軍事上當然是個嚴重的錯誤；長官自然受到嚴厲懲罰，不過，這件事之後英國輕騎兵的名譽卻大大提升，而這幾乎可以說是歸功於丁尼生男爵（Alfred Lord Tennyson, 1809-1892）所寫的這首詩。謹錄下部分詩文：Half a league half a league, Half a league onward, All in the valley of Death Rode the six hundred: 'Forward, the Light Brigade! Charge for the guns' he said: Into the valley of Death Rode the six hundred. 杜威和麥克禮蘭合撰的《數目心理學及其對算術的應用》（*The Psychology of Number and Its Application to Methods of Teaching Arithmetic*）書中的一章〈心理學對教師所能做的事〉（"What Psychology Can Do for the Teacher," Dewey & Mclellan, 1895: 15）中，他認為一個受過良好教育而且能自我反省的教師，乃是一個能專業自主的教育工作者，而不是個只會聽令於他人的士兵。這樣一位專業教師，除了應該理解教材和教法之外，還應該是一個能深入理解學生及其發展的藝術家。

11 杜威所說的應該是精粹主義的教育思想。有關進步主義與精粹主義教育思想之比較，請參見楊國賜（1974）出版的《當代美國進步主義與精粹主義教育思想之比較研究》一書。

12 杜威在此說明新舊教育的差別之一，在於舊教育把前人製成的文化資產當作目的物傳遞給學生，卻不讓學生理解其製作過程，也不去弄清楚它們跟現在

這一點著實讓我們納悶[13]。

進步教育比傳統教育重視個性原則

　　如果有人想要把新教育實際作法背後的教育哲學加以明確的陳述，我以為，我們可以從現有各式各樣的進步學校當中發現一些共同的原則。舊教育從上而下強迫注入，新教育注重個性的培養與表現；舊教育仰賴外在的紀律，新教育鼓勵自主的活動；舊教育從書本和教師學習，新教育從經驗學習；舊教育從反覆練習學得孤立的能力與專門技術，新教育把能力與專門技術的學習當作達成有直接而強勁吸引力的目標之手段；舊教育為遙遠的未來做準備，新教育則充分運用當前的生活機會；舊教育要求學習靜態的目標和材料，新教育力求認識變遷的世界。

只為否定傳統教育而建立新教育是危險之舉

　　好了，所有原則的本身都是抽象的。只有應用在實際的措施上產生後果，這些原則才會變得具體[14]。正因為上述這些原則都是

　　及未來生活有什麼關聯；而新教育則把它們當作教育的「糧食」，或者是手段、工具，目的是要讓學生學習之後豐富其經驗，並且提高其製作更多有價值產品的能力。

13　「這一點著實讓我們納悶」一句，是譯注者加上，以便讓文章看起來「有氣」。曾茂才（2008：p. xvii）以為在翻譯時，若有必要，可加上一些文字，讓文章看起來有氣。此一說法，並請參見怒安（2005：38）。

14　杜威在這裡說明了原則（principles）和應用（application）的關係，說到原則是抽象的、理論的，只有從實際應用的結果來看，才會成為具體的。這和杜威在討論「理論」（theory）和「實際」（practice）的關係，可以相互印證。杜威在1929年出版的《確定性的追求》（*The Quest for Certainty*）一書，有不少地方談到理論與實際的關係：「與實際分立的理論，空虛而無

p. 6

如此的基本，而其影響又深遠，所以在學校和家庭之中付諸實施
時，就看實施者如何詮釋它們了。也就是因為這一點，我之前所
提及的**非此即彼**的哲學思考，就顯得特別中肯了。新教育的一般
哲學可能是合理的，其所含蓋的抽象原則也有一番新的氣象，但
是這並不能保證其所偏好的道德和理智的方法一定能付諸實行。
新興的運動總是會有危險的，因為在摒棄其所欲替代的教育目標
和方法的同時，也可能把原則發展成負面的樣態，而不一定都是
積極而具有建設性的。結果，新興的運動反而會重蹈其所摒棄的　p. 7
路線之覆轍，而偏離了原有建設性的發展方向[15]。

進步教育把經驗[16]和學習連接起來

　　我認為，較新的哲學講究統一調和，其基本理念是要在真實

　　用；缺乏理論指導的實際，則必然會迷失方向」（LW4: 224）；「行動居於觀
　　念的核心。惟有透過實驗的檢證，把哲學見解付諸實行，才能消除理論與實
　　際的分立」（LW4: 134）；「知與行，理論與實際之間的對立，因為科學探究
　　的介入而中止」（LW4: 231）。這些也是他工具主義哲學思想的重要主張。

15　杜威在這一段文字說明了教育上的實務作法要恰到好處，「過猶不及」即此
　　之謂也。《論語先進》有孔子與子貢的對話──「子貢問：師與商也孰賢？
　　子曰：師也過，商也不及。曰：然則師愈與？子曰：過猶不及。」

16　作為一個「以經驗理論及其教育的可能性為依據」（EE: 10）的教育哲學
　　家，杜威在其論著當中使用「具有教育意義的」（educative，或解為符合教
　　育的、具有教育意義的、具有教育價值的，或直譯為教育的）一詞來描述
　　活動、生長、過程、結果、環境、條件，甚至經驗等等，似乎理所當然。然
　　而，將該辭與「非教育的」（non-educative）及「反教育的」（miseducative，
　　或mis-educative）併用，以特別提醒大家要細加釐清這三種經驗的不同，否
　　則就「無法建立正確的教育觀，而教育的計畫及方案就會失之於相互矛盾和
　　混淆不清」（EE: 54-55），則為《經驗與教育》一書難得的特色。本書譯解
　　"educative"一辭，或為「具有教育意義」，或為「具有教育意義」，或為「具

經驗和教育歷程之間，建立緊密且必要的關聯。如果確是如此，那麼，若要讓較新的哲學之基本理念，能夠有積極性與建設性的發展，就必須把這套哲學建立在正確的經驗概念之上。試舉有組織的教材這個問題為例——這個問題在本書後面還會有比較詳細的討論。進步教育的問題是：在經驗**當中**（*within*），教材所占的位置如何？其意義如何？又，組織所占的位置如何？其意義如何？教材應發揮什麼功能？經驗之中，有任何內蘊的東西，可以有助於其以漸進的方式組織內容嗎？若是經驗的材料無法以漸進的方式組織，會產生怎樣的後果呢？一項哲學，若只是以反對起家，又總是走極端，那麼，這項哲學就會忽略上述的各個重要問題。這種哲學會認為：舊教育既然是建立在現有的組織之上，那麼，為了改善教育，只需把既有的組織**全然**（*in toto*）拋棄就可以了，而不必致力去發現組織的意義，至於究竟經驗是如何組織而成的，也根本不會去管了。我們若是就新舊教育之間的不同，逐一地加以探討，仍然會獲致相似的結論。當我們摒棄了外在的控制，問題就會變成：我們應該怎麼在經驗當中，找出內在控制

p. 8

有教育價值」，視上下文而定。又，杜威將符合教育的經驗（educative experience）與非教育的經驗（non-educative experience）及反教育的經驗（mis-educative experience）三辭並列，請見原書頁54。還有，"educative"一辭在《經驗與教育》一書出現過16次，其中冠以mis-者三次，冠以non-者一次。另外，Simpson, Jackson, & Aycock（2005: 62ff）在三者之外，加上「無教育的」（un-educative），用以指未能澄清其教育目的，又未考慮適切手段的學習或活動。相對之下，「非教育的」則是指很少、完全不具教育意義，或與教育不相關聯的學習或活動。舉例而言，學習原住民的歷史或文化，只是死記一些歷史年代（非教育的經驗），因而未能藉此反思原漢民族應相互尊重（無教育的經驗），反而有意無意地學習到種族的刻板印象（反教育的經驗）。

的要素。當我們摒棄了外在的權威，並不意味著我們應該摒棄所有的權威，相對的，我們有必要去找尋權威的更有效的根源[17]。雖然較舊的教育是把成人的知識、方法，以及行為規範強加於年輕人，除了持有極端**非此即彼**哲學的人之外，都不會認為成年人的知識和技能對於年輕人毫無指導的價值。相反地，以經驗為基礎的教育可能意指，在成年人和年輕人之間，比以前在傳統教育當中，有更多重的、更密切的接觸，因此，所獲致來自別人的指導，只有更多，而不會更少[18]。那麼，我們的問題就變成了：應該如何建立這些接觸，而不至於違反透過個人經驗來學習的原則。　　p. 9
解答這個問題所需要的哲學，應該能周全地考慮到，社會因素在個人經驗形成過程中的運作情形。

新教育為課堂帶來必須解決的新問題

　　前述討論所要指出的是，這些新教育一般原則的本身，並不會解決進步學校實際的營運和管理的任何問題。相對地，這些原則反而因為基於新的經驗哲學，而形成了新的問題。如果認為只要摒棄舊教育的作法，然後走向另一個極端就可以了，其結果不但解決不了任何問題，反而會製造許多不見得察覺出來的問題。到目前為止，我相信讀者們會理解我所說：許多較新的學校很少、甚至不讓學生學習有組織的教材；彷彿來自成人的、任何形式的指導與輔導，都侵犯了年輕人的個人自由，而且，彷彿佯著

17　這一段話可以為杜威常被人批評的「他低估了權威在教育中所占的地位」（Garforth, 1966: 33）作辯解。

18　《民主與教育》一書中，第三章〈教育即指導〉（"Education as direction"）即在討論環境及人群社會所發揮的教育指導作用。

p. 10　眼於現在和未來的教育當中，「認識過去」扮演著微不足道的角色[19]。雖然，這些較新的學校並不像我所說過的那麼離譜，但是，它們至少已經顯示一種只具負面意義的教育理論和實務，或者顯示了這類教育理論和實務只是為了反對時興的作法而另闢蹊徑，而不是以經驗理論及其教育的可能性為依據，採取積極且具建設性的方式，形成有關教育目的、方法和教材的理論和實務。

新教育不能忽視其哲學可能引發的問題

當我們說，自稱是以自由的觀念為基礎的教育哲學[20]，也可能變得跟它所反對的傳統教育一樣的獨斷，這樣的說法，並不為過。任何一項理論，或是一套實際的作法，若不以其自訂的基本原則進行批判式的檢視，則必將流於獨斷。且讓我們說，新教育

19　「認識過去」的引號為譯注者自加。這一段話可以為杜威常被人批評的「他不重視過去，因此他對於事實的、學術的知識有偏見」（Garforth, 1966: 35）作辯解。的確，杜威總是強調變化和成長，這些概念是他哲學思想的核心。不過，人類生活當中的任何變化，絕不是由空無而生，而是其來有自、有跡可循，皆有其歷史的、發生的（genetic）的緣由；而且，人類經驗的成長，也絕不是僅靠自己獨力發展可成，而須靠傳承與接續才有其可能。1934年出版的《一個共同的信仰》（*A Common Faith*）一書當中，最後一頁的最後一段文字，更傳達了他對於歷史傳承的重視：「我們這些活著的人，是遙遠的過去傳承下來的人類社會的一分子……我們最引以為傲的文明中的事事物物，都不是我們經手的……我們的責任是要保存、傳遞、整理、擴增我們所接受之有價值的遺產，以便在後人接收到它們時會比先前更為堅實、更為安全，接近它們的管道會更為寬廣，而且在分享它們時會更慷慨」（LW9: 57-58）。

20　杜威所說的這種「以自由的觀念為基礎的教育哲學」，就是指新教育或進步學校辦學者所持的教育哲學。見前面提到的杜威於1930年在《新共和》發表的〈新學校中有多少自由？〉一文。

強調學習者的自由。很好。但是，新的問題來了[21]：自由是什麼意思呢？在什麼條件之下，自由得以實現呢？且讓我們說，在傳統學校十分常見的外來強求，不但不能提升、反而阻礙了年輕人的智慧和道德發展。很好。不過，察覺了這項嚴重的缺陷，卻帶來　p. 11 了新的問題：就提升年輕人的教育發展而言，教師和書本扮演了什麼樣的角色呢？且讓我們確認，傳統教育所採用的學習材料，皆與過去有著緊密的關聯，因而無益於處理當前的和未來的問題。很好。不過，我們又有了新的問題：如何於真實存在的經驗**當中**，發現過去的成就和當前的問題之間有著關聯。我們還有這樣的問題：怎麼樣把對於過去的認識，轉譯成為可以有效處理未來問題的工具[22]。或許，我們可以拒絕把過去的知識當作教育的**唯一目的**（the end）[23]，而只強調其作為一項**手段**（a means）的重要

21　在此，杜威問了一連串的問題，可以說是為前面一行所說「批判式的檢視」（critical examination）作了最佳的示範。事實上，杜威把哲學思考當作人在其所處的環境當中，由所面臨的問題，進行探究的歷程。人們所處的環境，存在了許多不確定的狀況，會給人們帶來困惑，形成不安。由此出發，探究或稱反省式的思考（reflective thinking）就開始了。

22　一般把杜威和皮爾斯、詹姆斯三人都歸類在重結果、重後效的實用主義陣營；不過，杜威的哲學還被稱為實驗主義，或者工具主義。皮爾斯強調觀念須符合邏輯的或是符合假設的結果。詹姆斯則強調觀念必須落實於行動。杜威則把觀念、思想或知識，當作解決問題的工具，在實際的行動之中檢驗其後效（Garforth, 1966: 8-9）。

23　杜威在《經驗與教育》一書的第六章，專論〈目的的意義〉，並未多談手段與目的的關聯。《民主與教育》一書的第八章〈教育的目的〉專章，則有較詳細的討論。杜威在這一章的三節裡，分別討論目的的性質、良好目的的規準，以及教育上的應用。在杜威看來，目的不是固定的，而是會變動的。隨著情境的更迭、經驗的增加，以及智慧的長進，人們不斷地調整其目的。從這個角度來看，目的具有暫時、建議、假設的性質，因而眼前的目的（end-

性[24]。然而，當我們這樣做的時候，我們就會在教育的故事之中，又增添一個新問題：年輕人應該如何變得熟識過去，同時，這樣的知識又怎麼樣才會變成為他們理解現在的有力動因？

---

in-view），成了下一個目的的手段。於是，手段和目的乃成為一個連續體。所以，他認為目的應該是內存於（intrinsic）活動或行動當中，而不需要有外來加強的目的。

24　杜威認為，舊教育的偏失之一，就是把學生教成了「為知識而求知識」，甚至是「為讀書而讀書」，他認為知識或讀書應該為了擴展經驗、增長智慧、認識環境、解決問題、指導行動，終而能完善其個人的生活，促成民主社會的進步。《民主與教育》一書的第二十五章〈知識論〉專章，有較詳細的討論。

第二章　經驗理論的必要

拋棄舊的不一定能解決問題

　　簡單地說，我所欲言明的要點是，對於相信新類型教育的人　p. 12
們而言，摒棄了傳統教育哲學和實際作法，必定會產生新類型的
教育問題。只有我們認清這一點事實，也只有我們徹底地理解，
拋棄了舊有的事物，不一定能解決問題，我們才不會盲目地採取
行動，也才不會陷自己於困惑之中。因此，以下所要討論的，旨
在說明較新的教育所碰到的一些主要問題，並且指出解決這些問
題時，可以採行的作法。我認為，在所有的不確定性[25]當中，有
一個永久不變的參照架構，那就是，在教育和個人經驗之間存在
著有機的聯結[26]。或者說，新的教育哲學致力於推行某種經驗的或　p. 13
是實驗的哲學。但是，經驗和實驗二者，都不是自明的觀念。相
反的，這二個觀念的意義，正是必須探討的問題之一部分。為了
明白經驗主義[27]的意義，我們必須先理解經驗的意義。

25　杜威於1929年發表《確定性的追求：知行關聯的研究》（*The Quest for
　　Certainty: A Study of the Relation of Knowledge and Action*）。

26　韓德霖（Handlin, 1959: 39）指出：杜威的成就在於其以較有意義的語辭評析
　　了經驗與教育之分離。

27　經驗主義又可譯為經驗論。杜威於1905年發表〈直接經驗論的預設〉（"The
　　Postulate of Immediate Empiricism"），指出其所主張的經驗論為直接經驗論，
　　又可稱為極端的經驗論（radical empiricism）、實用論（pragmatism）、人文
　　論（humanism）、機能論（functionalism）等（MW3: 158-167）。又，杜威
　　曾於1912年評論詹姆斯所著《極端的經驗主義論文集》（*Essays in Radical
　　Empiricism*, 1912, New York: Longmans, Green, and Co.），該評論請見MW7:
　　142-148。

並非所有的經驗都具有教育意義

　　我們若是相信，唯有透過經驗才可能把所有的教育辦理得名副其實，並不代表所有的經驗都是具有名副其實的教育意義，或者都具有一樣的教育價值。經驗和教育二者，不可能直接的相互等同。因為有些經驗是反教育的。任何經驗，若是阻礙了或是扭曲了經驗的繼續成長，都是反教育的。有的經驗可能會使人變得毫無感覺；換言之，這樣的經驗可能會導致喪失靈敏的感覺和快捷的反應。因此，在未來，擁有豐富經驗的可能性就會受到限制。還有，某些既有的經驗可能會使人的熟練技能，朝著特定的方向精進，但是，也可能使得他自己陷入凹槽之中，反而使得他經驗繼續成長的範圍，變得窄小。有的經驗可能會立即帶來愉快的感覺，但是，卻又會使人形成鬆弛和疏忽的態度；然後，這樣的態度又會改變其後續經驗的品質，使得這個人無法跳脫出因為輕忽而造成的困局，因而喪失了其適應的能力。更有進者，個別的經驗可能還令人可以接受，甚至是令人振奮，但是，這些個別的經驗之間可能毫無連貫，因此形成斷裂的現象，而無法產生聯繫積累的效果。於是，導致這個人的精力不能集中，注意力也因而分散。每項經驗可能都是生氣蓬勃的、鮮明活潑的，甚至是"有趣的"，但是，由於經驗與經驗毫無聯繫，反而因為人為的因素，而形成了一些分散的、破裂的、零落的習慣[28]。最後的結果

p. 14

28　杜威在1922年出版的《人性與行為》（*Human Nature and Conduct*）一書中，第一部分專論〈習慣在行為中的地位〉（*The Place of Habit in Conduct*）。他並指出習慣有好壞之分。他認為，為了進一步了解習慣在個人行為中所占的地位，我們有必要了解「壞習慣」可能帶給個人的影響，杜威說：「壞習慣會為我們提示呆板而固定的行動方案，並且對我們產生強制的作用。壞習慣

是，這些形成了的習慣，卻無法掌握後續的經驗。於是，不論是因為愉快，還是因為不滿和厭惡，這些習慣就這樣一路走來而養成了。在這樣的情況之下，根本無法談什麼自我控制。

傳統教育提供了錯誤的經驗

傳統的教育為方才所提到的那種經驗，提供了很多的例子。如果我們假設——即使只是默默地假設——傳統學校的課室當中，並不是一個可以獲致經驗的地方，那就是犯了一項大錯。當我們將進步主義這個藉由經驗來學習[29]（learning by experience）的教育方案，放置在與舊教育極端相對的立場時，我們正是做了這個錯誤的假設。更適切的批判方向，應該是說，傳統教室裡學生以及老師所擁有的經驗大多屬於錯誤的類型。一般人對於傳統教育的責難是，學生們和教師們一樣，過去所領受的經驗，大部分都是不恰當的。舉例而言，有多少學生對於所學習的觀念毫無感

p. 15

使我們表現羞於見人的行為，並且使我們做出不樂於做的事情來」（MW14: 21）一個人若是建立了壞習慣，他不只無法正確做事，還會養成做錯事的習慣。若是發現了壞習慣的存在，怎麼辦？杜威指出，習慣的培養不能速成，習慣的改變也不能急功。他建議，我們唯有採取間接的辦法，從修正形成這些壞習慣的客觀條件著手，逐步地調整，才能奏效。

29 那麼，我們可以從哪裡習得訊息？帕斯摩（Passmore, 1980: 60）指出，這是無法一言以蔽之的；不過，日常生活的經驗顯示，我們可以下列方式習得訊息：經由觀察來學習，經由（by）、從（from）經驗、透過（through）經驗學習，撿拾（pick up）而來，經由研讀（study）學習，以及透過推論（inference）學習。當然，少不了的是，我們還可以靠教師來傳授訊息。這些方法都與培養學生寬廣且開放的（wide and open）能力有關，而且都須要教師加以引導與協助。請參見單文經（2006b）〈國民中小學應兼重能力培養與訊息習得的教學〉一文。

覺，又有多少學生因為所經驗到的學習方式，而失去了學習的動力？有多少學生透過自動化的操練而獲得某些特殊的技能，卻因此而使得其面臨新情境採取智慧行動的判斷力和潛能受到局限？又有多少學生把學習的過程和厭倦與無聊聯想在一起？有多少學生發現，他們所學習到的東西，與校外的生活情況是多麼的不相干，以至於讓他們有著難以掌握校外生活情況的無力感？又有多少學生把書本和無趣的苦差事聯想在一起，以至於讓他們有著"受制約"於一些浮而不實的閱讀材料之感覺？

每件事情皆建基於經驗的性質

　　如果是由我來提出這些問題，我的用意並不是要一次性的、大規模地指責舊教育。我的用意是要強調二項事實。第一，在傳統的學校之中，年輕人確實獲有經驗；第二，其困擾並不在於經驗之闕如，而在於這些經驗的性質有缺陷且不恰當——之所以有缺陷且不恰當，是從這些經驗與後來經驗的聯結這個觀點來看的。這項論點的正面意義，與進步教育的關聯更顯重要。倘若只是堅持經驗的必要性，是不足夠的；而若只是強調經驗當中的活動，也一樣是不足夠的。其間的關鍵乃在於，所擁有的經驗之**性質**（quality）。任何一項經驗的性質，皆有二個層面：一為即時性的層面，就是其所具有的愉悅性質（agreeableness），或是不愉悅的性質（disagreeableness）；另一則為長效性的層面，就是其對後續經驗的影響。第一個層面明顯而且容易判斷。經驗的**效應**（effect）就不能從表面上看出來。這樣，就為教育工作者帶來了問題。教育工作者的責任就是要安排這類的經驗，不但不使學生因為厭倦而逃避學習，還能讓學生融入活動中，從中不但感受到即時性的愉悅感，更因為能帶來理想的後續經驗，而獲致滿意的

感覺。正如沒有任何一個人會獨自生活或是獨自死去，也沒有任
何一項經驗會獨自存在或是獨自消亡。不管想不想、希望或不希
望，每個經驗都會延續到後來的經驗中。所以，建基於經驗的教
育，其核心的問題乃是，如何選取那些在後續經驗之中，能夠豐　p. 17
富且創意地存續下去的當前經驗。

我們應該把教育哲學當作計畫來陳述

　　稍後，我還會再針對經驗連續性的原則（the continuity of
experience），或可稱之為經驗連續體（the experiential continuum）
的概念，作較仔細的討論。在此，我希望簡單地強調此一原則，
對於符合教育經驗的哲學，所具有的重要性。教育哲學，像任何
理論一樣，都必須以文字或符號加以陳述。但是，實際上，教育
哲學應該不只是一堆抽象的言語而已，而應該是執行教育的一套
方案。就像任何方案一樣，它必須對於所欲達成的目的，以及達
成的方法，都要有一套可資依循的參照架構。其作為一套在經驗
當中產生、藉由經驗而發展，以及為了經驗而進步（education is
a development within, by, and for experience）[30]的教育，愈是確切、

---

30 杜威這句話出自 EE: 17。二頁之後，杜威借用了林肯總統有關民主是「民
　有、民治、民享」的說法，並且把人民一辭換成了經驗，又說：I remarked
　incidentally that the philosophy in question is, to paraphrase the saying of Lincoln
　about democracy, One of education of, by, and for experience（EE: 19）。林秀
　珍（2006：143）的註解，認為「杜威之意在說明，教育是從經驗中產生，
　以經驗為媒介，最後導向經驗的繼續成長」。本人則以為賈克森（EE: 138-
　139）的說法，更具深度與廣度：當杜威說 "education is a development *within
　or of* experience" 時是指，並非**所有**的經驗都具有教育意義，他的意思是，只
　有部分的經驗具有教育的意味。此一說法對於教育工作者的挑戰是，要在事
　先確定，是什麼原因，讓某些經驗具有教育的意味，而另外的經驗卻不具有

愈是真誠，那麼，就愈是需要對於經驗這個概念，有更為清楚的認識。符合教育經驗的哲學必須在教材、教學與訓育的方法、學校的設備，以及學校的社會組織，都有可行的方案，否則，那只是空談而已。符合教育經驗的哲學必須能明確地啟動實際的作法，並且能確實付諸執行。除非我們這麼來看經驗，否則，就會

p. 18　化約而成為一些無用的言語；這些言語或許可以挑起幾許激情，但是，它們也可能被另一些言語取代，而消失蹤影。我們理解，傳統教育習慣於因襲成規，其教育方案和課程規畫皆是由過去承接而來，但是，我們不能因為這樣，而認為進步教育就必然是毫無計畫、純任自然的即興之作。

進步教育需要的組織是以經驗概念為基礎

　　即使沒有任何持續發展的教育哲學引導，傳統的學校仍然可以對付得過去。它們所需要的，就只是一套抽象的文字，諸如文

教育的意味。當杜威說『education is a development *by* experience』時是指，只有**借助**經驗，與環境互動，人們才可能接受教育，成為有教養的人。此一說法對於教育工作者的挑戰是，要設計環境，主要是教室的情境，讓學習者能積極主動地參與學習。當然，只有參與，還是不夠；教育工作者必須確保參與的品質，必須**具有教育的意味**。當杜威說『education is a development *for* experience』時是指，教育的目的，或者說其最後報酬，並非這一次或者那一次測驗獲得高分，也不是增加了這一種或者那一種的自重感，或者是這一類或者那一類的心理能力，更不是只為了未來就業的準備。相反地，杜威要讓我們理解，教育的真正目的是，要讓人們具有更富足且更豐盈的**經驗**（*experiencing*），也就是要讓人們具有能充分欣賞活在當下的擴充能力。此一說法對於教育工作者的挑戰是，要把這項目的轉譯成為實在的事物，時時刻刻落實，日日月月落實，一個科目一個科目的落實」（請見本書下篇參中的第二篇譯文）。

化、紀律、我們偉大的文化遺產等等。傳統學校所獲得的實際指導，並非來自於這些抽象的文字，而是來自成規，以及一些既定的慣例。正因為進步學校無法依賴既成的傳統和久經建制的習慣，所以，他們就必須以一些清晰明確、緊密連結的觀念所形成的教育哲學作為指導；否則，他們就得隨興之所至地往前進行。進步學校反對傳統學校的那種組織特色，就創造出了一項新的需求，亦即是應該把組織建立在一些清晰明確、緊密連結的觀念之上。我想，只需要對教育史有一些認識，就可以證明，教育改革者和創新者們早就知道，確實有以教育哲學作為指導的必要。那 p. 19些堅持既有體制的人士，只需要一些好聽的言辭，就可以為現有的作法提出辯護。實際的運作則悉依習慣而定，以至於逐漸固定而成為不變的建制。以上的討論，對於進步教育的教訓是，我們亟需一套建基於經驗哲學的教育哲學。我們急需的程度，是真的很急，比先前的創新者們都還要急。

進步教育根基於經驗

在此，我要順便解釋一下，當我把林肯總統討論民主時所用的 *of, by,* 及 *for* 三個介系詞，用來說明我們所需要的乃是一套在經驗當中產生、藉由經驗而發展，以及為了經驗而進步的教育哲學時，乃是有特別用意的。各位都知道 *of, by,* 或 *for* 這三個介系詞的本身，其意義並不是自明的。我要特別地指出，這三個介系詞中的每一個，對於我們而言，都是一項挑戰，要我們發現一套秩序和組織的原則，並且付諸實際的運作。而這些原則都是在確切理解了具有教育價值的經驗之意義後，才可能建立的。

進步教育的方法與關係皆比較困難

於是，如何為新教育擬定出合適的教材、方法，以及社會關係等，就成了新教育所必須完成的比較困難的任務，其困難程度比傳統教育有過之而無不及。我認為，經營進步學校所經驗的許多困難，乃至所面臨的許多排山倒海式的批評，其根源都在這裡。一旦我們認為，新教育總是會比舊教育自然一些、寬容一些，也比較易行一些，就因而認為，我們也可以比較隨便一些，上述的困難就會加重，以至於所遭受的批評就會增多。我可以想像，這樣的信念或多或少是個趨勢。人們總是認為，我們所要做的就是，傳統學校怎麼做，我們就**不**（*not*）這麼做；或許，這正好再一次顯示了**非此即彼**（*Either-Or*）哲學作祟的結果。

p. 20

進步教育的原則較簡單，但計畫卻較困難

我很高興地承認，基本上，新教育比舊教育**較簡單**（*simpler*）一些。這是因為新教育與生長[31]（growth）的原則協調一致。舊教育在選取與安排科目和教法時，較為不自然，而這種不自然，就導致了不必要的複雜性。不過，簡單和隨意並不相同。弄清楚怎麼樣才是真正的簡單，並且依據簡單的原則行事，是一件非常困難的事。一旦不自然和複雜性逐漸常規化，形成了定制和慣例，彷彿走在已經踐踏久矣的路徑上，當然就比較容易多了。相反地，若是另闢蹊徑，找尋新的觀點，然後再研究新觀點有哪些可以付諸實行的地方，也就比較困難多了。老舊的托勒密宇宙系統（Ptolemaic astronomical system），指出了行星以偏心點為圓

p. 21

31　本書將growth譯為生長，而將growing譯為成長，以資區別。

心，繞著本輪、均輪兩個正圓轉動的理論，比起哥白尼的宇宙（Copernican system）以太陽為中心的說法，複雜了許多[32]。然而，一旦要以新的學說為基礎組織天文學的現象，人們就會發現，最容易的辦法還是遵循老舊的心智習慣，因為所遭遇的抗拒最少。好了，且讓我們回到一套一以貫之的經驗**理論**（*theory*）這個想法上來，這是能為選擇與組織適當的教育方法和教材而提供積極指導的一套理論；當然，這套理論也試圖為學校的運作提供新方向。不過，此一過程乃是緩慢的，而且也是艱辛的。這是關乎生長的緊要事務，而且，一路走下去，會碰到許多妨阻生長的障礙，甚至把生長帶到錯誤的方向。

組織的類型並不重要

我在下文[33]還會針對組織的問題，再做一些說明。或許，在這裡，我要說，我們必須避免像傳統教育一樣，從**類型**[34]（*kind*）的觀點來思考組織的問題。不論是內容（或者教材），或者方法及社會關係，都應該注意這一點。我以為，時下很多對於組織這個觀念表示反對的，都是因為這樣的一個事實：很難擺脫舊式學校的學習狀況。一提到"組織"，大家的想像就幾乎自動地停在眾

p. 22

---

32 譯注者依新舊兩種宇宙系統論的要點，將這段文字作了改述。均輪和本輪，在希臘語是指「在圓上」；扥勒密系統中，用這兩個字解釋太陽、月球和行星在運動中的速度和方向變化的幾何模型。

33 這是指第七章，〈循序進展的教材組織〉。

34 杜威認為，提出這些二元對立主張的各方往往堅持己見，很不容易獲得共識。但是，杜威則以為這些對立的主張乃是「在教育歷程中相互關聯的，因為教育歷程本為相互作用與調整的」（MW2: 277），其問題的關鍵在於袪除一項偏見：即是兒童經驗與組成課程的各種形式之教材，在「類型（與程度上不同）」（ibid）上有所差距。

所熟知的那種組織，又因為大家一直反對那種組織，結果使得大家對於任何與組織有關的想法，都是畏畏縮縮的。另一方面，那些正在集結的反對教育改革者的勢力，正好以新式教育缺乏適當心智與道德組織這項事實，試圖證明建立組織的必要，還試圖把任何的組織都看成和實驗科學興起之前所建立的組織一模一樣。我們無法成功地以經驗和實驗為基礎而發展一套組織的概念，結果讓反對教育改革者的勢力很容易就獲取勝利了。然而，事實上，目前經驗科學所提供的最佳型態的心智組織，已經在任何領域都可以找得到。有鑒於此，自稱為經驗論者的我們，沒有理由在秩序和組織的問題上成為“牆頭草”（pushovers）。

第三章　經驗的規準

分析經驗理論的原則有助於說明其作用

　　我在前文曾經說，我們有必要建立一套經驗的理論，俾便明 p. 23
智地以經驗為根據來辦理教育工作。若果我這樣的說法還有些道
理的話，那麼，很清楚地，接著應該討論的一件事，就是要將建
構這一套理論之最重要的原則，作一番說明。所以，我不會為了
我在此進行某些哲學的分析而道歉，不然的話，在此進行哲學分
析，乃是不識之舉。不過，我要請各位稍加安心，因為我所進行
的這項分析，本身不是目的之所在。我所做的分析，為的是要得
到一些規準，以便作為之後討論許多具體的，而且，對大多數人
而言，更有興趣的問題之依據。

進步教育比傳統教育人性化

　　我在前文已經提到過，我所謂的連續性範疇，或者經驗連續 p. 24
體的說法。誠如我所指出的，若是有人想要區辨經驗是否具有教
育價值，每一次的嘗試都會涉及這項原則。此一區辨的工夫，不
只在批評傳統類型的教育時有其必要，在啟動和推行不同類型的
教育時也有其必要。這麼說，或許是多此一舉。然而，花費一些
時間探討這個觀念，還是可取的。我想，人們可以穩妥地臆斷，
進步運動之所以受人歡迎，其中一個原因就是，進步運動似乎比
傳統學校的作法，更能符合我們所懷抱的民主理念，因為傳統學
校有著比較多的專制色彩。進步學校之所以為人稱許與接受，另
外一個原因就是，進步學校似乎比傳統學校所使用的方法較為合
乎人性，而傳統學校在這方面的措施比較嚴苛。

為什麼我們應該偏好人性化的教育

　　我想提出的問題是：為什麼我們比較能接受民主與人道的作法，而比較不能接受專制與嚴苛的作法？在此，我所問的"為什麼"，是要了解其中的**唯一理由**（reason），而不只要了解其中的**諸多原因**（causes）。其中一項**原因**可能是，我們不單單是從學校的教學，也從新聞報導、教堂宣道、大眾講壇，以及我們的法律和立法機關等地方，學習到民主是所有社會制度當中最好的。我們可能因為已經從周圍的環境同化了這個觀念，以至於它早就成為我們思想上和道德上的一個習慣了的部分。但是，同樣的一些原因，也把在不同環境的另外一些人，帶到完全不同的結論上去——例如，就有人寧願接受法西斯主義。所以，我們寧願接受的原因，和我們**應該**（should）接受的理由，並不是相同的一件事。

p. 25

民主化的社會體制促成較佳品質的人類經驗

　　我的用意並不是要詳細地探討其間的理由。但是，我卻想要提出一個問題，我們可否找到任何一個理由，而不在最後歸結到這樣的信念：民主的社會體制比非民主及反民主的社會生活，更能促使人們獲得較佳品質的經驗——這樣的高品質經驗，只有在民主的社會體制中，才可能讓更多人獲得和擁有？我們是否可以在最後歸結到這樣的信念：在民主的社會體制下，尊重個人自由，和講究禮貌與親切的人際關係等原則，比採用抑制、威逼，或強迫等方法，更能提高較多數人的經驗品質？我們寧願接受民主社會體制的理由，豈不是因為我們相信，相互協商以及透過說服而形成的堅定信念，比起其他眾多的方式更能形成較佳品質的經驗嗎？

p. 26

進步教育有賴人性化的方法

如果對於上述這些問題的答案是肯定的（我個人看不出我們怎麼還會有其他任何理由，用來證成我們對民主和人性的重視），那麼，因為進步教育所倚靠的和運用的方法乃是符合人道精神的，而且它與民主有著密切的關聯，所以，我們歡迎進步教育的最根本理由就是要回到「我們必須把不同經驗的內在價值加以區辨」這一項事實。職是之故，我將再回轉到經驗連續性的原則，以它作為一項區辨的規準。

習慣影響態度的建立

基本上，這項原則是以「習慣」這項事實作為根據，而**習慣**一詞是以生物學的立場來解釋的。習慣的基本特性是，每一項已經實際經歷過的經驗，都會對於正在行動和經歷的經驗有所修正；而且，不論我們願意或者不願意，此一修正，都會影響到後來經驗的品質。進入後來經驗的人，就已經成為一個不同的人了。假若我們這樣來了解習慣的原則，明顯地比一般概念之中，把習慣當作多少有些固定的做事方式，要來得深入多了；雖然，前者把後者包含在其中，而成為其諸多特殊案例之一。習慣包括了情緒的和理智的態度之養成；它又包括了我們在生活當中所面臨到的所有狀況時，應對和反應的基本感受性和行事的方式。從這個觀點來看，經驗連續性原則的意義乃在於：每一項經驗都受到先前的經驗影響，同時，也以某些方式修正了後來經驗的品質。正如詩人[35]所說：

p. 27

---

35 經查此一詩人為先前所提到的丁尼生男爵。他堪稱從古到今最受讀者喜愛的

一切經驗是閃光的拱門

輝映著人跡未到的塵世

只要我向著它亦步亦趨

那裡的邊緣便消失殆盡[36]

考慮到生長時，在不同情況下，經驗的連續性運作方式不同

不過，到目前為止，我們還未有可資區辨經驗的依據。因為，經驗連續性乃是可以普遍運用的原則。在每項經驗之中，總會存在著**某種**類型的連續性。只有當我們注意到經驗連續性運作的各種不同形式時，我們才會得到可以用來區辨經驗的依據。我可以用我曾經發表的一項觀念所引發的異議來說明我現在的意思。這一項觀念就是：若是我們以現在分詞，即**成長**（growing）來理解生長，那麼，教育的歷程就可以等同於生長（growth）。

p. 28

詩人之一。他的詩歌辭藻優美，內容含蓋廣泛，文句寓意義深遠，曾獲頒英國桂冠詩人。他擅長運用歷史故事為題材，將他對於人生、死亡、永生、信仰、懷疑等哲學思考融入詩詞之中。如本書六十週年版的編者所加旁注所示，杜威所引的三行詩句，是取自丁尼生1842年的詩作〈尤里西斯〉（"Ulysses"）中的第19-21行。這首詩描述古希臘時代特洛伊戰爭（Trojan War）後，木馬的設計者尤里西斯繼續在海上流浪的故事。（本段文字改寫自http://hi.baidu.com/%C9%F1de%CA%E4%C2%E5%E5%C8/blog/item/8c05a389104c059ca4c272d9.html）

36 此處譯文係參考http://tw.myblog.yahoo.com/jw!j2q2gueZBRbSjiLWdSkVW1KqaQ--/ article?mid=12&prev=40&next=11&l=f&fid=7&sc=1。該詩亦可譯為：一切經驗，恰如一座拱門，尚未遊歷的世界在拱門外閃光，隨著我一步一步的前進，它的邊緣也不斷向後退去。請見http://hi.baidu.com/%C9%F1de%CA%E4%C2%E5%E5%C8/blog/item/8c05a389104c059ca4c272d9.html。

沒有方向，生長夠嗎？

生長，或者成長即發展（Growth, or growing as developing），不只是身體的生長，也是心智的、道德的；這樣的說法就是經驗連續性的一個示例。（對於視教育歷程為生長或發展的說法）表示異議的人說，生長可能會朝著許多不同的方向：例如，一個人若開始竊賊的生涯，則他會朝著這個方向成長，而且透過練習，他還會成為一個相當高明的竊賊。因此，有人辯稱：單說"生長"是不夠的；我們還必須明確指明生長的方向，也就是它可能達到的目的。不過，在我們尚未確定這項異議是否成立之前，我們必須作一些稍微深入的分析。

且不論方向，生長皆與教育相聯結

毋庸置疑的，若是講求效率，一個人可能成長為強盜、歹徒，或者是貪腐的政客。但是，若從「生長即教育」和「教育即生長」的觀點來看，問題的癥結在於，大體上說來，這種方向的生長，是有助於、抑或會阻礙一般性的生長？這種形式的生長，是不是創造了更進一步生長的條件？或者我們應該說，這種形式的生長，是不是設定了某些條件，反而阻斷了可能會碰到的諸多誘因、刺激，以及機會，以至於阻礙了那些已經在朝此特定方向生長的人，往新的方向繼續？某個人循著一個特別方向發展而獲致的生長，對於這個人養成一些態度和習慣、使其能憑以打開更多條發展路線的通道，有著什麼樣的效應呢？我將把這些問題留給大家來回答，我只想簡單地說：一項循著某一特定路線的發展，若且唯若（when and only when）該項發展能有助於繼續的生長，才算是符合了教育即成長（growing）的規準。因為此一概念 p. 29

乃是一項必須加以普遍應用的概念，而不是只能專門且有限應用的概念。

教育開創了選擇的機會

現在，讓我回到連續性的問題，我把連續性作為區辨具有教育意義的經驗，和反教育意義的經驗之規準。誠如我們已經看到的，在任何情況下，經驗總是會有某種類型的連續性，因為每項經驗都會對於一個人的態度有較好的或是較壞的影響。而此一態度——因為會形成某些偏好或嫌惡，並且使得達成此一或彼一目的，變得較為容易或較為困難——會有助於確定後來經驗的品質。更有進者，每一項經驗都會或多或少影響到後來經驗所具有的客觀情境。舉例而言，某一個孩子學習說話時，會學得新的技巧，也會因而產生新的欲求。而且，他也會擴大其後續學習的外在情境。當他學習閱讀時，他同樣地開展了一個新的環境。假若某一個人決定成為教師、律師、醫師，或者股票經紀人，當他遂行他的意圖時，他也必然會把未來將要採取行動的環境，作了某種程度的決定。他會使得他自己對於某些特定的情況，變得更為敏感與更具回應性，而對於他周圍的其他事物就相對地顯得無關緊要。然而，若是他作了另外的選擇，這些無關緊要的周遭事物，可能又變成有所干係的刺激了。

過度縱容會有負面的教育效應

但是，當我們把連續性的原則或多或少地應用到每個經驗案例上，那麼，當前經驗的品質又會影響到這項原則應用的方式。且讓我談談溺愛小孩這件事，以及這個受溺愛的小孩。過度遷就小孩這件事的效應乃是連續性的。這件事會養成一種態度，使得

p. 30

p. 31

這個小孩自自然然地會去要求人人和事事都要迎合其要求，因而以後都如此任性。這件事使得他試圖尋找可以讓他覺得在當時能為所欲為的情境。然而，這樣的態度讓這個小孩面臨必須用努力和毅力克服困難時，會自然產生厭惡感，而且完全無法克服。所以，經驗連續性的原則所發揮的作用，也會讓人停留在發展的較低層次，因而限制了他後來生長的潛力，這樣的事實一點也不會是自相矛盾的悖論。

教育工作者必須運用方向與挑戰

　　另一方面，如果某一項經驗激起了好奇心，強化了主動的精神，並且形成足夠強烈的欲求和目的（purposes）[37]，讓某個人能在未來克服困難，那麼，連續性就會以很不同的方式發生作用。每一種經驗都是一種推動力（moving force）。我們只有以它所推動的方向，以及其結果為依據，來判斷其價值。成年的教育工作者

---

[37] 在《經驗與教育》一書中，出現「目的」及有關概念者，粗略統計不下百餘次，可見杜威對「目的」這個概念族群的重視。事實上，包含杜威在內的實用主義者，都很重視目的這個概念。由史密斯（J.E. Smith）所著《目的與思想——實用主義的意義》（*Purpose and Thought: The Meaning of the Pragmatism*）一書即可看出；請參見傅佩榮、蔡耀明（譯）（1983）。又，所謂目的，不論其為目標（objective）、標靶（target）、鵠的（goal）、標的（aims）、宗旨（purpose）、理想（ideal），或願景（vision），皆指活動的預期結果（anticipatory result）。目的為活動指引進行的方向（direction）、預定到達的終點（end-point），以及預期在活動結束時取得的成果（outcome）。詳見單文經（2014b）〈杜威《經驗與教育》呈顯的教育願景〉一文。另外，必須說明的是，表達「目的」概念時，在英文裡可用的字眼，顯然比中文裡可用的字眼來的多一些。換句話說，很難為英文裡「目的」概念族群中的每個字眼，找到可以一對一的中文翻譯。所以，譯注者在此文意脈絡中，雖勉力為之，但是，在以下的行文當中，則視上下文的脈絡而定其中文翻譯。

應該擁有較成熟的經驗，讓他自己有立場可以評鑑年輕人的每一
項經驗，而這是經驗較不成熟的人所無法做到的。所以，教育工
作者的職責就是要去檢視經驗所前進的方向。如果一個較為成熟
的人，不去運用他較高明的見識，來幫助未成熟的人把經驗所需
要的條件組織起來，那就有失其作為成熟者的立場，而且也等於
是浪費掉了他的見識。若是無法將某項經驗的動力加以考慮，以
至於無法以其所導致的結果來判斷與指導這項經驗，那麼，這就
是對於經驗的原則不忠。這種不忠的情況，表現在二個方面。其
一，這個教育工作者對於自己不忠，因為他應該從自己的經驗獲
得理解，但是，他卻未善用這項理解。其二，他也對於一切人類
經驗最終都具有社會性——經驗包含了接觸與溝通——這項事
實，有所不忠。且讓我以道德的詞語來說明，成熟的人沒有權利
不在適當的時機，運用自身的經驗習得之能力，以同理心去理解
年輕人的經歷。

教育工作者必須平衡外在的控制與積極的生長

不過，這樣的事情一經說出，就立即會有一種趨勢，向著另
一個極端反動，並且把我先前所說的，當作我為某種「偽裝了的
由外強加壓制的作法」（disguised imposition from outside）進行辯
解的託辭。所以，我以為，我應該作些說明，讓大家理解，成人
可以運用由他自己寬廣的經驗所給他的智慧，而不至於只是強力
地施予外部的控制。一方面，他的職責是隨時保持警惕，以便了
解到底建立了什麼態度和習慣的傾向。若果他是個教育工作者，
那麼，在這個方向上，他必須要有能力判斷何種經驗可以導向連
續性的生長，又，何種經驗是有害的。另外，他還必須對於個人
之所以成為個人具有同情的理解。這樣的理解，會讓他明白在那

些正在學習的人心中真正的想法。尤有進者，就是因為父母與師長必須具備這些能力，才使得以生活經驗為基礎的教育體制，與那些依循傳統的教育體制相比，較難成功。

經驗立基於外在的條件

但是，這件事情還有另一個層面必須討論。經驗不是只在一個人的內心進行著。經驗確實在內心進行著，因為它會影響欲求和目的之態度的形成。但是，這還不是故事的全部。每一項純真 p. 34 的經驗都有著主動的一面，會在某種程度上改變擁有這些經驗的客觀條件。請讓我舉一個大範圍的例子來說明。文明和野蠻的不同，就在於其先前的經驗能把客觀條件，亦即形成後來經驗的條件，改變到什麼程度而定。道路、快速移動和運輸的方式、工具、器械、家具、電燈和電力等即為例證。若是毀壞了當前文明經驗的外在條件，我們的經驗早就復舊到野蠻人的時代了。

環境影響教育的經驗

一言以蔽之，自出生以至逝去，我們都是生活在一個眾人與眾多事物交織而成的世界當中，而這個世界的大部分之所以如此，就是因為前人已經有所作為，並且將他們的活動傳遞下來。如果我們忽略了這項事實，就會把經驗當作完全存在於個人的身體和心靈內部的某些束西。事實上，毋庸贅言：經驗不會存在於真空中。一個人的經驗之所以形成，除了他自己之外，還有許多 p. 35 來源。經驗往往就是由這些泉源的提供滋養而生成。沒有人會質疑，一個生長在貧民窟住戶的孩子，和一個生長在有教養家庭的孩子，會有不同的經驗；一個鄉間少年和一個城市男孩，會擁有不同種類的經驗，或者，一個海邊長大的男孩和一個內陸草原居住的少年,也會擁有不同種類的經驗。一般的情況之下,我們都把這些事實看成理所當然,以至於太過平凡而無須加以記載。但是,一旦我們覺察到這些事實的教育意義,它們就會指明第二種作法,讓教育工作者可以不使用強壓的方式來指導年輕人。教育工作者的首要責任是,他們不只要注意到運用周遭的環境條件,來形塑實在經驗的一般原則,還必須具體認識什麼樣的環境才有助於獲得這些可以導致生長的經驗。最重要的是,他們應該知道如何運用現有的自然和社會環境,設法盡力萃取其中所有的要素,以便有助於逐漸形成有價值的經驗。

傳統教育尚未注意到廣大的世界

p. 36

傳統教育就不需面對這項問題;因為傳統教育很容易就有系統地規避這項責任。學校的環境之中,一張書桌、一塊黑板、一小片校園,就應該足夠。教師不需要對於地方社區當中物質的、歷史的、經濟的、職業的等等條件有深入的認識,以便運用它們作為教育的資源。相反的,以教育和經驗的必然連結為基礎的教育體制,如果確實遵照其原則,就會經常把這些事情考慮進去。這樣的作法,帶給教育工作者的壓力,是使得進步教育體制比傳統教育體制難於執行的另一個理由。

客觀的條件可以附屬於內在的經驗之下

我們有可能設計一些教育方案,有系統地把受教育者內部的條件放在首位,而將客觀的條件當作次要而附屬其下。若果把教師、書本、儀器和設備,乃至於每件能代表年長者成熟經驗的產品中的每件事物,其所具有的重要性以及所發揮的作用,都有系

p. 37

統地附屬於年輕人眼前的意願和感受,那麼,這樣的情形就會發

生了。凡是認為這些客觀條件的重要性得以確立的前提，是必須強加外力控制和限制個體自由，這一切都是假定唯有將個體內在的經驗臣屬於客觀條件之下，經驗才得以稱為經驗。

短暫的條件可能會決定整個的過程

我的意思並不是說，我們應該把客觀的條件完全摒除在外。大家都會同意，我們必須把客觀的條件納入於內：我們乃是生活在由萬物和眾人所組成的世界當中，這是我們不能逃避而且必須同意的事實。不過，我以為，我們所觀察到的正在某些家庭和學校發生的情況，確實是依照這樣的觀念，把子弟內心的條件放在首位，而將客觀的條件**附屬**其下。在那種事例之中，他們不只把子弟內心的條件放在首位，而且，從某種意義來看，他們還認為，正因為它們確實是短暫地存在，卻可能會決定整個的教育過程。

負責任的家長為嬰兒提供了秩序

且讓我以嬰兒為例，作一番說明。從某一方面看，嬰兒對於食物、休息和活動的需求，當然是重要的，而且是具有決定性的。所以，營養必須妥予提供；舒適的睡眠和其他必需品，也應妥予準備。但是，這樣的事實並不表示，父母應該在嬰兒因為欲求未能滿足而發怒時，就要餵食。同時，這也不表示就不需要有一套定時餵食和睡眠的作法等等。明智的母親必定會把嬰兒的需求列入考慮，但是，並不會因此而放棄她自己的職責，純粹為了滿足嬰兒的需求而調整客觀的條件。假如在這一方面，她果真是個明智的母親，必定會運用專家和她自己過去的經驗使自己明白，一般而言，有哪些經驗會對嬰兒的正常發展最為有益。但這

p. 38

位母親所做的不是讓客觀的情況附屬於嬰兒的內在條件之下，而是將這些客觀的情況加以明確的安排，以至於能和嬰兒的內在條件，進行某種特別的**互動**。

互動重視內在與客觀的條件

方才所使用的"互動"一辭，表示了解釋經驗具有教育作用和力量的第二項主要原則。它賦予經驗的二個因素——客觀的和內在的條件——同樣的權利。任何一項正常的經驗都是這二個因素的相互作用（interplay）。把二者合在一起，或者讓二者互動，就形成我們所謂的**情境**（situation）的形式。傳統教育的弊病，並不在於它強調那些能控制經驗的外在條件，而在於忽略了那些也能決定經驗的內在條件。傳統教育違反了互動原則的一個層面。但是，新教育沒有理由因為這樣，就去違反互動原則的另一個層面——除非是之前提到過的非此即彼之教育哲學才會這麼做。

p. 39

知識與忠告擴大了自由

從這個嬰兒發育有必要調節其客觀條件的例子，我們可以看出二項要點。其一，父母有責任布置各種情境，讓嬰兒的飲食、睡眠等的經驗得以發生；其二，父母的這些責任之實踐，必須運用過去積累的經驗，例如，有能力的醫生和其他對於正常的身體發育有專門研究的人所提出之忠告。當母親運用這些現有的知識，來調節嬰兒營養和睡眠等的客觀條件，會限制這位母親的自由嗎？或者，因為如此而擴大了這位母親在實踐其父母功能的智慧，反而加寬了她的自由。無疑地，若是她把這些忠告和指導變成了一種迷信，以至於她在任何可能的情況之下，都毫無彈性地遵守之，那麼，對於父母和孩子的自由，就真正構成了約束

p. 40

（restriction）。然而，這樣的約束把個人判斷所必須運用的智慧，也都設定了限制（limitation）。

自由建基於經驗的持續發展

把客觀的條件加以規制（regulation），到底會在哪些層面限制嬰兒的自由呢？有些限制當然是發生在一些即時的動作和意願之上，例如，他仍然想繼續遊戲的時候，卻被放回嬰兒小床之中，或者當他想要吃的時候，卻得不到任何食物，或者當他哭號而希望引起注意的時候，卻沒有人抱著逗弄他。當一個孩子快要跌到火堆裡，母親或是保母趕緊把他抱開，當然，他的自由也受到了約束。我在後面還會做更多的說明。在這裡，我只要提出一p. 41個問題就足夠了：我們應以相對短暫時間內發生的事件為思考或判斷自由的根據，抑或應以發展經驗的連續性為基準來發現自由的意義。

情境與互動的方式不可分立

所謂人們在生活經驗當中，這句話的意義，具體而言，就是人們生活在一系列的情境中。而當我們說，人們生活**在**（in）這些情境中，這個"在"字和我們說，有一分錢"在"口袋裡，或者有油漆"在"罐子裡，其間的意義有所不同。如前所述，我們的意思是說，在個人和事物以及其他的人們之間有互動進行者。**情境**（*situation*）和**互動**（*interaction*）的概念，乃是不可分離的二者。任何一項經驗之所以是那一項經驗，就是因為在個人和構成當時環境的東西產生了一項「交道[38]」（*transaction*），不管此一環

38　依據李日章譯（2005：19）的譯法。

境的內容是否包括了與他談論著某些專題或事件的人,他們所談論的主題也都是情境的一部分;或者,他正在把玩的玩具;他正在閱讀的書籍(這裡,他當時的環境條件可能是英格蘭,或者古希臘,或者一個想像的地方);或者他正在執行著的實驗所使用的材料。換言之,任何情況,凡是能夠與人們的需求、欲望、目的,以及潛能等進行互動,而創造出人們所領受的經驗,就是環境。即使是某個人建築一棟空中樓閣,他也還是在與他所建構的幻想中的事物進行互動。

連續性與互動性決定了經驗

連續性和互動性這二項原則,乃是彼此不可分離的。它們既是相互橫切,又是相互聯合。可以這麼說,它們是經驗的縱橫二面。不同的情境一個一個接續而來。但是,因為有連續性的原則,一些東西才會由先前的情境,持續到後來的情境。當某個人由一個情境進入另一個情境,他的世界、他的環境,會有所擴展或者有所縮減。他不會覺得自己是生活在另外一個世界,卻是在同一個世界中的不同部分或層面。他在某一個情境當中所習得的知識和技能,會成為他有效地理解和處理接續而來的情境之工具。只要是生活和學習持續下去,此一歷程也就會持續下去。不然的話,經驗的歷程就會變得紊亂,因為那些進入經驗的一部分個別因素,就會變成為分割的裂片,終致難以整合。分裂的世界,也就是其各個部分和層面無法首尾連貫而整合在一起的世界,立即就會成為分裂人格的徵兆和原因。等到人格分裂到某種程度,我們就認為他患有精神病。另外一方面,只有在後續的經驗和先前的經驗統整在一起,才會形成統整的人格。只有在由相關聯的各項事物所建構而成的世界之中,這種統整的人格才可能逐步形成。

連續性與互動性為經驗價值的度量

　　連續性和互動性二者，若能積極地聯合起來，就能成為衡量經驗的教育重要性及價值性的準繩。那麼，教育工作者立即而直接關心的，就是那些產生互動的情境。進入此一情境而成為其一項因素的個人，在某個既定的時間點上，就是他這個人原本的面貌。教育工作者能在某種程度上加以調整的，乃是另一個因素，也就是當時的客觀條件。誠如我先前已經提及的，"客觀條件"含蓋相當寬廣的範圍。它包括了教育工作者所做的事情，以及他做這些事情的方法，不只是所說的話語，還有說這些話語的音調。p. 44它包括設備、書籍、儀器、玩具、所玩的遊戲。它包括了個人藉以與別人產生互動的材料，而最重要的是，它還包括了這個人所須參與的諸多情境之整個**社會的**（social）機制。

傳統教育工作者不考慮到個別學習者的需求與能力

　　當我們說到客觀條件的調節，是指在教育工作者的能力範圍內可以做到的事，當然這是指他有能力直接影響別人的經驗，因而使這些別人獲得的教育。如此，就使得他負有責任，來決定什麼樣的環境，才會與受教者現有的潛能和需求進行互動，從而形成有價值的經驗。傳統教育的弊病不在於教育工作者是否承擔供應環境的責任，而是在於他們在形成經驗時，未考慮到另外的因素；亦即，受教者的能力和意願（purpose）[39]。他們以為，某一套特定的條件，雖然無法激發內在於個人的某種特定性質之反應，

39　一般皆將purpose解為目的或宗旨，此地依上下文意而譯為意願。

但是，他們在本質上仍然是可欲的。這二項因素缺乏相互適應的

情形，使得教學和學習的過程成為意外的，或者是偶然的，而非本質屬性的[40]。於是，凡是獲得適宜配備條件的人，就能設法去學習。而其他的人，就只能湊合著所獲得的條件，學所能學了。因此，選擇客觀條件的責任，就同時帶有另一項責任，那就是要理解當時正在學習的眾人，他們有哪些需求和潛能。經過證明，某些特定的教材和教法，對於在其他時候的其他一些個人而言，可能是有效的；然而，若想完全依賴這些，是不足夠的。如果想要讓這些教材和教法，可以使特定的某些個人，在某個特定的時候，能夠形成具有教育品質的經驗，我們就必須有說得過去的理由了。

教育的價值並不抽象；它必須符合學習者的需求

我們不讓嬰兒食用牛排，並不是因為我們非難它的營養價值。我們不讓一到五年級的小學生學習三角，並不是因為我們對三角有令人不快的責難。具有教育意義，或者有助於生長的，並不是科目**本身**。任何一個科目，都必須考慮到學習者所達到的生長階段，才可能具有內蘊的教育價值。有人主張，某些科目和某些方法，在本質上即具有文化陶冶或是形式訓練的價值。其實，提出這樣主張的人，從來就未考慮到要適應個人的需求和潛

能。我以為，根本沒有抽象的教育價值這件事。傳統教育之所以大量地把教育的材料，化約為預先消化了的材料，就是因為傳統教育工作者以為，某些科目和方法，以及某些特定事實和真理，它們本身自自然然地具有教育的價值。根據這種主張，只要把所

40「或者是偶然的，而非本質屬性的」為譯注者加上，以便使文意更清晰。

提供材料的數量和難度作一番調整，然後，把它們放置在一套計量的系統，一個月又一個月、一年又一年地提供應有的分量，也就足夠了。不然的話，就由外頭開立一些處方，讓學童按時服用即可。假若這個學童不接受這些處方，又假若他逃了學，或者是在精神上逃了學而陷入心靈遊蕩的境地，終至於造成他在情緒上非常地厭惡這個科目，結果，所有的過錯卻又都歸咎於這個學童自己。至於教材或者提示教材的方法是否有問題，卻又無人質疑。互動的原則清楚地揭示，教學者無法依據個人的需求和潛能來調整材料，和學習者個人不調整自己來適應材料一樣，都會致 p. 47 使經驗不再具有教育的價值（non-educative experience）[41]。

每一項經驗皆必須讓學習者對未來的經驗做好準備

然而，連續性的原則在其教育的應用上，乃是指在教育歷程的每一個階段都把未來考慮進去。這樣的主張很容易受到誤解，尤其是在傳統教育範圍內，更受到嚴重的誤解。這項假定乃是，藉由習得日後（或許是進入大學，或者許是在成人生活中）所需的某些特定的知能，以及藉由習得某些特定的科目，學童事實上為未來的需求和境況做好了準備。我以為，"預備"是一個危險的觀念。就某個特定的意義而言，每項經驗都應該得以讓人在日後更深化和擴充其原有經驗的品質；那就是成長、連續、經驗改造等的真正意義。但是，如果我們認為只要習得一定數量的算術、幾何、歷史等等科目，就認為有效果，而教這些科目和學這些科目，是因為在未來的某些時候總是會用得到，那麼，這樣的想法

41　non-educative 是指很少或完全不具教育意義，請見前面就 educative, mis-educative, un-educative, non-educative 四個詞的不同意義所作的分析。

p. 48 就錯了。又，如果我們認為，習得這些讀書和計算等知能，就會自動地完成準備，除此之外，還能在未來正確地和有效地運用這些知能，即使整體情境已十分不同，這也是錯誤的假設。

孤立的教學不會培育學生獲致真實世界的經驗

　　幾乎每個人都曾經有機會，回想其在學的時日，並且想知道他在接受學校教育的若干年當中，所累積的知識到底去了哪裡。又，為什麼他所習得的專門技能，必須再以改變了的形式重新地學習，才能夠在未來的時候用得上。的確，假如他想要有所進步，又想要在理智上不斷向前發展，卻又不必把學校所學到的許多東西從腦中掃除掉（unlearn），那麼，就算他幸運了。若是說，這些問題是因為當時並未真正地學習這些科目，這樣的說法並不合理，因為至少在他們學習的時候，已經充分地讓他們通過了考試。其弊病之一乃是，這些教材（subject matter）是以孤立的方式學習的；它好比都被置放在滴水不漏的房艙（compartment）當中。若要再問，它都變成什麼了，又，它都到底去了哪裡，那麼，正確的解答是，它仍然還在當初置放的特別

p. 49 房艙當中。如果和先前學習時完全一樣的條件重新再現，那麼，這些教材也就會重新再現，而且變得有用了。但是，因為這些教材先前學習時，乃是受到割裂而與經驗的其他部分不相連結，所以，在真實的生活狀況之下，就無法取用了。這樣的學習與經驗的律則完全背道而馳，所以，無論在當時學習得如何根深柢固，還是無法形成真正的準備。

附隨的學習可能比有意安排的功課更重要

有關預備說[42]的缺失，還不止於如此。也許，在一切教育的謬誤當中，最大的錯誤主張就是，人們在學習的時候，所習得的只限於當時他學習的特定事物。附隨的（collateral）學習，如恆久不變的態度，喜好或厭惡的情緒，比起所學習的拼字的功課，或者地理或歷史的功課，或許、而且經常都重要得多。因為這些態度，反而會在未來成為攸關重要的關鍵。我以為，必須建立的態度當中，最重要的乃是持續不斷學習的欲望。假若在這個方向上的動力，不加以強化，卻反而加以弱化，就會產生比缺乏準備更為嚴重的後果；那就是：學童的天賦潛能會被剝奪，導致他無法用這些潛能處理未來生活會遇到的各種情況和問題。我們經常看到，有些人幾乎未接受任何的學校教育，反而因為缺乏制式的學校教育，而成為一項正面的資產。至少他們保留了原有通情達理的常識，又有判斷的能力，更因為他們在生活狀況當中實際運用這些能力，致使他們能夠獲得珍貴的才能，而能由他們所擁有的經驗當中學習。我們要問，若是某個人拚命地去學習一大堆別人規定的地理和歷史資訊，又習得了閱讀和寫作的能力，但是，卻在這個過程當中喪失了自己的靈魂——喪失了欣賞有價值事物的能力，也喪失了鑑識這些事物價值的能力——那麼，這有何益處呢？假若這個人喪失了應用所學的欲望，特別是，喪失了針對未來隨時會碰到的經驗而能萃取其意義的能力，那麼，這又有何益處呢？

p. 50

42　杜威在所著《民主與教育》一書的第五章第一節〈教育即預備〉（"Education as Preparation," MW9: 59-62）專就此說評論。

準備意指協助學習者經驗一切當下所有能接收的事物

　　那麼，在教育的架構當中，準備的真正意義是什麼呢？首先，它是指一個人，不論年幼或年長，在他擁有經驗的當時，會從他現在的經驗所能給他的一切，盡量獲取其中可獲取的東西。若是把「準備」當作我們所控制的目的（controlling end），那麼，現在所具有的一切可能性（potentialities），將會因為一個臆測的未來而犧牲。一旦這樣的事情發生了，為未來所做的真正準備，就會錯過或受到曲解。所謂好好地利用現在，卻只是為了要為未來作準備，這樣的理想乃是自相矛盾的。這樣的作法，會把一個人可用以準備未來的確切條件，都加以忽略，甚至完全加以排斥。我們總是生活在我們生活的當時，而不是生活在一些其他的時候，而且，唯有就著每一個現在的時間，從每一項現在的經驗當中萃取充分的意義，才可以說我們是為未來的同樣事情做好了準備。只有這樣的準備，到了最後才會產生真正的作用。

我們要小心地照顧、以正向的經驗為未來的需求作準備

　　以上所做的說明，是要讓大家明白，我們要小心地照顧各項條件，讓每一項現在的經驗都產生有價值的意義。假若以為，只要現在的經驗受到喜愛（enjoyed），這一項現在的經驗到底是什麼，就無關緊要，這樣的推論與我們的結論恰恰相反。這樣的想法，正好就成了另一回事，而很容易地就把事情由一端推到另一端去了。因為傳統學校傾向於為一個遙遠而多多少少是不可揣測的未來而犧牲現在，所以，他們就以為，教育工作者對於年輕人所遭受的現在經驗不該負什麼責任。但是，現在和未來並不是**非此即彼**的事情。無論如何，現在都會影響到未來。已經臻於成熟

p. 51

p. 52

的人，應該對於此二者之間的關聯，有一些概念。所以，他們就要擔負起設置條件的責任，以便使現在的經驗能夠對於未來有令人滿意的效應。教育即生長或是成熟，應該是經常存在的（ever-present）歷程。

第四章　社會控制[43]

建立以生活經驗為基礎的學校需要對經驗有所理解

p. 53

　　我曾經說過，以生活經驗的角度看待教育，教育的計畫和方案必須致力於建立和運用一種有智慧的學說，或不妨將此學說稱之為「經驗的哲學」（philosophy of experience）。否則，這些教育計畫和方案，可就得任憑由不同的學術理論醞釀而成的風潮而左右擺盪。我也曾經嘗試對於這種理論的需求加以闡釋，建議大家注意兩項構成經驗內涵的基本原理：互動性（interaction）和連續性（continuity）。假設有人問我，為什麼要花那麼多的時間來闡釋這樣一種相當抽象的哲學，那是因為若要把「教育建基於生活經驗之上」的這種觀念付諸實際，進而發展學校的教育，就

p. 54

必須要接受上述的經驗概念之引導，清楚辨別符合教育意義的經驗（educative experience）與不具教育意義的經驗（non-educative experience）及反教育意義的經驗（mis-educative experience）的區分；如果不是這樣的話，就無法建立正確的教育觀，而教育的計畫及方案就會失之於相互矛盾和混淆不清。現在，我將針對一

43　杜威在《民主與教育》一書即專列第三章〈教育即指導〉（"Education as Direction"）討論指導的必要、意義與作法。他指出，指導、控制、輔導「所承擔的一般性功能」（MW9: 28）有所不同：輔導是表明經由合作後，個人的天賦能力得以受到輔助的意思；控制則指藉外力且也承受來自於被控制者之抗拒力；指導則比較中性，且提供一個事實，被指導者在被引入某些繼續性的路途時，含有積極的傾向，而非散亂的不知何從。指導表明的主要功能，要避免它會有控制的意義。又，菲力普斯（Phillips, 1983）一文對於杜威的社會控制觀，有深入的闡釋；並請參閱（單文經，2015b，133-174）。

些實際的教育問題做進一步的討論，我希望這樣的討論比前面所討論的內容，能夠提供更具體的主題和材料。

繼續性與互動性緊密連結；不容易決定何者應先處理

連續性和交互作用這兩項原則，作為決定經驗價值的規準，是如此的緊密連接，以至於很難決定我們應該先討論哪個特別的教育問題。即使我們常常為了方便起見，把問題劃分為教材或各個學科，以及教學的方法等門類，似乎也無法對於我們要討論的主題——應如何選擇與組織——有任何啟示。因此，應該以什麼主題為開始，又其先後順序如何，並沒有一定的準則，而是有些隨意的。不過，我打算由個人自由和社會控制這兩項老問題開始，逐步展開以後的討論。

社會控制不必然限制個人的自由

在考慮教育問題時，暫不從學校開始，卻從人類的其他情境開始，這也是相當合理的事情。我從個人自由和社會控制的問題開始討論之原因，大家應該都會同意：一般的良好公民都必然會 p. 55 接受到大量的社會控制，而這些社會控制中相當多的部分並不會對個人的自由有所限制。即使一個致力於闡揚「國家或政府的控制乃是不可寬宥的邪惡」之哲學，因而持有無政府主義理論的人士也會相信：廢除了政治學意義的國家，其他形式的控制仍會發生作用。事實上，他對於政府約制的反對，正由於他相信還有其他的控制存在；而對他來說，廢除了國家，更正常的控制形式才可能運作自如。

即使兒童的遊戲也需要規則

以下的討論，不會採取如此極端的立場。且讓我們注意幾個發生在日常生活中有關社會控制的例子，然後再檢視其背後潛存的原理。且讓我們從年輕人的本身開始。兒童在下課時間或是放學以後所玩的遊戲，從捉迷藏、老鷹抓小雞，乃至於棒球和足球等等；在這些遊戲或比賽當中，一定有規則管制他們行動的秩序。遊戲的進行並非隨隨便便的，或者只是即興的。若沒有規則，遊戲就無法進行。如果有了爭議，兒童們就會訴諸仲裁人出面調停，或是作一番討論，以便尋求合理的裁判，藉以達成決定，否則，遊戲就會中斷，甚至因而結束。

p. 56

沒有了規則，就沒有遊戲可言

我想請大家注意，在這些情況之下，有相當明顯的控制之情況出現。我首先要提出的是，規則乃是遊戲的一部分。它們並非外於遊戲的。沒有了規則，也就沒有遊戲可言；遊戲不同，規則也不同。只要是遊戲進行得相當順利，遊戲的參與者就不覺得有外來的干預，而由他們自己來維持遊戲的進行。其次，可能有某個參與者覺得某項決定不公平，他可能會生氣。但是，他並不是反對規則，而是聲言有人違犯了規則，或者某人有了偏心或不公平的行為。第三，這些規則乃至整個遊戲的行為，都相當的標準化。譬如，怎麼計分，怎麼選邊，以及該站什麼位置，該做怎樣的運動等等。這些規則具有傳統和先人留下來的禁制（sanctions）。那些玩遊戲的兒童，也許曾經看過某些職業比賽，他們也想模仿這些長輩們的所作所為。沿襲成規是一個很重要的因素。一群年輕人會改變遊戲或比賽的規則，往往是模仿成人的團體在比賽時

p. 57

改變規則的方式，因為這些長輩們修改規則的目的，乃是為了使比賽進行更順利，或者是為了提高觀眾的興趣。

情境控制了個人的反應並且保證公平

現在，我想作的綜合結論是，個人行動的控制乃是由這些個人所處的整體情境所促成；在這些情境中，他們共同分享經驗，因而他們乃是相互合作或是交互作用的一分子。即使在具有競爭性的比賽中，仍然有相當成分的參與，也有共同經驗的分享。以另外的方式來說，凡是參與競賽的人都不覺得他們受到某一個個人的控制，或者是服從於某一個外在於他們的、地位較高者的意志。如果確實有激烈的爭議發生，也通常是因為仲裁人或是某一方面的人有了不公平的情形；換言之，在這種情況之下，一定有某些人想把他自己的作法一廂情願地加諸別人身上。

秩序為社群所建立

如果只用一個例子來說明，不侵犯個人自由而能實現社會控 p. 58
制的綜括性原則，似乎是个太足夠。但是，如果其他許多事例也顯示同樣的道理，那麼，由這個特殊事例所顯示的綜括性原則，就應該可以成立。一般而言，比賽都是具有競爭性的。如果我們舉的例子是，由許多成員而組成的團體之合作性活動，譬如成員之間能相互信任的美滿家庭生活，上述的論點就會更為清楚。在所有類似的事例中，都不是由某一個人的意志或欲求就能建立其中的秩序，而是整個團體生氣蓬勃的精神。此其中的控制固然是社會性的，但是，每個個人都是社會的部分，而非外於社會的。

即使家長與教師也會為了整體的好而運用權威

此地我所指的，並非說任何情況之下都不需要權威，如父母親干預孩子的生活，或施予相當直接的控制。首先，我確實想說的是，這種需要使用干預或控制的數量，與那些由他們參與其中的情境所執行的控制，兩相比較，少得多了。其次，更重要的是，在一個運作良好的家庭或社區團體中，權威的施予絕不只是某個個人的意志之表露而已；父母親或教師在運用權威時，是代表整個團體的利益，而成為團體的代言人與行動者。關於第一點，在一個運作良好的學校中，對於這個人或是那個人的控制，主要是在該學校所維持的活動情境中，自然而然進行的。教師會把他或她以個人方式運用權威的機會減少到最低的限度。第二點，有必要在言辭上和行動上表現嚴格時，那必定是基於團體的利益，而非只是個人力量的展露而已。獨裁專斷的行動和公正公平的行動之間，其差異就在於此。

即使兒童也需要領導者，只要他或她不獨裁

更有進者，這種區別不必由教師或年輕人以言辭表述出來，才能夠感覺到。由個人的權力，以及指揮別人的欲求所引發的行動，和公平的行動之間有所差異；兒童之中不能察覺這種差異的（即使他們無法清楚地表達出來，也無法將這種差異化約成為一項合乎理智的原則），應該只占很少的比例。我甚至應該說，就整體而言，對於這些差異的信號和徵候，兒童比成人更為敏感。兒童在和別人遊戲時，就會了解這種差異。若是某個兒童的行動能為大家正在做的事情，增加所經驗到的價值，那麼，兒童們就會願意、而且是很願意採納他的建議，並且把他選為領袖；但

是，這些兒童會對於獨裁的企圖表示憤恨。然後，他們經常會撤消他們對領袖的支持，如果去問他們其中的原因，他們會說因為他如此這般地「太專橫霸道了」。

傳統的學校並不是一個共同社群[44]

我不希望在談到傳統學校時，以一種讓人想到一幅具有諷刺意味的漫畫，把它們給醜化得一無是處。但是，我認為如果說教師個人的要求扮演過重的角色；而學校秩序的維持都僅僅源自兒童對於成人的意志全然服從是必要的，其中的原因是由於情勢迫使教師不得不如此，這麼說是可以接受的，畢竟學校並不是由於共同的活動參與而形成的社群團體。結果，正常的、適切的控制就顯得缺乏。因為缺乏這些適當的社會控制，就使得教師有相當充足的理由直接干涉學生的活動，就像有句話是這麼說的：教師就是"**維持**秩序"的那個人。因為有教師在維持此一秩序，此一秩序才存在；此種秩序是不自然的，不像有些班級，學生們在共同學習的狀況之下，自然會產生一種和諧的秩序。

p. 61

新學校建立在共同社群的意識之上

我們的結論是，在所謂的新學校中，社會控制的來源主要是在於把學校的學習當作一種社會的事業，讓其中的每個人都有機會貢獻自己的心力，並且自我察覺責任感的存在。事實上，絕大部分的兒童都天生自然地具有社會的性質。兒童比成人更厭惡孤立。純真的社群生活有其天生自然的社會性基礎。但是，社群的

44　community 一詞或可譯為社區、社會、社群、共同體，亦可譯為共同社群。

生活並不會永久以純粹自發的方式組織而成。它必須細心思慮，並且預作計畫。教育工作者有責任提供個人以及教材的知識，使得經過選擇的活動能夠有助於社會組織的形成，進而使得此種組織中的每個人都有機會貢獻些什麼，而且每位參與活動的人都是社會控制的負責者。

p. 62

社會控制的規則不能依靠那些不主動參與的學習者

　　我不至於對年輕人有太浪漫的想法，認為每位學童都會在任何情況之下有適當的反應，甚至認為一個具有強烈衝動的正常兒童，也都會在任何情況之下有適當的反應。其實，似乎有些兒童，一旦他們進入了學校，就變得比較被動而且太過溫馴，以至於再回到校外的現實生活時，反而成為不良情況的受害者，以致無法做出良好的貢獻。當然，也有些兒童，由於先前經驗的影響，他們誇大傲慢、桀驁不馴，而且叛逆性強。但是，社會控制的一般原則，不能針對這些案例作預測。而且，也沒有任何一般性的原則，可以用來處理這些案例。教師必須個別地處理這些案例。雖然，教師們面臨的是一般性的班級，但是，沒有任何兩個班級是完全一樣的。作為一位教育工作者，他或她必須盡其可能地發現學生頑劣態度的原因。如果教育的歷程要繼續下去的話，他或她就不可以故意挑起學生之間的相互鬥狠，看看哪一個學生最為強而有力，也不可以准許那些難以駕馭的學生，和那些不願意參與的學生妨礙別的學生獲得符合教育意義的活動。排斥這些頑劣分子，使他們遠離正常的學生，可能是唯一可用的辦法，但是，這並不是一個解決問題的辦法。因為，這麼做正好強化了那些學生惹是生非的理由；本來他們也許只是想引起教師的注意，或者只是喜愛表現，卻因為教師排斥他，而真正搗亂了起來。

p. 63

進步學校弱於控制的原因是不良的計畫，而非難管的兒童

例外很少能證明一項規則的成立，或者告訴我們規則應如何訂定。所以，我不會賦予這些例外的案例太多的重要性。的確，目前有些進步學校似乎常常發生上述的情形，但這也不足為怪，因為家長通常都是束手無策，最後才把孩子送到這些學校來。我不認為在這些進步學校中所見到的比較微弱的控制，是導因於這些特別的案例。其實，比較可能的原因是未在事前對這個、那個，以及其他學生該做些什麼，或是該怎麼做事情（我所指的是所有各種參與的活動）妥予安排。未能這麼安排的原因，是因為預先未做充足而思慮周密的規畫。形成這些後果的原因不一而足。其中，在這個節骨眼上，最重要而值得一提的乃是認為，事前做這樣的規畫是不必要的。而且，又認為事前的規畫在本質上會妨礙學生合理的自由。這些理由都是不足為訓的。

p. 64

教育工作者的計畫必須有彈性有方向

當然，十分可能發生的情況是，教師事前作規畫的時候，是以非常僵硬而且在理智上沒有彈性的方式進行的。那麼，這就會產生成人干預的情況。雖然教師可能以非常熟練的，而且看起來十分尊重個人自由的手段處理這些事情，它仍然是屬於外來的干預，而非發之於內在、自然形成的社會控制。然而，這一類的規畫畢竟不是源於前述的原則引申而來的。除非教師能夠布置有助於社群活動發展的條件，以及提供機會給學生參與社群共同的計畫，並因而形成能管制學生個人衝動的社會機制，我並不了解為什麼教師要具有比較成熟的身心發展，並且在世界、教材及個人等方面有比較多的知識？若不能發揮這項功能的話，教師又究竟

有什麼用處？因為這類的事先規畫，到目前為止，都比較屬於呆板的例行工作，所以很少提供給個人獨立思考或自由發揮的餘地，也很少讓個人因為各自經驗的不同而有特別的貢獻；然而這麼說，也並不意味著所有的規畫都必須拒斥。相反地，教育工作者必須負起責任，建構更為明智、更為困難的規畫。他必須對於他所面對的每位學生的能力以及需求作深入的調查，同時，布置適宜的情境，提供足以充實經驗的教材或內容，以滿足學生的需求，並且發揮學生的潛能。而且，這些計畫必須有足夠的彈性，讓個人的經驗能夠自由發揮，卻又要相當的堅實，以便引導個人的能力繼續發展。

教師應該成為團體的領導者而非獨裁者

現在是一個很好的機會，讓我們來討論一下教師的職責和功能。「經驗的發展是透過互動而形成的」這項原則的意思是指：教育在本質上是社會的歷程。此一性質，因為「社會團體是由個人所形成」的事實而得到確認。若把教師從團體的成員中加以排除，則是一件荒謬的事。教師作為該團體中最成熟的一員，他有一項特別的責任，那就是要促成學生的互動和彼此的溝通行為；這些都是作為社會團體生活的必要條件。另外一種極端的觀念，認為兒童的個人自由必須受到尊重，而比較成熟的人則不應該有自由；這也是荒謬的想法，必須加以拒斥。教師也是學校社群中的一分子，若把他在領導社群生活中的積極地位排除掉，是對一個極端的另一極端的反動。若把學童當成班級而非社群團體來看，那麼，教師就必然會採取較多由外而內的行動，就好比只是在交易的過程之中，扮演一個公司監察人的角色，只要教師讓每個人都得到自己該分的那一份，就算盡責了。若是把教育建基於

p. 65

p. 66

經驗之上，而且，把符合教育意義的經驗當作社會歷程來看的話，情況就完全改觀。教師就不再是處於高高在上的老闆或是獨裁者的地位，而是團體的領導者。

儀節防止或減少摩擦

在討論遊戲的行為作為正常社會控制的例子時，必須參照標準化了的成規因素。相當於這種成規因素的成分，可以在學校生 p. 67 活中的儀節問題中發現，特是表現禮貌和謙恭的良好儀節上，俾便了解這些成規因素的意義。我們若是對於人類歷史上，不同時代和不同地區的風俗懂得愈多，那麼，就會愈明白不同地方和不同時代的不同儀節。這項事實證明了其中包含有相當多的成規因素。但是，沒有任何時代的任何團體，會沒有一些儀節的成規。舉例而言：有關於向人問候的儀節，一定會各有其成規的。成規所採取的特別形式，並非固定的也非絕對的。但是，某些形式的成規之存在，本身並非一種成規。它是伴隨所有社會關係而形成的具有一致性的事物。至少，它是防止或減少摩擦的潤滑油。

進步學校明顯缺乏禮節，表示學習的重要性

當然，這些社會的形式可能變成我們所說的"繁文縟節"。它們可能只是看得見的表演而已，其背後沒有任何意義。但是，拒斥社交活動的空洞且儀式化的形式，並不意味著對於任何形式的因素都必須加以排斥。這種現象反而指出了，本質上必須和社會 p. 68 情境相契合的社交形式，有繼續發展與改進的必要。參觀進步學校的某些人士發現，這些學校中缺乏一些常見的禮節，都會表示驚訝。凡是對實際情況有較佳認識的人，就會了解之所以沒有這些禮節的情況，正是由於兒童渴望於繼續完成他們正在進行之有

趣的活動，而不希望因為這些儀節而從中打斷。舉例而言，他們
對於正在進行的工作熱切的程度，會使他們撞倒了別的兒童，甚
至撞到了參觀的人士，卻不說一句抱歉的話。我們或許可以說，
這種情況只是外表的拘泥小節，而且，與在理智及情緒上對於學
校的功課了無興趣，兩相比較起來，前者要好得多了。但是，平
心而論，這種情況也代表了教育上的一種疏失，使得學童無法學
習生活上最重要的一些教訓，即是：人與人之間的相互順應與調
適（accommodation and adaptation）[45]。這樣的教育正走在一條單向

45　杜威在1934年所發表的《一個共同信仰》（*A Common Faith*, LW4: 3-58）小冊
　　子中，對於順應與調適的不同，有精闢的分析。杜威以為，人類所面對的變
　　局可大致分為兩類，一類是我們無法改變的，另一類是我們可以改變的。我
　　們面對前者時，往往只能採取較為被動的態度；而在面對後者時，我們就可
　　能採取較為主動的態度。杜威又把前者分成兩類，一類在性質上較為普遍、
　　時間較長久，甚至是維持一定運轉秩序的，例如，晝夜的替換、四季的更
　　迭、人的成長老化與衰亡等等；面對這樣的變局，我們多半只能受制於這些
　　條件，以至於逐漸「習矣而不察焉」地承受這一切。所以，杜威稱此一過程
　　為「制約」（conditioned）的過程。另一類則是在性質上較為特別、時間較短
　　暫，並無一定運轉秩序的，例如，偶見的天候變化、親友的意外傷亡、物價
　　的突然調漲等等；面對這樣的變局，我們多半只能根據實際的狀況來修正我
　　們的態度與作法，以便能安然度過此一變局帶來的危機。依杜威的說法，在
　　面對這二種或久或暫、但難以改變的情況時，我們或者默默承受，或者自我
　　修正的作法，就是「順應」（accommodation）（LW4: 12）。杜威提醒我們，
　　這種被動順應變局的作法，很可能會變成聽天由命或者根本就完全放棄；當
　　然這是不可取的。與本文主題較相契合，也是杜威比較贊同的作法，應當是
　　我們在主觀上認定、客觀上也確實可行，而在「面對狀況時有所行動，並且
　　努力改變之，以便符合我們的想望與要求」（ibid）。杜威舉了三個例子：把
　　外國語文演出的戲劇加以「改編」（adapted）以符合美國觀眾的需求；發明
　　電話以應遠距快速通訊之需；灌溉田地以便使作物豐收。杜威是這麼說的：
　　「我們不去順應狀況，反而修改之，使其順應我們的需求與目的，此一歷程

的道路上，因為學童所培養的態度和習慣妨礙了他們日後在與別人自由接觸和溝通而可能獲致的學習。

稱之為調適（adaptation）」（ibid）。杜威將順應與調適二者，合而稱之為「適應」（adjustment）。請參見〈杜威《經驗與教育》一書蘊含的教育改革理念〉（單文經，2013a）一文。

第五章　自由[46]的性質

智慧的自由是唯一永遠重要的自由

p. 69　　雖然，我會冒著重複我經常這麼說的危險，但是，我仍然想談一談社會控制這個問題的另一面，亦即是自由的性質。唯一具有恆久重要性的自由，就是智慧的自由，也就是說，觀察和判斷的自由；而這種觀察和判斷乃是為了達成具有內在價值之目的（purposes that are intrinsically worth while）而進行的。我認為，關於自由，最常見的錯誤，就是將它等同於動作的自由，或者，外在的或是身體的活動。我以為，這些外在的或是身體的活動，與內在的活動無法分立；亦即與思想、欲求和目的等無法分立。

p. 70　　典型的傳統式學校房舍的固定安排，對於向外的行動（outward action）所設定的限制，加上課室桌椅固定的排列，以及軍隊式的秩序管理方式，要求學生只能在某些固定的信號出現時，才准許移動等等規定，對於學生的理智和道德兩個方面的自由，都施加了極大的約束。若要讓個人在自由的理智之泉中有成長的機會，就必須除掉加諸其上的緊身衣，並且廢掉鎖鍊囚徒式的程序（strait-jacket and chain-gang procedures）[47]。若是沒有了自由，純真

46　自由一詞在《經驗與教育》一書中出現46次，其中只有一次是用liberty，餘皆為freedom。還有，杜威談及自由時，常與能力、權力、權威、社會控制、秩序等概念一同討論。關於杜威論自由與教育的關聯，可參見Kallen（1940）；並請參閱〈自由為教與學主體行動之目的：杜威觀點〉（單文經，2013b）一文。

47　所謂鎖鍊囚徒（chain-gang）是把一群囚犯用鎖鍊綁在一起，以便讓他們在無逃亡之虞的情況之下，從事挖礦或伐木等較具危險性的工作，以此為懲處罪犯的方式之一。

的和持續的正常成長，即無從保障。

行動自由讓我們理解參與者的本性

　　但是，仍然存在著一項事實：外在身體活動自由的增加，乃是一項**手段**（*means*），而非目的。獲得了這個層面的自由，教育的問題並未解決。只要是有關教育的事務，任何事都必須依靠怎麼妥善處理這些增加了的自由。這些作法能達到怎麼樣的目的？會產什麼後果？讓我先說說，增加外在身體活動自由所蘊含的優點。第一方面，若沒有了這些外在身體活動自由的存在，教師就不可能藉此真正地了解學生。因為教師的強制措施而獲致的肅靜與默從，會防止學生把真正的本性顯現出來。這些作法會逼使學p. 71生形成虛假的整齊劃一。這些作法把表面的外觀，看得比真實的事物重要。這些作法特別鼓勵學生維持外在的關心注意、禮貌合宜，以及忠實服從等表現。任何一個人，只要熟悉推行此一制度的諸多學校，都會很清楚地了解，思想、想像、欲求，以及偷偷摸摸的活動等，都會在虛偽的外表掩飾下，依循其既定的路線運行。只有在一些麻煩的事情發生，致使它們被偵查，這時教師才會察覺。我們只要把這種非常不自然的情境，和學校房舍之外的正常人類關係，例如一般運作良好的家庭，作一番對比，就會明白，教師熟識且了解正在受教的個人，是如何的重要了。然而，如果沒有這樣的領悟，卻又希望學習的材料和教學的方法，能讓個人留下深刻的印象，並且使他的心靈和品格的發展都能得到真正的指導，那就只有依靠偶然的機會了。於是，我們看到了一個惡性的循環。教材和教法之機械般的一致性，造成了一種一致的固定性，而又回轉過來使得教材和教法的一致性一直持續下去，而在這強制的一致性的背後，個人的行為則傾向以不規則的和多p. 72

少是被禁止的方式運作。

外在的動作蘊含了學習的意義

有關增加外在身體活動自由的第二項優點,則可以在學習歷程的性質中發現。我們先前已經指出,較老舊的方法強調被動吸收的學習過程。身體的靜止不動大大地強調了這樣的性質。在標準化的學校之中,避免這種性質的唯一作法,就是進行一些不合法的,還有也許是不遵守規定的活動。一般而言,在實驗室或是工作坊之中,不可能完全保持肅靜。而傳統的學校以寂靜無聲作為主要的德行之一,這項事實顯示了這類學校的非社會性質。當然,的確有一些熱切的理智活動,可能沒有明顯的外在身體活動。然而,若是這樣的活動持續一段長的時間,那麼,這種沒有明顯外在身體活動的情形,就標誌著理智活動的能力發展比較遲滯。對於年輕人而言,也應該提供一些短暫的歇息時間,讓他們進行沉靜的反思。但是,若要讓這些時間成為真正沉靜的反思機會,就只有讓它們緊接著較為明顯的行動之後,並且把這些時間用來將活動期間運用雙手和身體中,除了腦部之外的其他部分所學習的事物組織起來。動作的自由對於維繫正常的身體和心理的健康,也是很重要的。我們仍然必須學習古希臘人的榜樣,因為他們早就看清楚健康身體和健康心理之間的關聯。但是,在以上所提及的各個層面當中,外部活動所指的都是可資運用的手段,使我們可藉以獲得判斷的能力,並且能使我們獲得審慎地實踐所選定的目的所需具備的能力。不過,人們所必需的外在自由,其數量因人而異。它會隨著個人的成熟度而遞減,可是,如果完全沒有了這些外在的活動自由,就會防止他與外界接觸的機會,因而使得他運用智慧的新材料斷絕了供給的來源。這種作為生長手

p. 73

段的自由活動，其數量多寡與其品質如何，是教育工作者在每個發展階段，都必須妥為思考的一項問題。

太過自由不好

不過，如果教師把外在行動自由當作目的本身，那就犯了非常嚴重的錯誤。因為這樣做，會破壞學生合作參與的活動，也因而斷絕了建立秩序的正常來源。再從另一方面來看，這樣的作法 p. 74 把原本積極正向的自由，變成了消極負向的東西。我們都知道，脫離束縛是一種消極的自由。而這種消極的自由，只有在一種情況之下會受到重視，那就是要將自由轉化為一種手段，讓我們藉以自由地獲得下列各種能力（power）：形成目的的能力，明智判斷的能力，以欲求付諸實行的後果來評估欲求的能力；還有選擇與安排手段，藉以實踐所選定的目的之能力。

抑制衝動可以促進思考與判斷

在任何情況之中，出乎人類本性的衝動和欲望都構成了起始點。但是，若不在這些衝動和欲望出現的時候，就進行某些改造、某些重製，就不會有任何智慧的成長。這樣的重製包括了，當衝動還在初始的階段，就加以禁制。若果不要由外而內以壓迫的方式加以禁制，另一項可行的作法就是，透過自己的反思和判斷來進行禁制。有一句老舊的成語 "請停下來好好想一想"（stop and think），真是最可靠的心理學。因為思想會中止立即顯現的衝動，直到衝動和其他可能的行動趨勢產生了聯結，才會形成範圍較為廣大，前後也較為連貫的活動計畫。有些其他的行為傾向， p. 75 會引發眼睛、耳朵、手部的運用，以便觀察客觀的條件；另外有一些則會對於過去所發生的事情，作一番回憶。於是，思想成為立即行動的緩衝，它透過觀察和回憶的聯合，對於衝動產生了內在的控制，而此一聯合就成了反省思考的核心。上面所說的正好可以解釋一個老生常談的名詞"自我控制"（self-control）。理想的教育目的就是要培養自我控制的能力。但是，如果只是解除外在的束縛，並不能保證自我控制能力的養成。我們經常好不容易才跳出油鍋，卻又落入火坑。我們好不容易才脫離一種外在的控制，卻又發現我們自己掉入另一種更為危險的外在控制。若是衝動和欲望未經智慧加以調節，就必然會受到偶然的際遇所控制。若是逃脫了別人的控制，但卻又發現自己的舉動完全受制於反覆無常的幻想及善變任性的興致，那就不但不是一種收穫，反而是一種損失。那也就等於是一任衝動支配，而不讓智慧的判斷進入行動的形成過程。若是一個人的行為總是以這樣的方式來控制，那麼，他所獲得的自由至多也只是一種幻覺而已。實際上，他是受著他所不能掌握的力量所支配。

p. 76

第六章　目的[48]的意義

自由與自我控制相連結；目的與組織有賴智慧

　　所以，接續前文所述，把自由等同於有能力形成目的，進而 p. 77
能有效地組織手段將目的付諸實現；這樣的說法，應該是合理的
直覺。這樣的自由又回轉過來，等同於自我控制；因為形成目的
和組織手段將目的付諸實現，都是智慧的運作。柏拉圖曾經把奴
隸界定為只是執行他人目的的人。而且，如同前面曾經說過的，
被自己盲目的欲望所役使的人，也是奴隸。所以，我想，進步教
育哲學的正當與合理之處就在於，強調學習者參與來形成目的之
重要性，進而使這些目的在學習過程中具有引導學生活動的作
用。而傳統教育最大的問題，就是無法讓學生主動地合作來建構 p. 78
學習的目的。不過，宗旨和目的之意義並非不證自明的，也非不
需加以解釋的。我們愈是強調這些目的在教育上的重要性，就愈
是需要了解什麼是目的；目的如何產生，及其在經驗中如何運
作。

目的包含先見之明並且立基於條件與情況

　　真正的目的總是源於內在的衝動。衝動的立即實行受到了阻

48　傅佩榮、蔡耀明譯（1983：3）：「實用主義者強調『目的』在思考過程與信
　　念形成中所扮演的角色。」陳建民譯（2000：109）：「如果探究是屬於生物
　　學的，則可用有機體的發展陳述原因。如果探究是屬於心理學的，則可用
　　動機與目的這類條件來說明原因。」又說：「把經驗中原因與結果的連續關
　　係改造為手段與目的的關係，這種能力是興生於人類的重要能力」（陳建民
　　譯，2000：120）。

礙，就會轉化為欲求。然而，無論是衝動或欲求，本身都不是目的。所謂目的是一種對結果的預見（an end-view）。那就是說，它是對內在衝動引起的行動結果所具有的先見之明（foresight）。這種對於結果的先見之明包含著智慧的運作。第一方面，要觀察客觀的環境條件。因為內在衝動或欲求所產生的結果不能單獨存在，而是透過與環境條件的互動或合作。簡單的動作如走路的衝動，就只要和我們所站立的地面發生積極的連結即可。在一般的情況之下，我們不必太過留意地面的情況。然而，難以對付的情況，例如想要攀爬陡峭的山峰，卻沒有現成的小徑可以行走，我們就必須非常小心地觀察環境條件。所以要將內在衝動轉化為目的，運用觀察就是條件之一。我們必須像經常在鐵路的平交道上看到的標語一樣：停！聽！看！

我們必須理解我們所觀察到的東西之意義

但是，只有觀察一項是不足夠的。我們必須了解，我們所看見的、所聽聞的，以及所觸摸到的等等所代表的**意義**（*significance*）。此一意義，包含了依照我們所看見的，付諸行動後所造成的結果。一個嬰兒或許**看**（*see*）到了火燄的光亮，因此被吸引而試著伸手去觸摸它。那麼，火燄的意義並不是那光亮，而是它燃燒的力量，這正是觸摸所造成的結果。我們之所以會明白結果，只是因為我們有了先前的經驗。對於那些熟悉了的事例，因為我們有了先前的經驗，所以，我們不必停下來去回憶那些經驗到底是什麼。我們不必特意地去回憶先前的熱度與燒燙，那一朵火燄本身就代表了光亮和熱度的意義。然而，在那些不熟悉的事例中，我們不可能看出已經觀察了的情況會造成怎麼樣的結果，所以，我們就必須到我們的心版中，仔細檢查一番過去的

p. 79

p. 80

經驗。我們必須回想這些過去的經驗，看看有哪些是和現在的經驗相似的，然後，再據以形成判斷，以便了解現在的情境當中，會有什麼樣的預期結果。

目的的形成有賴觀察、經驗的知識及判斷；明智的活動要有目的

由此可見，目的形成是一件十分複雜的理智之運作。它包含了（1）要觀察周遭的環境；（2）要對過去在相似情境中所發生的狀況有所認知，這些知識當中有部分可以透過回憶而得，也有部分可以由那些有較寬廣經驗的人們，所提供的訊息、建議，以及警告等蒐集而得；（3）判斷，即是將所觀察的和所回憶的合在一起，看看它們代表什麼意義。所以目的和原初的內在衝動與欲求有所不同，它已經依據預見的行動結果，在已經觀察了的情況下，以某種特定的方式，轉譯為計畫和行動方法。"假如願望成為馬匹，乞丐也就會乘騎牠"[49]。我們對於某件事物的欲求可能會很強烈。它可能強烈到對於付諸實行而後的結果，都不願意預測。這樣的事情，在教育上不足為訓。教育上的重要問題是，要p. 81使以欲求為依據而採取的立即行動加以延緩，直到觀察和判斷介入其中。除非有人誤解我的意思，否則，我認為這一個論點一定和進步學校的作法有關。有些進步學校過分強調以活動為目的，而不是強調**明智的**（*intelligent*）活動，以至於自由變成了學生內在衝動與欲求的立即滿足而已。這樣的作法，恰好把衝動和目的混淆在一起了。如前面曾經說過的，除非外在的行動能加以延

49　原文為：If wishes were horses, beggars would ride，或可譯為願望若是馬，乞丐也可乘，亦有人意譯為空想若能成真，就不會有窮人。其意指，我們不應空想，唯有付諸行動。

緩，直到預見了衝動付諸實行而後的結果——這樣的先見之明，必須以觀察、訊息，以及判斷為依據——否則，就不會有所謂的目的。再多的先見之明都不足夠；即使是以正確預測的形式出現，這樣的先見之明當然還是不足夠的。既能做合乎理智的預期，又能對於預期的結果有具體的想法，然後再與內在衝動和欲求結合而成為一體，才可能獲得完成目的的推動力量。於是，這就有了方向，而不會變成盲目的活動，此地，欲求為想法提供了推動的力量，想法則變成了計畫，活動乃得以付諸實踐。假若有一個人想要獲得一個新家，或者說，他想要建造一間房屋。無論他的欲求多麼強烈，都不可能直接付諸實行。這個人必須先對於他想要什麼樣的房子有一個想法，包括房間的數目及配置等等。他必須擬定一項計畫，製作藍圖，並且加上詳細的說明。如果他不仔細地盤點一下自己的財力，那麼，這一切都可能只不過是閒暇時的一項娛樂而已。他必須考慮，手頭上的資金以及所可能獲得的貸款，與實現這項計畫之間的關係。他還必須要研究房屋所在的地點、它們的價錢、與上班地點的遠近、是否有合宜的鄰居、學校設備，以及許許多多的事項。所有這些考慮到的事項：付款的能力、家庭的大小和需求、可能的地點等等、等等，都是客觀的事實。它們沒有任何一部分是屬於原本的欲求的。但是，若要使欲求能轉化為目的，又將目的轉化為行動的方案，這些事實就必須加以正視，並且加以判斷。

沒有實現手段的欲求是空的

　　我們每個人都會有欲求，至少我們都未變成那麼病態，以至於完全興趣缺缺。這些欲求是行動之最終極的活泉。專業的企業家希望能有成功的生涯；將軍希望能打勝仗；父母親希望能為家人擁有舒適的家，並且能好好地教育子女等等，不一而足。由欲望的強弱可以測得人們將會投入心力的多寡。但是，除非把願望轉譯成為可以實現願望的手段，否則都是空中樓閣。因為手段都是客觀的，所以，如果我們若想形成真正的目的，就必須好好地研究和了解**多快**（*how soon*）的問題，或者如何以手段取代一個經過規畫的想像之目的的問題。

欲求導致計畫

傳統的教育傾向於忽視內在衝動和欲求的重要性，不把它們看成活生生的泉源。但是，不能因為這個理由，進步教育就把內在衝動和欲求等同於目的，因而不去注意到，在學生想要分享那些可以活化目的的訊息時，有必要小心地觀察，以便獲取寬廣範圍的訊息，並且作成判斷。在一個**教育的**（*educational*）系統（scheme）中，欲求和內在衝動並不是最後的目的，它是形成計畫和活動方法的機會與需求。且讓我再重複說一次，這樣的一項 p. 84 計畫，只有在研究客觀條件和獲取所有相關的訊息之前提下，才可能形成。

教師的輔導可以讓學童運用經驗以增加其自由

教師的職責就是要理解可以運用的機會。因為自由存在於理智的觀察和判斷之中，然後，可憑以發展目的，所以，教師引導學生去運用智慧，是學生自由的助力而非阻力。有時候，教師似乎害怕給學校或班級團體的成員，就他們的應作應為，提供建議。我曾經聽過這樣的事例，教師讓兒童的四周環境，滿布各種物件和材料，然後就完全聽任兒童們自由活動，教師甚至因為害怕侵犯到兒童的自由，所以，連兒童應該怎麼使用這些材料，也都不願意提供建議。那麼，又為什麼要供應材料？因為對兒童而言，供應了這些材料，而不供應另外的材料，本來就是一種建議的來源啊！但是，更重要的是，對於學生的行動之建議，無論如何，總得從什麼地方來吧！我們不可能理解，為什麼由一個具有較豐富經驗與較寬廣視野的人所提出的建議，會比由或多或少是由偶發性來源而產生的建議，來得正確！

p. 85

教師建立一個合作的教育社群

　　當然，有一些教師可能會濫用職權，強迫年輕人的活動走向適合教師目的的道路上，而罔顧學生的目的。但是，避免走向這條道路的作法，並不是要教師從學生活動中抽身。合理的作法應該是，第一，教師要明智地理解接受教導的學生，他們的能力、需求，以及過去的經驗；第二，教師要運用團體各個成員所貢獻之更進一步的經驗，讓自己所提的建議發展而成為一項計畫和方案，並且將這些組織成為一個整體。換言之，這項計畫乃是一項合作式的事業，而不是一個命令。教師的建議並不是像鑄鐵的模型般牢不可破，而只是讓所有參與學習歷程的成員，貢獻經驗而發展成為計畫的一個起點。這是一個必須透過相互妥協商議而發展的歷程，教師在這取予的歷程之中，固然要取，但也要不吝於予。重要的是，在這一套社會智慧的過程之中，目的得以成長，並且得以成形。

第七章　進展的教材組織

第一個理解：教材必須由日常生活經驗產生

　　在前面的文字當中，我順便提到了許多次，經驗所包含的客　　p. 86
觀條件，以及它們能否在促使後續經驗的豐富性生長這件事上，
發揮一定的作用。從含義來看，我們把這些客觀條件，無論是所
觀察的、所記憶的、由別人所獲得的訊息，或是所想像的，都看
作是研究和學習的教材；或者，以更為概括的方式來說，那就
是，我們把這些客觀條件都看作是學習科目的內容。不過，到目
前為止，我還未針對教材本身，作過任何明確的說明。現在，我
就準備來談這個問題。只要是我們從經驗的觀點來討論教育，就
會有一項考慮特別突出。任何事物，凡是能稱為學習（study）[50]
的，不論是算術、歷史、地理，或者任何一種自然科學，在最初　　p. 87
的時候，必然都是從那些由生活經驗中產生的材料，逐步發展而
成。在這一個層面，較舊的作法是以受教者經驗範圍以外的事實
和真理為起點，因此，如何找到適切的方法與手段，把這些事實
和真理帶入受教者的經驗，就有了問題；而較新教育的作法，就
完全不同。毫無疑問地，在小學教育前段所採用的較新方法之所
以有很大的成效，其主要的原因之一，就是它們遵守與較舊的作
法不同的原則。

50　或譯為學習、學業；在杜威的〈走出教育困惑之道〉（1931, LW6: 79）文中
　　即提及 "a study" 與 "study" 的不同：前者為名詞，意指所學習的功課、學業、
　　教材或科目；後者為動詞，指學習的行為。與此類似者，尚有 "learning" 一
　　詞，其亦可作為名詞或動詞；當作名詞時，指學習的東西，而當作動詞時，
　　則指學習的行為。

第二個理解：教材必須漸進發展而成為較具成人意味的形式

　　但是從經驗中尋找學習材料，只是第一個步驟。下一個步驟，是漸進地將所經驗的材料發展得更完整和更豐富，而且要以更有組織的形式呈現出來，這種材料將會與提供技術精良的成年人學習的教材形式，逐步地接近。我們有可能作這樣的改變，卻不會悖離教育與經驗具有有機關係這項原理；這是因為，在學校之外和正式教育之外，我們已經發現有這樣改變發生的事實。舉例而言，嬰兒是在空間和時間都受到很大限制的事物所構成的環境中，展開其經驗的。這個嬰兒所處的環境，隨著內存於他經驗本身的動力而穩妥地進展，一點也不需要任何學校教育的教學（scholastic instruction）。當這個嬰兒學習伸手、爬行、走路，以及說話時，內存於他經驗的教材即持續增廣與深化。他逐漸與新的事物和事件產生連結，喚起了新的能力，而他又進一步運用這些能力，精煉並拓展他經驗的內容。他的生活空間和時間都擴大了。他的環境和經驗的世界持續地增長，也就是說，變得更為厚實了。教育工作者若是在這個階段結束時迎接他入學，就必須針對早先幾年，"自然"在他身上所造成的結果，找出適切的方法，有意識地而且謹慎地為之。

新學校是以第一個理解為基礎；第二個較難辨識

　　上文所說明的二個條件之中，第一個條件的重要性，我們無須再加堅持。較新的教育學派所持有的一項守則就是，在教學伊始，必須要由學習者已經擁有的經驗開始著手；隨後在過程中發展而得的經驗和能力，則為所有後續的學習提供了一個起點。另一個條件——亦即要透過經驗的成長，而將教材的擴增與組織作有序的發展——是否也受到一樣多的注意，我不是那麼確定。然而，教育經驗的連續性原則，即要求對於這個層面的教育問題之解決，給予同樣的思考和注意。毫無疑問地，問題的這個層面，比另一個層面困難得多。若教育工作者所面對的是學前的兒童、幼兒園的孩子，以及小學前段各年級的男孩和女孩，則他們在確認其先前經驗的範圍，或是找尋與這些經驗有重要關聯的活動，不會覺得有多大困難。然而，對於較為年長的孩童，這個問題的二項因素，就會給教育工作者帶來較多的困難。若要找出每個個人的經驗之背景，固然是較為困難的事情；然而，若要找出已經包含在經驗當中的教材，應該如何加以指導，才可能將它們引領到較廣大、且較妥善組織的領域之中，則會更為困難。

新的經驗必須與舊的經驗相聯結

　　若是有人以為，只要給予學童某些新的經驗，就可以充分地滿足這樣的原則：把經驗引領到某些不同的事情；這樣的想法是錯誤的。這就好比只注意到，要讓學生對付已經熟悉的事情之同 p. 90時，卻能夠擁有較良好的技能，又能比較輕鬆自如；也都是錯誤的。同樣重要的是，新的事物和事件必須與早期的經驗作理智上的關聯。這裡的意思是，在事實和想法之間有意識的接合，應該要有所進展。於是，教育工作者的職責即是，在現有的經驗範圍當中，選取會為新的問題帶來希望與潛力的事物，使得這些事物經過觀察和判斷等新方法的刺激之後，可以將後續經驗的領域加以擴大。教育工作者必須經常把已經獲取的事物，不當作固定的資產，而當作只是用來開啟新領域的媒介和工具，進而對於現有的觀察能力和明智地運用記憶能力，作出較新的要求。教育工作者必須把生長的聯結性（connectedness）一語，當作經常運用的警語。

教育工作者必須由未來考查他或她的工作效應

教育工作者比其他任何專業的成員，都應該要具有更遠大的眼光。醫師會認為，若是病人的健康復元，他的工作就算完成了。毫無疑問地，醫師有責任建議病人未來應該怎麼過日子，才可能避免在未來再得同樣的病。但是，畢竟病人的行為是病人自己的事，與醫師無關；就我們現在討論的要點而言，更重要的是，一旦醫師花費時間提供指示和建議給病人，告訴病人未來應該怎麼過日子，那麼，他就在履行教育工作者的責任了。律師的職責乃是為他的顧客打贏官司，或者，幫助顧客從自己所涉及的複雜情況中解脫出來。如果律師的所作所為超出了這個案子的範圍之外，他也就變成了教育工作者。所以，就教育工作的性質而言，應該要著眼於這項工作的未來，由其成功或失敗來確認現在工作的良窳，因為未來的事物必然與現在的事物相互聯結在一起。

傳統教育可以把界限推到下一次考試或升級；進步教育工作者的工作較困難

這裡，我願再度指出，進步教育工作者比起傳統學校的教師，所面臨的問題困難多了。當然，傳統學校的教師也必須向前看。但是，除非他的人格和熱誠讓他超越了傳統學校所設定的限制，否則，他只會因為想到下一次考試，或者是下一次升級的事情，就覺得自我滿足了。他可以在長久存在的學校體制所認為必要的事情當中找出要素，並且據以展望未來。不過，凡是想把教育和實際經驗聯結在一起的教師，就會承擔較為嚴重和困難的責任。他必須了解一切可運用的事物，引導學生到屬於他們已經領受的經驗當中的新領域，並且，還必須運用這些知識作為規準，來選擇和布置能影響他們現在經驗的各項條件。

傳統教育立基於過去

　　傳統學校的學習所包括的教材是根據成人的判斷，認為對孩童未來的某些時間有所助益的材料來加以選擇和安排，這些學習內涵的選擇是外於學生現有的生活經驗。它們與過去有關，是過去人們證明有用的事物。很不幸的，有一種反應卻走到另一個極端，經常把「從現有經驗中產生教材，進而讓學生有能力處理現 p. 93 在與未來的問題」的健全主張，轉換成這樣的想法：進步學校的教材，在極大的程度上，可以忽略過去的存在。如果現在可以和過去一刀兩斷，那麼，前述的觀點就正確無誤。但是，過去的成就為充分理解現在提供了唯一的手段。現今社會生活的論點和問題，與過去有著緊密而直接的關聯，學生若不深探其在過去當中的根源，就無法有備而來地了解這些問題的究竟，也無法了解處理這些問題的最佳良策，這正如一個人若要了解他現在所處的境況，他自己就必須先弄清楚記憶當中的過去，是同樣的道理。換句話說，這項健全的原則──學習的目標乃在未來，而其切近的材料則在當前的經驗──能產生多少效果，端視當前的經驗能將過去的經驗延伸到什麼程度而定。當前的經驗，只有在擴大到可以容納過去的經驗，才可能拓展到未來。

理解過去是理解現在的手段

　　如果時間許可，我們就可以把現在這一代人，被迫在未來所 p. 94 面臨的政治和經濟問題，作一番討論；而這些討論將會使得前述的一般性陳述，變得更為確定與具體。我們必須知道這些問題發生的經過，我們才可能理解這些問題的性質。存在於當前的社會機制和風俗習慣，以及它們所引發的當前社會病狀和錯亂的情況，絕非一夜之間就造成的。在它們的背後，都有一段長久的歷史。若是只根據現在明顯可見的情況，就試圖處理這些問題，結果就一定會採用一些膚淺的辦法，以至於到了最後只是使得現有的問題更為尖銳，且更難以解決。只是以與過去知識切斷的現在知識為根據所形成的政策，恰和個人行動的不顧一切的輕舉妄動，在性質上是完全一樣的。若是要擺脫以過去為目的自身（end in itself）的學校教育體制，唯一的作法就是把過去當作了解現在的**手段**（*means*）。除非這個問題解決，目前教育觀念和實際之間的牴觸還會持續下去。一方面，會有反動者宣稱，教育的主要、但並非唯一的任務就是文化遺產的傳承。另一方面，則有一些人主張，我們應該忽視過去，而只要面對現在和未來。

p. 95

進步學校重視生活經驗而拒斥固定的學習進程

到目前為止，進步學校的最大弱點在於理智方面教材的選擇與組織；我想，在目前這種情況之下，這是在所難免的。這些學校應該脫離那些構成舊教育的主要要素之經過切割的、枯燥無味的材料；這樣的做法既是不可避免的，也是正確而且適宜的。此外，經驗的領域非常寬廣，而且因地因時而有不同的內容。想用一套課程來通用於所有的進步學校，乃是不可能的事；因為這樣做等於是放棄了與生活經驗聯結的基本原則。更有進者，進步學校都是新興的，它們的發展歷史還未超過一個世代。所以，在教材的選擇和組織上，有一些不確定、也有些不緊湊，這都是可以意料的。這樣的事情，不能作為基本的批評或抱怨的理由。

但是教材的選擇與組織是學習的根本

　　然而，若是持續進行著的進步主義教育運動始終無法認識到　p. 96
教材選擇與組織的問題，對於教學和學習而言乃是基本的，那
麼，這一項批評就會變成正確無誤的說法。能夠在特定的場合採
取即興的活動，確實可以避免教學和學習淪為一成不變和死氣沉
沉；但是，要切記：重要的學習材料，不可能像這樣，以草率的
方式隨意拾取。在一個講求學術自由的時代，總是會有一些無法
事先預見的事情發生，我們確實應該妥為利用這些事情；但是，
如果把這些事情當作持續性的活動，不斷地加以發展，是一回
事；而依靠它們提供重要的學習材料，則又是另一回事，二者迴
然不同。

學習必須立基於經驗的條件，並且喚起對於訊息與新觀念的主動探求

　　除非把既定的經驗引導到一個先前不熟悉的領域，否則不會
引發問題的產生；然而，一定要有問題的產生，才會刺激思考。
區分以經驗為根據的教育和傳統教育的特性之一即是，在當前經
驗中所發現的條件，應該用來作為問題的來源。因為，在傳統教
育的作法中，問題是取自經驗之外。然而，克服困難或解決問
題，就必須運用智慧，所以，困難或問題的出現正是生長之所倚
靠。我願再次指陳，教育工作者的一部分責任，就是要均等地注　p. 97
意下列二件事：第一，這些問題必須是由現在所領受的經驗之情
況中產生，而且，它必須是學生能力所及的；第二，這些問題必
須激發學習者主動地探求訊息，並且建立新的觀念。以這樣的方
式獲得的新事實和新觀念，成了後續經驗的根據，而在後續的經

驗當中則又出現了新的問題。這個歷程是一個連續的螺旋體。現在和過去之間有著不可避免的聯結，是一項不只可以應用於歷史學習的原則。茲試以自然科學為例。當今社會生活之所以如此，相當大的部分是由於自然科學的應用之結果。每一個兒童與青年的經驗，無論是在鄉村還是在城市，之所以像現在這個樣子，都是因為運用了電力、熱力和化學過程等所製造的器具。兒童所享用的飲食，其食物的準備和消化，都包含了化學和生理學的原理。他在人造的燈光下閱讀，或是學習搭乘汽車或火車，也都必然與科學所產生的運作和過程有所聯繫。

p. 98

科學的知識立基於對每日社會應用的熟悉

我們應該透過學生熟悉的、且為日常社會所應用的事物開始，把科學的教材介紹給學生，並且，引導學生學習科學的事實及律則，這是一項健全的教育原則。堅守此一方法，不只是理解科學本身最直接的道路，而且在學童長大成人之後，這也是理解當前社會的經濟和工業問題的最可靠途徑。因為這些問題，在相當大的程度上，是把科學應用在商品和服務的生產與分配的結果，而這些生產與分配的歷程，又是決定現在人類和社會團體之間相互關聯的最重要因素。那麼，若是辯稱，因為類似實驗室和研究機構當中的研究歷程，並非青年人日常生活經驗的一部分，所以，這些研究歷程就不在以經驗為基礎的教育範圍之內，這樣的說法實在荒謬。又，未成熟的人在學習科學事實和原理時，無法用成人專家所用的學習方法，這是毋庸置疑的；但是，這項事實，不僅不能免除教育工作者「運用現在的經驗，進而萃取事實和律則，逐漸引導學習者進入科學秩序的經驗」之責任，反而會為教育工作者設定主要的困難問題。

p. 99

若無科學的知識就不可能理解現在的社會力量

假若現有的經驗，確實真是從細節上看就是如此，而在大規模上看也是如此，那是因為科學的應用在以下二個方面，一是商品和服務的生產與分配，一是人類與別人維繫社會的關聯，那麼，若要理解現在的各種社會力量（若沒有了這些理解，就無法掌握和引領這些力量），就一定得引領學習者進入這些在最後會組成各項科學的事實和原理。這項原則──我們應該引導學習者學習科學的教材──的重要性，並不止於可以讓學習者獲致洞察當前社會論題的能力；科學的方法也能引領我們，進入可藉以實現較好社會秩序的各種措施和策略之康莊大道。科學的應用已經 p. 100 相當大程度地造成了現有的社會條件，然而，科學可能應用的領域還未竭盡。因為，迄目前為止，科學的應用多多少少還是隨便的（casually），更受到諸如私人利益和權力的目的之影響，而這些都是由前科學時代（prescientific）的體制，所遺留下來的東西。

沒有任何事物可防止明智的方法變成因襲舊慣

我們幾乎每天都會從很多的來源聽到：人類不可能明智地指導日常的生活。一方面，有人告訴我們，人類的關係，不論國內的或是國際的，都是很複雜的；而另一方面，又有人告訴我們，大致上而言，人類是情緒和習慣的動物，所以，依靠人類的智慧來進行大規模的社會計畫和指導，乃是不可能的。若是由年幼時期的教育開始，一直到年輕人的持續研究和學習，我們就把科學所示例的明智方法，作為教育中至高無上的方法，有系統地的投入時間和精力，認真而努力的執行，那麼，此一觀點就會比較可信。在習慣的內蘊性質中，沒有任何要素可以防阻我們，把明智的方法轉變為因襲舊慣；在情緒的性質中，也沒有任何要素可以防阻我們，發展而成為對於此一方法之濃郁而忠誠的情緒。

p. 101

科學指明了教育可以立基於生活經驗與知識的組織

此地，我們以科學為例，是要說明，漸進的教材選擇乃是著眼於：現在的經驗，其本身就有朝向組織而發展的性質；並且，這種組織乃是自由自主地發展而成的，而不是由外而內強壓而成的，因為這種組織與經驗本身的成長，乃是一致的。運用學習者學習科學時，在現在的生活經驗當中所發現的教材，或許是這項基本原則——以學習者現有的經驗作為手段，讓學習者能獲致具有教育價值的成長經驗，並且把學習者帶到一個更為寬廣、更為精緻、更有組織，且更為自然，又符合人性的世界——之最佳例證。霍格本（Hogben[51]）最近發表的著作，《大眾數學》（*Mathematics for the million*）一書指出，若是把數學當作是文明的一面明鏡，並且把數學當作是文明進步的主要推動力量，那麼，數學和自然科學一樣，確實能對於達成我們所欲求的目的，有所助益。無論如何，其背後的理想，就是漸進的知識組織。就

---

51 霍格本（Lancelot Thomas Hogben, 1895-1975），英國著名實驗動物學家及醫學統計學家，後半生撰寫了許多通俗的科學、數學及語言方面的書籍，膾炙人口。除了杜威所提及的《大眾數學》一書外，還著有《比較生理學》（*Comparative Physiology*）、《大眾科學》（*Science for the Citizen*）、《數學遺傳學導論》（*An Introduction to Mathematical Genetics*）、《我們必須測量：數學的奇境》（*Man Must Measure: The Wonderful World of Mathematics*）、《能源的奇境》（*The Wonderful World of Energy*）及《傳播的奇境》（*The Wonderful World of Communication*）等書。

是在知識的組織這一點上，我們可能發現**非此即彼**這項哲學思考 　p. 102
的運作最為明顯。實際上，若非以這麼多的文字來陳述，就經常
會有人認為，既然傳統教育乃是立基於這樣的概念：完全看輕現
在生活經驗的知識之組織；那麼，立基於現在生活經驗的教育，
也應鄙視事實和觀念的組織。

組織在教育中形成了結構

方才我把這樣的組織稱為一項**理想**，我的意思是，就消極的
方面而言，教育工作者不可以從已經妥予組織的知識開始，然
後，持續地用勺子把那些知識一瓢一瓢地舀取出來。但是，既然
是一項理想，組織事實和觀念的主動歷程，就應該是經常出現的
教育歷程。任何具有教育價值的經驗，都會讓學生得到更多事實
的知識，汲取更多不同的觀念，而且也會把這些事實和觀念做更
好的、更有秩序的安排。若說組織是一項外於經驗的原則，那絕
對是錯的。因為若果真是如此，經驗必然會散漫雜亂，以至於毫
無章法可言。年幼兒童的經驗，是以人物和家庭為中心。現在，
精神病醫師已經知道，家庭正常關係的紛亂，是後來心理和情緒 　p. 103
困擾的沃土——這是證明這一類結構確實存在的一項事實。現
在，年幼時期的學校教育，也就是在幼兒園和初小階段，有一項
很大的進步就是，把社會和人保留作為經驗的組織中心，而不像
以往在重心方面作了太過於劇烈的移位[52]。但是，和音樂一樣，諸
多突出的教育問題之一即是轉變音調[53]（modulation）的問題。就

52　杜威的意思是，過去的學校教育，在兒童教育方面，由兒童的個人經驗轉移
　　到抽象的知識學習，太過急切，容易造成兒童學習的困難與問題。

53　modulation 有改變、調整、調適的意思。

教育的情況而言，轉變音調意指由一個社會和人的中心，轉向一個較為客觀的知識組織架構，然而，我們必須牢記，知識組織並非目的自身，而是理解和更明智地處理社會關係——亦即具有明顯的人與人之間的緊密聯結——的工具。

> **有組織的教材是教育應努力以赴的目的；即使兒童也會理解因果原則**

凡是以經驗為基礎的教育理論和實踐，不可能以成人或專家編製的有組織的教材為起點，這是毋庸多言的。不過，成人或專家編製的教材，代表了教育應該持續前進的目標。我們沒有必要去說，知識的科學化組織最基本的原則之一，就是因果原則。科學專家對於因果原則的理解與明確的敘述，和年輕人的經驗所能理解與說明的，當然在方法上有很大的不同。但是，無論是這層因果關係的本身，或是對於因果原則意義的理解，年輕人還都是有經驗的。譬如，一個二、三歲的孩童在取暖時，他會學習到，不要靠火焰太近，但是，又要和爐火保持夠近的距離；這就表示，他已經理解與運用了因果關係的原則。任何一項明智的活動，都應該能符合因果關係的要求，而明智的活動之所以明智，並不只在於其符合此一要求的程度，還在於能否有意識地放在心上。

p. 104

> **教育太常無法注重到因果關係**

在經驗之較早期的形式，因果關係並非以抽象的樣態出現，而是以手段和達成的目的之關係的形式出現；其形式是手段與結果之關係。判斷與理解的成長，在本質上，是形成目的，以及選擇和安排各種手段以實現目的之能力。年輕人最初級的經驗充滿

p. 105

了手段——結果關係的各種事件。烹煮一餐飯，或者運用照明的光源，都顯示了這層關係。教育的毛病不在於缺乏那些能夠在手段與結果的關係之中表現因果關係的情境。然而，十分常見的是，教育工作者未能妥善運用情境，以便引導學習者去理解在給定的各項經驗之中所蘊含的因果關係。邏輯學者對於以一項目的為依據，選擇與組織手段的作法，賦予了"分析與綜合"的名稱。

明智的活動包括了分析與綜合

　　這項原則為學校**活動**（activities）的運用，奠定了最根本的基礎。假使一方面呼籲，要在學校實施許多積極的工作活動（active occupations），卻又在另一方面詆毀知識和觀念的漸進組織之必要，這在教育上乃是再荒謬不過的事情了。明智的活動與無目的的活動之區別在於，明智的活動包括了——分析——現有各種不同的條件以選擇手段，以及——綜合——妥為安排手段以達到預定的目標或目的。明顯地，學習者年齡愈小，心中所具有 p. 106之目的愈為簡單，所採取的手段也愈為基本。不過，以手段與結果的關係之覺知作為組織活動的原則，即使對於很年輕的學習者依然適用。否則活動就會流於盲目而失去教育意義。隨著學習者年歲漸增，手段與手段之間的相互關聯就變得更為急切。當明智的觀察從手段與目的之關係，進入更為複雜的手段之間的關係時，因果的觀念就變得突出而明顯。學校中設有工作坊、廚房等的設施，其用意不僅是要提供學生活動的機會，更是要提供機會給學生，讓他們參與的這一**類**（kind）活動，或者是獲得的手工技能，可以引領學生注意到手段與目的之關係，然後，能考慮到事物與事物之間的交互關係，進而產生確定的效果。基本上，這 p. 107和科學研究設有實驗室的理由，是一樣的。

學校無法培養批判明辨與推理的能力

　　除非知識組織的問題，可以基於經驗的理由加以解決，否則，一定會有傾向於由外而內的組織方法，以反面行動的方式發生。這一類反面行動的信號，已經很顯著了。有人告訴我們說，不論舊式的，或是新式的，我們的學校在主要的任務上，都是失敗的。他們是這麼說的：學校都不培養批判式明辯的能力，以及推理的能力。我們又聽到人們這麼說：因為只注重一些雜項的、未經妥善消化的資訊，又因為只試圖學習一些立即可以用在企業和商貿世界的技能，所以，思考的能力遭到了抑制。更有人這麼說：這些罪過都是受到科學的影響，還有因為擴大了對於現在的要求，而犧牲了久經考驗的過去之文化遺產。我們也聽到有人作這樣的爭辯：科學及其方法應該放在次要的地位；我們必須回到亞里斯多德（Aristotle）和聖多瑪士（St. Thomas）的邏輯中所表示之終極的第一原理[54]（ultimate first principles）這項邏輯。因為，惟有如此，才可能讓年輕人在他們的知識和道德生活中有可靠的依托，而不至於像風吹草動一樣任人擺布。

p. 108

---

54 所謂終極的第一原理，或可譯為最後的第一原理，是指最根本的原理，其他的原理都是由此一根本的原理延伸而得。例如，亞里斯多德和聖多瑪士的邏輯中所表示之終極的第一原理，是指矛盾律、排中律、同一律。任何的邏輯推演，皆必須以這三項律則為最根本的原理，否則，即無法進行。杜威的意思是說，有些人主張，只要學習邏輯推演的基本原理，然後，依據這些原理推演就可以了；不必再用什麼科學實驗的方法，蒐集各項資料與實驗的證據。在知識探求、道德生活，以及社會事務方面，也只要固守一些傳承已久的知識真理、道德原則，以及社會規範，也就足夠。杜威以「變遷才是規律」（見EE: 5）的經驗哲學對於這種講求「固著不變遷」原理的哲學思想，大表反對。

> **教育應該運用科學方法進行明智的經驗探究，否則教育會變得較不科學**

假如在學校所有科目的日常功課當中，都一致而持續地運用了科學的方法，那麼，我就會對這樣情緒性的呼籲，感到更為印象深刻。依我的看法，如果要讓教育不致漫無目的地漂流，就必須在二項方案當中，選取其一。其中之一，就是試圖誘使教育工作者，回到科學方法發展以前若干個世紀所使用的知識方法和理念。在一個瀰漫著情緒的、理智的，以及經濟的不安全感等的時代，這樣的呼籲可能會暫時地成功。因為在這些情況當中，依靠固定權威的欲求比較活躍。然而，此一方案與所有的現代生活都毫無聯繫，所以，我認為，如果試圖朝著這個方向尋求救援，是很愚蠢的。另外一個方案，就是把系統地運用科學方法當作榜樣和理想，以便明智地探索與開發內蘊於經驗的各種可能性。

無法發展與組織理智的內容會產生負面的結果

這裡所包含的問題，明顯地與進步學校有特別的關聯。若是 p. 109
無法經常地注意到經驗的知識內容之發展，也無法獲得持續不斷增加的、有組織的事實和觀念，那麼，到了最後，就只會回到強化知識和道德的威權主義等反對改革的作法。此時此地並不是探究科學方法之時間與所在，但是，科學方法的某些特點，與以經驗為基礎的教育方案，有著十分緊密聯結的關係，所以，我們有必要加以說明。

假設會鼓勵理智的探求

第一點，科學的實驗方法對於觀念之所以為觀念所賦予的重要性，比起其他的方法，只有過之而無不及。任何行動，除非是由某些觀念所引導，否則，從科學的角度來看，都不能稱之為實驗。在科學的範圍內，把觀念當作是假設，而非最後的真理，這項事實可以說明，為什麼觀念會受到如此熱切的衛護和檢驗。一旦我們把這些觀念的本身當作是首要的真理，就沒有對它們作任何小心謹慎檢驗的理由了。若是把它們當作固定的真理，我們就必須接受它們，而且事情到此就完結了。然而，若是把它們當作假設，我們就必須持續不斷地檢驗和修正，因為要達到這項要求，所以這些假設之提出就必須要更確切與嚴謹。

p. 110

假設使結果的觀察成為必要

第二，當我們在實行這些觀念和假設時，就可以從行動的結果來檢驗它們。這項事實的意思是，我們必須小心謹慎地，而且辨別清楚地，來觀察行動的結果。結果未經觀察且加以核對的，可能會帶來暫時性的愉悅。但是，在理智上，卻無任何的長進。它無法提供有關產生行動的情境之知識，也無法澄清和擴展觀念。

實驗導致反思

第三，實驗方法所顯現之明智的方法，會要求對於觀念、活動和觀察的結果，作持續的追蹤。所謂持續追蹤，就是反思式的回顧與總結，也就是要針對發展中經驗的重要特性，進行區辨和記錄的工作。反思是回想已經做過的事情，萃取其純精的意義，以便在明智地處理後續的經驗時有豐富的庫存。這是有組織的知識和有教養的心靈之核心。

> **具有教育價值的經驗必須導向教材世界的擴張；科學方法必會探索每日經驗的意義**

　　我不得不在上述的文字中，以一般的語言，甚至經常以抽象 p. 111
的語言，說出我的想法。但是，我所說過的都與一項必要的條件
——若經驗要具有教育價值，就必須能引領學習者進入持續擴大
的教材世界當中，而這樣的教材應該是由事實或資訊或觀念所組
成——有著有機的聯結。只有在教育工作者把教學和學習，當作
是經驗持續不斷改造的歷程，才可能滿足這項必要的條件。依此
類推，只有在教育工作者能有長遠的眼光，把現在的經驗當作影
響未來經驗的不斷前進的力量，才可能滿足這項必要的條件。我
清楚地了解，我對於科學方法的強調可能會造成誤導，因為它所
可能造成的結果會讓人以為，只有專家們執行的實驗室研究當中
所運用的特別技術，才是科學的方法。但是，我之所以如此強調
科學的方法，很少是與專門的技術有關。那意味著，科學的方法
是在我們生活的世界當中，唯一能夠真確掌握日常生活經驗的意
義之方法。那意味著，它提供了一種工作模式，讓我們可以有方 p. 112
法和條件，用來使經驗能持續向前邁進且向外拓展開來。教育工
作者的問題在於，如何調整此一方法，以便適應不同成熟度的學
習者。而在這個問題中經久不變的要素，包括了觀念的形成、將
觀念付諸行動、觀察其結果所造成的狀況，以及將事實和觀念加
以組織以便為未來所用。然而，6歲和12歲或者18歲的人，無論
在觀念、活動、觀察、組織等各方面，都會有所不同，那就更不
用說和成年的科學家有所不同了。但是，如果經驗確實具有教育
的效果，那麼，在每一個年齡層次，人們所具有的經驗，都會有
擴張式的發展。於是，在任何一個年齡層次，我們都毫無選擇，

一定要依照它提供的模式來運作，要不然，就會在活生生的與持
續前進的經驗之發展與控制的過程中，漠視了智慧的存在。

第八章　經驗為教育的手段和目的

教育不是向前進步就是向後退步

　　到目前為止，我上述的說法皆源自於一個已被我視為理所當 p. 113
然的原則，那就是：能兼顧個別學習者和社會目的之教育原理必
須建基於經驗——而這裡的經驗，始終都是指某個個人之實際的
生活經驗。我一直尚未證成這個原則應予接受的合理性，我也不
企圖這麼做。不管是保守的和激進的教育界人士對於當前教育的
整個情況，都深表不滿；至少，這是兩個教育思想學派中的有識
之士都同意的看法。我以為，教育體制的走向已經到了一個轉折
點：若不是退後回到前科學時代的理智和道德的標準，就是向前
進到更多運用科學方法，發展正在成長的、逐步擴大的經驗之可 p. 114
能性。我只是盡力地指陳，假如教育要採取後一發展途徑的話，
所必須滿意地履行的若干條件。

新教育的唯一路障就是教育工作者無法忠實於教育的真義

　　我不認為有必要去批評另一種發展途徑的不是，也無須為贊
同採取經驗的途徑而進行辯護，因為如果把教育當作是針對內在
於日常經驗的可能性，進行明智地且具有指導性的發展，我就會
對於教育所能發揮的潛能有信心。在我看來，採取此一途徑卻遭
遇失敗，唯一可能的原因就是，人們未能妥切地看待經驗和實
驗的方法。在這個世界上，沒有任何一種教訓（discipline），比
經驗的教訓來得嚴肅，因為經驗必須接受明智的發展和指導之
檢測。我以為，世人若是反對較新教育（newer education）的標
準、目標和方法，即便只是暫時性的反對，檢討起來，其唯一的

p. 115　原因應該是：自稱採用新教育的人士，實際上卻未忠實地遵守新教育的原則。誠如我不只一次地強調的，新教育之路並非一條易行之道，比起舊教育之路，它更為艱辛也更為困難。直到大多數人都贊成之前，新教育之路都會保持這個樣子，信從新教育的人士必須真誠地合作多年，才可能使大多數人都贊成新教育。我相信，未來若欲達到這樣的境界，最大的危機就是誤認：新教育之路為一條易行之道，可以即興為之，而不必妥予準備；事實上，新教育的實施應該逐日逐週地、甚至時時刻刻地詳加規畫，而絕不可輕忽。也就是這個原因，我並未一直讚頌新教育的原理，而只限於說明，假如新教育要有成功的前程，所必須履行的若干條件。如此，才有可能實至名歸。

根本的論題：什麼才值得稱之為教育？

在前述的文字中，我經常使用"進步的"教育與"新"教育的概念。我不希望在本書結束之前，不表明自己堅定的信念：根本的問題不是新教育或舊教育的對比，也不是進步教育或傳統教育的對立，而是在於如何掌握**教育**（*education*）的意義，以及如何讓教育實至名歸。我希望，也相信，我不會因為任何目的或是任何方法，只用了個進步的名堂，我就會有所偏好。根本的問題在於，教育就是教育，而不應該加上任何的形容詞。我們想望和需求的就是純淨與簡易的教育，而且，一旦我們奉獻心力找到教育的真義，又找到足以使教育成為真實而不只是個名字或者一句口號的條件，我們就會有更確實與更快速的進步。就是這項原因，我才會特別強調，建立健全的經驗哲學，確有其必要性。

叁　當代四位學者的評論

一、《經驗與教育》：脈絡與結果　　格林妮（Maxine Greene）

　　《經驗與教育》是杜威針對其自20世紀之初即逐漸發展的 p. 118
教育思考，作了一番重新的整理。該書是以1938年發表的一
場專題講演為基礎，而在工業民主聯盟[1]（League for Industrial
Democracy）的贊助之下出版[2]。一旦我們從當時的脈絡來看，該
書的出版就流露了一些料想不到的意義。第一，杜威這篇專題講
演發表之時，適逢經濟大恐慌[3]的末期，美國財經制度出現了太
多的瑕疵及不公道的現象。在此直接的背景之下，哥倫比亞大

1　該聯盟由一群知名的社會主義者，如賴德勒（Harry Wellington Laidler, 1884-
　　1970）、藍登（John Griffith "Jack" London, 1876-1916）、湯瑪斯（Norman
　　Mattoon Thomas, 1884-1968）、辛克來（Upton Beall Sinclair Jr., 1878- 1968）
　　及史托克（James Graham Phelps Stokes, 1872-1960）等人成立於1905年，原
　　名為跨校社會主義者協會（Intercollegiate Socialist Society），旨在推動名為社
　　會主義的工業民主運動。1921年改名為工業民主聯盟。杜威於1939年被推
　　為該聯盟的主席（吳俊升，1983：39；Dykhuizen, 1973: 223-224）。
2　此一說法，待查。如本篇正文前各事項所示，霍爾奎斯特（Hall-Quest,
　　1938）所撰〈編者前言〉馬比（Mabie, 1998）所撰〈六十週年版次的編者
　　前言〉，乃至校勘本《杜威全集》的〈校勘注解〉（"Texual commentary"）
　　（LW13: 410-414）中有關《經驗與教育》一書的出版經過，皆未有如此說法。
3　這是指1929至1941年之間全球性的經濟大蕭條。

學一些教師發行了一本名為《社會前沿》（*Social Frontier*）[4]的雜誌，定期討論教師權利、學術自由，以及進步教育的未來等議題。該雜誌設有"杜威專頁"（John Dewey Page）定期刊登杜威的文章，他藉此澄清其融入自由主義思想的教育和政治方面論述的觀點。第二，1937年，杜威主持了一個委員會[5]，並且到墨西哥就莫斯科公審中針對托洛斯基（Leon Trotsky）所作的控告進行調查。為此，他觸怒了那些認為共產主義是站在人民陣線政治立場[6]（popular-front politics）而應予支持的人士。杜威為托洛斯基辯論，協助他揭露社會主義者以暴力的手段達成目標，但也將二人的道德觀點相異之處，加以戲劇化的呈現。在那時候，與其教育思想相關聯的是如何促進社會的變遷，以及如何以民主的手段來帶動社會的進步。

p. 119　　　杜威認為以民主的手段追求進步，是沒有固定目的的；因此，民主的教育也是沒有固定的目標或目的的。然而，此一主張

4　《社會前沿》為哥大師範學院康茲（George Counts, 1889-1974）、哈特曼（George Hartmann, 1904-1955）、克伯屈及羅格（Harold Rugg, 1886-1960）等教授於1934年創刊，於1939年易名為《民主的前沿》，而於1943年停刊。該刊宗旨為呼籲教育工作者應當以學校作為社會變遷的行動者。

5　1937年，俄國獨裁者史達林（Joseph Vissarionovich Stalin, 1879-1953）發動政治大整肅，將流亡在墨西哥的前領導人托洛斯基（Leon Trotsky, 1879-1940）進行不公正的缺席審判，課以叛國重罪。杜威以為此一作法嚴重違反了民主原則，乃組織了「考察在莫斯科公審中針對托洛斯基控告的委員會」（Commission on Inquiry into the Charges made against Leon Trotsky in Moscow Trial），前往調查並作成道義裁決，宣布托洛斯基無罪；不過後來托洛斯基仍被暗殺。然而，杜威以78歲的高齡，南北奔波，為伸張正義而竭盡心力之精神，令人欽佩。

6　當時，人民陣線的自由主義者以消滅如希特勒法西斯主義為宗旨，而不反對共產主義（Westbrook, 1991: 483）。

在與時為芝加哥大學校長、而首倡"巨著"（Great Books）課程觀的赫欽思（Robert Maynard Hutchins）（1899-1977）[7]的辯論當中，作了銳利而清楚的宣示。赫欽思長期以來即批評杜威及追隨者所持的職業取向，以及過分注重物質層面的教育主張。進步、多元和相對論，皆受到嚴厲的批評。一向針對普通教育提出強而有力辯論的赫欽思在《美國的高等教育》（*The Higher Learning in America*）一書中（1936, 66）寫道："教育包括教學，教學涵蓋知識，知識就是真理；真理在任何地方都是一樣的。所以，教育在任何地方都是一樣的。"赫欽思補充道，任何供學生學習的課程，在任何時間和任何地方，在任何的政治、經濟、社會或經濟狀況之下，都應該是一樣的。他強調絕對性與普遍性，所以，他堅決地相信進步的觀念是沒有任何意義的。教育應該正確地理解為心智的陶冶。一旦把門窗打開，讓教育面對社會、大眾與政治，就會招致污染。

赫欽思這本書只比《經驗與教育》一書早一年左右問世。這一項古老爭論的再起，想必讓杜威有關"公共教育之目的應是經驗的增進和成長的激勵"的信念更形清晰。對於赫欽思而言，在心智和"純粹的"（mere）經驗之間有一道鴻溝，難以跨越。但

7　赫欽思曾任耶魯大學法學院院長（1927-1929）及校長（1929-1945），後來出任芝加哥大學總校長（1945-1951）。他終身致力於大學「巨著」課程的推動，曾主編《西方世界巨著》（*Great Books of the Western World*）及《巨著入門》（*Gateway to the Great Books*）兩套叢書。赫欽思除了著有《美國的高等教育》一書之外，另著有《為自由而教育》（*Education for Freedom*）、《大學的理念》（*The Idea of a College*）、《堂皇會話》（*The Great Conversation*）、《烏托邦大學》（*The University of Utopia*），及《不友善的聲音》（*No Friendly Voice*）等書。

是，對於杜威而言，經驗是指人類所有的 "交道"（transaction），
是與物質的和人文的世界互動而成的。如果說教育還意指些什麼
的話，它就包含了有關具有活力的經驗（lived experience）之高
度的反省思考之結果，那是較神志清晰又思慮周到的存在方式。
若沒有這樣的經驗方式，就不可能有知識追求的開始。「心智陶
冶」失之於被動，而且大多只是沉思冥想，不會對於現實的生活
產生任何的作用。

p. 120

在《經驗與教育》一書寫成的大約十年之前，杜威試著探索
"公眾的衰微"（eclipse of the public）（1927[8], 110-142, 184），並
且深思地指出公共學校的角色乃是要培養健全的公眾（articulate
public）。在《人與事》（*Character and events*）[9]一書中，則強調科
學在工業革命和民主成長的重要性，他並且指出，在一個主要是
由 "忙茫盲的勞工大眾"（mass human labor）所組成的社會當中，
民主是無法落實的。如同往常一樣，他還是持續地對於 "現代生
活的機制"（mechanics of modern life）提出挑戰，並且呼籲公共
教育應該能夠將這樣的機制加以轉變，讓這些機制能夠具有 "感
情與想像力"。然而，杜威提醒讀者，我們或許永遠也不會超越
這些機制（1929a, 503）：

8　〈公眾的衰微〉（"Eclipse of the public"）為杜威的《公眾及其問題》（*The
　　Public and Its Problems*）（LW2: 236-373）一書第四章章名（LW2: 304-325）；
　　健全的公眾（articulate public）則取自第五章的最後一段文字（LW2: 350）。

9　格林妮所引用的這篇文章是〈美國教育與文化〉（"American Education and
　　Culture," MW10: 196-201）原發表於 *New Republic 7*（1916）: 215-216, 334-
　　335，後載於拉特諾（Joseph Ratner）於 1929 年所編《人與事》（*Characters
　　and Events*）書中。《人與事》收錄杜威歷年所發表之通俗的社會與政治哲學
　　論文，凡兩卷。

我們或許仍然維持著結實粗壯、精力旺盛、放蕩形骸，爭先恐後地追逐金錢與享樂，求取勝利與歡娛……如果，我們還想要開創我們的文化，首要之道在於帶領下一代，讓他們意識到生活的意義，讓他們把這些意義，由表面的事象轉變成為智慧的覺識。教師面對這些事象，並且試圖把這些充滿活力的、未經神靈化的（unspiritualized）的力量當作工具，轉化而為尚未實現的人類意義之知覺，那麼，這些教師實際上已經參與了文化開創的行動。把遠離現實的科學與令人注目 p. 121
的工業這項傳統，持續地稱之為文化，等於是輕易地讓它們以最無知的形式自由通行。充斥著令人刺目的功利主義，以及毫無想像力可言的當代教育，所需要的是同情的理解與引導，而不只是斥責而已。

把這些警語放在心上──又隨時提醒教師若是要充實學生的能力，以便面對由於文化變遷而引發的複雜問題，就不能忽視科學與工業所發生的巨大改變──現今的教育工作者必應當會記得，1920年代以後，科學與技術逐漸結合；當然，在《經驗與教育》一書出版之後，也是如此。當時，杜威先前曾經討論的舊教育與新教育之爭議，已經變成了"傳統"與"進步"的爭議。他的心中當然明白，在1920年代以對抗傳統的、呆板的學校為主旨而逐漸興起的進步學校，大部分都是私立的，而且多半是由開明的中產階級所設，也是以為他們的子女服務為主旨的。然而，社會階級、族群差異、歧視，以及排斥等問題，幾乎未出現在持續進行的論辯中。《經驗與教育》（p. 93）一書確曾指出學生應"探究其過去的根源"以便理解現代社會生活的問題；但是，在該書卻未提及任何有關歧異、多元、權利等事項，也未提及有必要讓長久以來靜默的一群人──女人、少數族裔和移民──發出其心聲。

　　毫無疑問地，席哲的《何瑞斯的妥協》（Theodore Sizer's *Horace's Compromise*[10], 1992），麥兒的《他們的觀念所產生的力量》（Deborah Meier's *The Power of Their Ideas*[11], 1995），裴倫的《給教師的一封信》（Vito Perrone's *A Letter to Teachers*[12], 1991），答沃絲的《奇妙想法的擁有》（Eleanor Duckworth's *The Having of Wonderful Ideas*[13], 1987）等書，還有最近一些書，都是在進一步

---

10 這本由全美中學校長協會（National Association of Secondary School Principals）及全美獨立學校教育問題小組（Commission on Educational Issues of the National Association of Independent Schools）共同贊助出版的專書，是席哲與一群研究人員費時五年，訪問了80所學校，然後就這些小校的模式辦學成功的經驗而寫成。該書以一位虛構的中學英文教師何瑞斯・史密斯（Horace Smith）的故事貫穿其中，說明「好的教師才是關鍵」、「沒有教不好的學生，只有不會教的老師」、「教得少而精才可能學得多」及「教育系統愈單純化愈非集中化愈好」等教育改革的原理。席哲曾任哈佛大學教育學院院長；後來則任布朗大學教育系主任，而於1993年創設了安任伯學校革新研究中心（Annenberg Institute for School Reform），積極推動「精華學校聯盟」（Coalition of Essential Schools），帶動學校的革新。《何瑞斯的妥協》一書即是席哲在布朗大學服務期間所發表的許多著作之一。

11 這本專書旨在描述紐約哈林區中央公園東部中學（Central Park East High School）以小校的模式辦學成功的經驗。麥兒（Deborah Meier, 1931- ）於1985年創辦該校；在多年努力之下，多半出身於低收入、非裔及西裔家庭的該校畢業生有九成以上入讀四年制大學的優良紀錄，而聞名於世。後來，麥兒與席哲合作推動「精華學校聯盟」，卓有成效，受多所大學頒贈榮譽博士學位。

12 這本專書旨在反思學校教育的問題，並且描述教學的藝術。裴倫（Vito Perrone, 1933-2011）在哈佛大學教育學院服務23年，擔任師資培育課程主任及教學、課程及學習環境學程的主任。他是「精華學校聯盟」的長期支持者，也是專事撰寫兒童及青少年書籍的知名作家。

13 這本專書旨在論述皮亞傑的認知發展論在教學及學習上的應用，並兼及教導

申論杜威有關主動學習、批判提問、經驗學習（active learning, critical questioning, and learning through experience）等等的概念。所謂的"小校"運動，強調開創一些情境，以便激發學生質疑辯難和意義建構的能力之重要性。這些都未掉入浪漫式進步主義，或是毫不受拘束的自由觀念等等陷阱之中。而其中，尤以德爾琵（Lisa Delpit）[14] 於 1995 年出版的，旨在呼籲大家注意一些長期受到忽視的文化之人們的聲音和經驗的《**別人家的小孩：課堂中的文化衝突**》（*Other People's Children: Cultural Conflict in the Classroom*）一書，與《**經驗與教育**》的觀點最為切近。德爾琵（Delpit, 1995, 45）和杜威一樣，拒絕以"非此即彼"的觀點，將教學材料和過程，結構學習與自發學習作截然的二分。

> 我建議，我們應該教學生可用以充分參與美國主流生活的一些行為準則，這些並非他們被迫去學習的一些膚淺的、空洞的、非脈絡化的雕蟲小技，而是要在能促成有意義的溝通與努力的脈絡下學習。我們必須讓學生們有機會接受教師的專家知識，同時，也讓學生在教師的協助之下體認到自己的專長。當我們協助學生學習到權力的文化時，也必須協助他們

兒童批判思考、和平與社會正義等重要議題。答沃絲（Eleanor Duckworth, 1935- ）為加拿大籍的認知心理學家與進步教育家，曾在瑞士從學於皮亞傑，並曾任哈佛大學教育學院教授。她認為教師應在課室中善用其研究者的角色，以批判式的探索（critical exploration）為方法，仔細觀察兒童的學習，並且引導兒童進行探索，俾便使兒童能深入地理解所學。

14 德爾琵（Lisa Delpit）出身貧窮的黑人家庭，勤學苦讀而獲得哈佛大學教育學院博士學位，以致力研究多元文化的師資培育及為弱勢學童教育發聲而馳名全美，現為佛羅里達國際大學教育學院（Professor at Florida International University College of Education）教授。

理解這些行為準則的專斷性，以及它們所代表的權力關係。

　　和杜威一樣，德爾琵對於青年人的經驗之統整性，以及在他們的"專長"與有關權力文化的知識之間建立連結的重要性[15]。二人都會主張，我們在教學生的時候，必須把這個框架放在心上。

p. 123

　　對於學校所產生的霸權式影響（hegemonic influence）之質疑，仍然是最近一些學校改革主張的重要立論。今天很少有人會像杜威這樣，期望學校應明智地運用"社會控制"的手段，以便達成教育的目的。杜威在《經驗與教育》提及："理想的教育目的就是要培養自我控制的能力。但是，如果只是解除外在束縛，並不能保證自我控制能力的養成。……我們好不容易才脫離一種外在的控制，卻又發現我們自己掉入另一種更為危險的外在控制。若是衝動和欲望未經智慧加以調節，就必然會受到偶然的際遇所控制"（p.75）。不論杜威（1929a: 503; MW10: 201）所寫道"現實的科學和令人注目的工業"或是"年輕人持續的研讀和學習"（p.100），他皆強調智慧地控制日常的生活。杜威在《經驗與教育》提及，我們應該教導年輕人，有系統地的投入時間和精力，把"科學所示例的明智方法，作為教育中至高無上的方法"（p. 100）。科學不只成了其智慧發生作用的最高形式，而且科學的學習，在小學及中學裡，也成了那些有興趣解決有組織的教材這個問題的典範。杜威是這麼說的："此地，我們以科學為例，是要說明，漸進的教材選擇乃是著眼於：現在的經驗，其本身就

15　這句話的意思是：德爾琵關心青年人能否獲致統整的經驗，也關心他們能否學到真正實用的知識，更關心他們是否已經掌握這個社會重視專長與能力的文化。

有朝向組織而發展的性質；並且，這種組織乃是自由自主地發展
而成，而不是由外而內強壓而成的，因為這種組織與經驗本身的
成長，乃是一致的。運用學習者學習科學時，在現在的生活經驗
當中所發現的教材，或許是這項基本原則——以學習者現有的經
驗作為手段，讓學習者能獲致具有教育價值的成長經驗，並且把
學習者帶到一個比更為寬廣、更為精緻、更有組織，且更為自 p. 124
然，又符合人性的世界——之最佳例證。"（p. 101）在杜威所撰
寫的有關公眾、藝術，乃至心靈與知識理論等方面的著作當中，
處處可以看到這種願景——把持續的擴展視同形成更多的聯結以
及打開更多的視野。這種視野，不論是以參與的方式學習文學、
社會科學、數學，或是化學而獲得的，皆能讓學習者可以有更多
的理解，進而作成更多的聯結。一旦學習者成功地形成了新的統
整，有組織的知識就能使他們以某種秩序把生活當中歧異的、群
聚的事實結合在一起，然後再據以進行詮釋。此種秩序大抵都是
概念性的，但是，那都是由知覺到的、想像到的，而且是活生生
的現實產生的——既無法含糊其事，也無法以別的事物取而代
之。的確，這些統整讓我們可以察覺到真實事物以及共享的經驗
的各個層面，而這是一般的常識或是傳統的智慧無法做到的。意
義因其結果而得以增色，也比較多樣化。如同杜威在《經驗與自
然》（1929b, p. 410; LW1: 307）中所說的："意義的範圍比真與假
的意義範圍寬廣得許多，它更為急切，也更為豐富。一旦意義的
宣稱達到真理的境界時，那麼，真理就的確是超卓的。但是，此
一事實常常與這樣的觀念——真理的宣稱可以無遠弗屆，通行無
阻；它有獨占的管轄權——有所混淆。"杜威又說（1929b, p. 411;
LW1: 307）："詩性的意義，乃至道德的意義等生活中大部分的
善，都與意義的豐富性與自由度有關，而與真理無關；我們大部

分的生活都是在意義的範圍內進行的，而與真與假無關。" [16]

　　前面所引用的文字是杜威在《經驗與教育》一書問世不到十年以前所發表的，而且我們相信他對於意義的看法仍然是以其對於科學、智慧和對於社會問題的理解為基礎。適切的教材組織、繼續性和互動性，成長和擴展等還是杜威論教育的重要標識。它仍然為提升了的經驗、增加了的廣泛覺醒，以及破除惟習慣和慣例是問的作法等，打開了可能性。不過，在1998年讀這本書，而且發現納粹黨人運用科學方法進行大屠殺的訊息尚未到達北美，我們不得不質疑杜威對於此一訊息有怎樣的看法——尤其這些問題與智慧和控制有關。在羅薩摩斯（Los Alamos）所製造的核彈 [17] 以及廣島和長崎的轟炸，也還未發生。我們或許會想到，一些我們已耳熟能詳的對於科學之批評，特別是因為技術和工具理性而引發的質疑。我們也熟悉了實證論者將科學和道德分立，理解我們在運用科學時也會有缺乏反省思考的一面。在強調智慧的控制之同時，杜威確實承認科學的應用多多少少還是隨便的（casually），並且"受到諸如私人利益和權力的目的之影響，而這些都是前科學時代（prescientific）的體制所留下的遺毒"（p. 100）。這裡，我們發現了他的信念當中，有一些令人覺得諷刺和悲傷的地方：如果"示例於科學"之智慧的方法，確實是教育中至高無上的方法，那麼，科學所關心的事務就可以進行智慧的控制和計畫。我們要質問的是："這些私人的利益和權力，到底何所指？他們都只是前科學時代的體制所留下的遺毒嗎？"

　　我們讀《經驗與教育》一書時，不得不作某些再概念化，

16　這段引文又見LW1: 307。

17　格林妮所用的字是work，她未明言核彈。

也不得不在心中存有某些懷疑。我們不只更為熟知處理語言與思考之關聯而產生的問題，我們也知道了該書寫成時我們所不知道的事情：某些關於符號系統無法轉譯成為話語的事情。"心靈框架"（frames of mind）（Gardner, 1983）或"多元智慧"的文獻，讓我們以不同的方式來看科學的教學。我們也可考慮布魯納（Jerome Bruner, 1986）所提出的"二種思考模式"（two modes of thought）：邏輯－科學的和敘說的（the logico-scientific and the narrative）。依據布魯納（Bruner）[18]的說法，邏輯－科學的模式已經成為典範多年，但是仍需靠重點為事物之細節、而以說故事為手段的認知方式，作為補充。以這一類的透鏡來仔細查看，我們肯定會對於杜威有關發展於經驗和透過經驗而發展（development in and through experience）的觀點，特別是他對於科學及其對於活生生的經驗（lived experience）之效應等觀點，有不同的看法。

　　上述的討論不會使杜威有關智慧、社會控制、繼續性，或是互動性等概念，成為無效的觀點。不過，這麼做會使得杜威的主張更為深化，也會變得更為複雜。此外，這麼做可能會使我們需要更多的反省思考和慎思的工夫，讓我們與杜威文本（互動而形成）的經驗，變成真正具有教育意義的經驗。我們很難相信，杜

---

18 布魯納（Jerome Seymour Bruner, 1915- ），美國心理學家，長期研究認知學習理論，對於當代教育心理學及教育哲學的發展有卓越貢獻。他曾在哈佛大學及牛津大學任教，現在紐約大學法院任資深研究教授。著有《思想研究》（*A Study of Thinking*）、《教育的過程》（*Process of Education*）、《邁向教學理論》（*Towards a Theory of Instruction*）、《教育的適切性》（*The Relevance of Education*）、《教育的文化》（*Culture of Education*）、《學用語言》（*Learning to Use Language*）、《真實的心智、可能的世界》（*Actual Minds, Possible Worlds*）及《製造故事：法律、文學與生活》（*Making Stories: Law, Literature, Life*）等書。

威會要我們把他的文本，與其社會、文化和心理學的脈絡加以分立。如同我們已經理解的，具有教育意義的經驗乃是受到連續性的原則所約制——學習到的東西必須能增進未來的理解，並且能提升經驗的品質。而且，愈是能面向未來的教材，就愈能讓過去散發更明亮的光照，也就愈能增進對於過去的理解。如同杜威所說的，"如果某一項經驗激起了好奇心，強化了主動的精神，並且形成足夠強烈的欲求和目的，讓某個人能在未來克服困難"，那麼，它就會形成一種"推動力"（moving forces），而且我們"只有以它所推動的方向，以及其結果為依據，來判斷其價值。"（p. 31）

p. 127

我們當中的許多人，是懷著愉悅的情懷與認可的意識閱讀《經驗與教育》這本書的。我們也發現該書之中的許多建議和價值，對於目前某一個派別的教育改革運動，可能有所啟示。這一派教育改革的焦點，是把兒童和年輕人當作行為的主體，要求他們積極尋求意義並且提出問題，他們固然必須努力地弄清楚直接面對的實際狀況，更必須有所超越地去理解持續擴展的世界。在充分地理解到先進的科技社會為人們所帶來的壓力，以及新的傳播方式所製造的改變之後，我們不願意再把學習者當作一批批臣服於強而有力之外在力量的"人力資源"。同時，我們也知道，"成功"就躺在科技教育，或者根本就只是訓練的那一端。我們不必去理會那些對於多重性、相對主義、多元主義，以及建構主義等有所質疑的保守主義，而應該堅信，只要有妥予培育的師資，由杜威在《經驗與教育》一書行文當中所提示的經驗學習（experiential learning）可以激發學習者的好奇心，擴大其視野，並能進行清楚且更能直指要點的溝通。我們也燃起了希望，認為這樣的學習可以讓年輕人更能照顧他們的同學與鄰人，而且，在可能的情況之下參與公眾事務，並且採取明智的行動，以便促成真正民主社會的建立。

當我們往回頭去看那些許多人認為是深受傷害了的公共空間之中，其令人刺耳的眾聲嘈雜與制式化電視節目傳來的喧鬧，讓我們不禁想起有必要致力於推動諸如公共藝術、環境保護、青年 p. 128 活動、鄉村更新，以及其他的公益方案，以便把人們兜攏在一起，並且給他們生活下去的理由。保衛自由、抗拒暴政、喚醒團結——這些力量構建了《經驗與教育》一書具體成形的基礎。如果我們要從眼前看到的這本書找到具有教育意義的經驗，可以由我們自己的"當前的生活經驗"（present life-experience）開始，並且發現那種"推動力"以便促使我們針對在技術化、多元化的社會中的公共學校，提供新的理解方式。這些因為努力而引發的問題讓我們憶起我們所知道的有關在第二次世界大戰之前所推動的教育改革，以及當時教育失策的情況，這些問題應該會增加我們對於當前所負有的教育"健全的民眾"（Dewey, 1927: 184; LW2: 350）之責任的焦慮，因為關於教育、共同體（community），以及多元主義等各方面，都還有許多尚待解決的問題。

我們在杜威對於經驗的教育所作的說明當中，可以找到一些線索，能對德爾琵也同樣關心的那種兒童的學習，有所指引。當我們面對普遍論者、絕對論者對於學校所作的攻擊，致使這些學校的存在受到了挑戰，這時，我們必須深究這些線索。同樣的，我們需要再一次地仔細思考，當我們針對科學與技術的成就而制定明智的計畫時，我們必須怎麼樣做才適切。杜威對於溝通的觀點，與我們可以方便地使用互聯網路及電子郵件，這二者之間有什麼關聯。溝通創建了共同體，杜威主張（Dewey, 1927: 184；LW2: 350）："當機械時代使……其機械的裝置完善化時，它就會成為生活當中的一項工具，而非僅是為專制獨裁的主人所用。民主將會成為自本自根的機制，因為民主是擁有自由與高品質交流的生活……一旦自由的社會探究與充分而具有活動力的溝通結合在一起時，就會達到圓融完備的境界（consummation）"。

在大家都關注效率與速度的當今社會，我們應該怎麼樣在我們的課堂裡促成"自由與高品質的交流"？我們怎麼讓移民和本土出生的人民之間的交流成為可能？我們應該怎麼克服階級的差異，以便使社會的探究融入溝通之中？在漸進而和平的社會變遷，和眾所皆知的、始終困擾著公立學校的"殘酷的不均"（savage inequality）（Kozol, 1991）二者之間，應如何加以調和？如何由來自各方的年輕人開始，以杜威式的精神著手教導他們，使他們能在課堂中既能堅持民權，又能謙恭有禮？如何在課堂裡，教導年輕人尊重每一個人的長處，或者尊重課堂社群的在地性（situatedness）；這種在地性是以各種不同聲音與興趣為其標誌。在充滿衝突的今天，如何教導公民素養與能力？我們應該怎麼樣豐富各種條件，以便培養學生的想像力，並且高度地尊重藝術。

從脈絡中來看《經驗與教育》一書，可以使我們注意到學校教育和教育表面以下的問題。在該書的最後，杜威寫道："我不希望在本書結束之前，不表明自己堅定的信念：根本的問題不是新教育或舊教育的對比，也不是進步教育或傳統教育的對立，而是在於如何掌握**教育**（education）的意義，以及如何讓教育實至名歸"（p. 115）。很高興，前人為我們留下了不完整的事物，讓我們去補足之。今天，就看我們怎麼重新發現教學、學習、教育和學校的意義。更有進者，也看我們怎麼超越杜威，在一個不是一直都很美好的社會當中，繼續追求正義、公道、互惠，以臻精

p. 129

進的境界。

二、再訪《經驗與教育》[19]　賈克森（Philip Jackson）

今天，我的演說主題，是把焦點放在約翰・杜威的小冊子 p. 131
《經驗與教育》。這本書是1938年出版的，在全世界有為數很多
即將投入教學行列的人，許多其他教育實務工作者，以及學者
們，還一直都在讀這本書。至於我，我有二個主要的理由，選取
這本書作為討論的對象。第一個理由是，這本書確實很切合今天
的場合與時機。

各位瞧瞧，約翰・杜威所寫的《經驗與教育》，是為了要回
應當時KDP執行委員會的要求。他發表的這篇演講，是KDP所
舉辦的十年一輪專題講演系列中，第一個十年的壓軸好戲。還要
補充的是，他曾經在十年之前，開啟了這項十年一輪的系列中的
第一場專題講演；當時，杜威在接受KDP所頒贈的第一個桂冠
學者的典禮上，發表了那一場專題講演[20]。所以，在半個世紀多之
後，我們把注意力放回到當時他的談話，真是再適切不過了。當
然，如我曾經說過的，我還真覺得我有義務這麼做呢！杜威在那
個場合中所發表的言論，很容易地就得到了回報，因為由他的講

---

19 原注：該文係由作者改寫自1995年11月4日在阿拉巴馬州的伯明罕
（Birmingham, Alabama）舉行的Kappa Delta Pi國際教育榮譽學會第40次的
雙年年會（Biennial Convocation）上發表的桂冠學者獲贈典禮演講。所有的
引文，除了另有註記者之外，餘皆取自《經驗與教育》一書的六十週年增訂
版。

20 如《經驗與教育》一書的六十週年增訂版序文指出，該一專題講演為〈教育
科學的泉源〉（"The Sources of a Science of Education," 1929）（LW5: 3-12）。

辭出版而成的該書被描述為："代表了這位20世紀最重要的教育
理論家之最精要的宣言"，更有進者，"這也是杜威在教育領域當
中，曾經發表過的最簡單、最易讀的大範圍宣言"（Collier Books
1963, 7）[21]。考慮到這些讚辭，再想到我先前重述的歷史，各位看
看，還有哪個講題比這個選擇更好呢？

　　我選擇討論《經驗與教育》這本書的第二個理由有點突兀，
所以，解釋起來就會有些難度。這是因為事實上我個人過去並未
真正地喜歡這本書，雖然它屢獲高度的讚賞。在這個場合，這樣
的說法，聽起來像是我在做一場令人訝異的告白。而且，我必須
承認，在我一開始想到要做這樣的告白時，此種與眾不同的溝通
方式確實為我帶來了某種些悖離常情的吸引力。不過，這樣的告
白所可能引發的驚異，並不是說服我做此一正確選擇的原因。毋
寧說，那是因為我有可能藉著此一告白，來發現到底為什麼這本
書曾經使我如此的不安；因為我雖然承認不喜歡這本書，但是，
事實上，我一直都覺得，把這種不喜歡的感受公開說出來，還是
會有一些不自在，這不是因為我會害怕我對這本書所採取的立場
與眾不同，而只是因為我從來都未像現在一樣，那麼絕對地確信
我有這樣的感受。我左思右想，這次應邀講演的事件為我提供了
一個絕佳的機會，讓我有可能去發現為什麼我有這樣的感受，並
且因為在我向大眾告白時，把我的不安驅散。當然，我也希望，
在我試著釐清我為什麼有這樣的感受之同時，我可能會發現值得
向今天的會眾們報告的某些事情。

　　若是要我說說我自己的意見的話，我會說：在準備今天的報

21　這二段文字皆是引自1963年的Collier版本的《經驗與教育》一書中的作者簡
　　介中，該一作者簡介未在六十週年增訂版中出現。

p. 132

告時，因為我對於《經驗與教育》一書作了一番重新檢視，所
以，也為我帶來了我所預期的好結果。現在，我已經對於我為什
麼之前覺得這本書不吸引人的原因了然於心；我對於這本書的長　p. 133
處，也比過去有更清楚的認識。這一點也是一項加分——事實
上，與我直截了當地指出我所發現的該書不足之處，兩相比較，
那是一項更大的加分。至於我所作的探索，是否也產生了一些值
得和別人分享的地方，就留給各位作決定了。

　　既然我已經把這二個理由都說出來了，接著下來，我似乎應
該為當初這本書讓我覺得困擾的原因，作一番解釋。不過，為了
讓我所作的解釋能夠更容易理解，我必須就這本書內容的一般狀
況說幾句話。這是特別為了那些從未讀過這本書，或者很久之前
曾經讀過，現在卻只模模糊糊地記得這本書的一些人，我才這麼
做的。

　　《經驗與教育》這本書當初問世時有116頁，分成八章，這就
意指著，就一般書籍而言，這本書的外形瘦小。而這本書印行最
多的版本，也就是由Collier出版公司發行的1963年版本，才只有
91頁；剛好可以非常容易地放在女人的小包包內，或是男人的夾
克口袋裡。

　　在這本書的前三章，〈傳統教育與進步教育〉、〈經驗理論的
必要〉、〈經驗的規準〉之中，杜威界定了他試圖說明的問題，然
後，為他對這些問題所提出的可能解答之關鍵，鋪陳了一套理論
性的概念。第四、五、六及第七章則把杜威的理論應用在一些教
育的問題上，而組織成為〈社會控制〉、〈自由的性質〉、〈目的
的意義〉、〈進展的教材組織〉等各章的章名。最後一章〈經驗為
教育的手段和目的〉，則只有很少的三個段落，還不到三頁半的
篇幅。

p. 134

　　《經驗與教育》這本書的大小提供了我對於此書不安的來源的第一個線索。它就好像時常出現在女性時裝雜誌上的模特兒們：瘦到令人難以相信。如果我們把它放在手掌上，正如放在一具天秤上一樣，幾乎沒有什麼重量可言。就一本書而言，它太小了；但是，就一個只在單一場合中所作的專題講演而言，它又太大了些。為了檢驗我所作後面的那個假設，我作了一個簡短的試驗。我大聲念出了這本書的某一頁，以剛好可以讓聆聽的觀眾理解的讀稿速度（這或者是我的判斷），然後，我把所費的時間，換算成為分鐘，再乘以這本書的頁數，並且減掉可能有的一整頁或一部分的空白頁。計算的結果，我發現杜威必須花費三個小時，才可能把《經驗與教育》這本書全部念完給Kappa Delta Pi的會眾聽。我猜測，他或者會眾們都不可能忍受一個長達三小時的講演，所以，我的結論是他可能把這本書的內容，作了極大的簡短化，可能只剩下原書的三分之一吧！但是，他作了怎麼樣的簡短化呢？跳過了哪些部分呢？哪些句子呢？哪些段落呢？幾個章節呢？是哪些章節呢？因為我對這些問題都沒有答案，所以我也只能讓它們懸在那兒。不過，我對於這本書篇幅大小的疑慮，不只是它所含蓋的頁數，我所更為疑慮的是，他會怎麼樣把這些講辭加以擴大，而把這本書由口說的版本轉變為印刷的版本。

　　以116個像口袋大小的書頁，就容納了**八個**篇章？聽起來，這些篇章之下應該有許多的小節。為什麼那麼多呢？再看看那些章名本身！每章的章名又很大，但是所處理的內容卻又少得可憐！請看！〈自由的性質〉一章才只有七又四分之一頁！〈目的的意義〉一章才只有九頁！怎麼可能有人會在這麼少的文字當中，去**說**那麼大的一個主題？答案應該一定是：不多，或者，至少這些文字不夠針對某一個專題作有系統的處理。

對於這些抱怨，一個很容易的反駁是，杜威可能原本就不希 p. 135
望針對這些章名所顯示的**任何**一個專題作**有系統的**處理。他也許
只希望很概略地點到為止；事實上，一個公開演說者經常被迫這
樣做。我想，我會同意這樣的說法。我撤回我先前的反對意見。
那麼，他的意圖**到底是**如何呢？除了章名以外，這本書到底在說
些什麼？為了回答這個問題，我們必須把注意力由目次轉移到文
字的本身。

第一章：〈傳統教育與進步教育〉，表示了杜威希望提出的問
題。但是，夠怪異的是，那並不是**他的**問題，至少在一開始的時
候。相反地，那是由 Kappa Delta Pi 執行委員會給他的題目。在這
本書的〈編者前言〉（Hall-Quest, x），執行委員會對於杜威的邀
請是這樣子的：

> Kappa Delta Pi 國際教育榮譽學會深知，有一些懸而未決的問
> 題，使美國教育界分歧而為二個陣營，以至於弱化了美國教
> 育向上提升的力量；職是之故，為了能獲致清楚的認識，也
> 為了顯示 Kappa Delta Pi 國際教育榮譽學會的用心，本學會
> 執行委員會邀請了杜威博士，討論這些問題，以便能帶領因
> 為面臨社會變遷所帶來的危機，而陷入困惑的國家，走出險
> 境。

杜威接受了執行委員會的邀請，也按照要求這樣做了；此一
事實顯示，這個問題的描述確實令他滿意，至少是跟他的想法一
致。不過，在他這本書的行文當中，處處可見他對於這兩個敵對
"陣營"教育工作者的爭吵之不耐煩，所發出的既響亮又清晰的聲
音，這顯示了他受邀提出的問題情境，事實上也是讓他非常不安

p. 136與煩憂的根源。在這本書的好幾個地方，作者發聲的語調可以說已經到了威嚇與斥責了。對於杜威而言，**真正的**問題——他認為當時的教育工作者應該擔心的問題——並不在於其為 "傳統" 抑或 "進步"。其問題也不在於確定，在教育工作者的社群當中交戰的雙方，可能會協商出一個持久的和平。相反地，對於杜威而言，把**真正的**問題（*real* problem），以疑問（question）的形式框架之，而且，他所用的還是一個經典的教育質詢（query）："就提升年輕人（the immature）的教育發展而言，教師和書本扮演了什麼樣的角色呢？"（p. 11）

　　但是，杜威也一樣並不完全滿意這樣的提法（formulation）。真正引起杜威興趣的，是此一古老問題的新版本，而杜威對於教育的觀點暗含在這個新版本的問題之中。杜威希望他的聽眾思考的問題，是以另一個形式呈現，而成為："年輕人應該如何變得熟識過去，同時，這樣的知識又怎麼樣才變成為他們理解現在的有力動因？"杜威寫道，**那樣**問問題的方式，使得 "我們會在教育的故事之中，又增添一個新問題"（p. 11）。這個問題之所以為新，是因為他所暗暗地要求（tacit requirement）的乃是，學校的學習應該對學生而言，具有**直接的**價值，為他們的**現在**，而不是只為了模糊而無法預見的未來而服務。

　　杜威並未直接處理他在第一章結尾所重新敘述的問題。相反地，他往後退到更遠的地方，由基本原理的奠定開始，因為解答此一問題，最後還是必須依靠這套基本的原理。在第二章及第三章，他詳細地說明他所謂的 "經驗理論"。他先說這樣的一種理論p. 137確有必要，然後再為這個概念賦予一些實質的內容，說明一些細節。這二章一共41頁，構成了本書的核心。或者換個譬喻：這二章的內容是帶動杜威思想的引擎，不只使這本書有了活動力，更是使他的大部分著作都能夠軋軋聲響地前進的動因。或者,我們再次改變所用的譬喻——以一個幾乎可以聽得見聲音的研磨齒輪作譬喻,毫無疑問的——這簡短的二章可以說是杜威諸多關鍵概念的濃縮版。如果以烹調用語來描述,最能形容我對於《經驗與教育》一書感覺不安的主要來源,因為杜威在這本小冊子中所提供關鍵概念的作法**太過**精簡,以至於對我而言,它們就好像因為放在爐子裡燒烤太久,而成為黏黏的殘渣一樣。太濃縮了,的確是!我們或許最好說,**已經熬成褐色的焦糖了**(*caramelized*)!

若是要把那一團黏黏糊糊的東西復原到可以食用的狀態,而不至於造成消化不良,我們必須加入很大量的液體,以先備理解的形式——這種理解是只有把杜威的全部著作當作一個整體來廣泛而深入地研讀,才可能獲致的。且舉一個例子來看看這一節的文字,是如何加以濃縮的,這段文字是這樣的——在某一個點上,杜威引用了一個較有名的說法,他說:

> 其作為一套在經驗當中產生、藉由經驗而發展,以及為了經驗而進步(education is a development within, by, and for experience)的教育,愈是確切、愈是真誠,那麼,就愈是需要對於經驗這個概念,有更為清楚的認識。(p. 17)

在稍後的若干個段落之後,他回到了上面這一句所表達的情懷,他說:

p. 138

> 在此,我要順便解釋一下,當我把林肯總統討論民主時所用的 of, by, 及 for 三個介系詞,用來說明我們所需要的乃是一套在經驗當中產生、藉由經驗而發展,以及為了經驗而進步

的教育哲學時，乃是有特別用意的。各位都知道 of, by, 或 for 這三個介系詞的本身，其意義並不是自明的。我要特別地指出，這三個介系詞中的每一個，對於我們而言，都是一項挑戰，要我們發現一套秩序和組織的原則，並且付諸實際的運作。而這些原則都是在確切理解了具有教育價值的經驗之意義後，才可能建立的。（p. 19）

但是，所提供的這項挑戰，是什麼意思？對我而言，它的意思是：當杜威說到"其作為一套在經驗當中產生、藉由經驗而發展，以及為了經驗而進步的教育"的時候，是要讀者或聽眾必須自己弄清楚這是什麼意思。然而，事實上，杜威用這幾個介系詞的時候，他的意思非常清楚，只可惜他並未停下來把它們給大聲說出來。當杜威說 "education is a development **within** or **of** experience" 時是指，並非**所有的**經驗都具有教育意義，他的意思是，只有部分的經驗具有教育的意味。此一說法對於教育工作者的挑戰是，要在事先確定，是什麼原因讓某些經驗具有教育的意味，而另外的經驗卻不具有教育的意味。當杜威說 "education is a development **by** experience" 時是指，只有**借助**經驗，與環境互動，人們才可能接受教育，成為有教養的人。此一說法對於教育工作者的挑戰是，要設計環境，主要是教室的情境，讓學習者能積極主動地參與學習。當然，只有參與還是不夠；教育工作者必須確保參與的品質，必須**具有教育的意味**。當杜威說 "education is a development **for** experience" 時是指，教育的目的，或者說其最後的報酬並非這一次或者那一次測驗獲得高分，也不是增加了這一種或者那一種的自重感，或者是這一類或者那一類的心理能力，更不是只為了未來就業的準備。相反地，杜威要讓我們理解，教育的真正目的就是要讓人們具有更富足且更豐盈的**經驗**（*experiencing*），也就是，要讓人們具有能充分欣賞活在當下的持續擴展之能力。此一說法對於教育工作者的挑戰是，要把這項目的轉譯成為實在的事物，時時、刻刻落實，日日、月月落實，一個科目、一個科目的落實。

這段文字把杜威的格言式、林肯式的說法作了簡短的申論，還不足以開始揭露在這些文字背後思想的豐富。不過，到目前為止，我已經把我在細讀《經驗與教育》一書的關鍵二章時，感覺不安之處，說得夠多了。我們可以很輕易地就我所舉的例子之外，再增加其他的例子。然而，我無意再針對該書的短處，多說些什麼了。相反地，我想要轉個方向，從現在起說說我所理解之該書的長處，以及其與今天的我們有何相干。不過，在這麼做的時候，我還是不能把我批判式的觀點完完全全地放棄，但是，我承諾我會把音調降低很多。

杜威對於教育實務的見解，以及其作為對教育實務工作者的「忠告提供者」（advice-giver）之美譽，皆建立於一個基本的前提，以及由此一前提衍生而得的結論之上。該前提是：**先以最高層次的抽象言辭來檢視人們的經驗，接著，以一般的方式問它是如何發生作用的，我們應該可以確認一套特質或特色；這套特質或特色，對於所有經驗都可以說得通，不管其在何地，也不論其在何時**，而其結論或結果則是，**我們對於那些經驗的一般特質之理解，可以為全部形式的人類努力，當然包括了教育的實務，提供指導的路線**。這二項範圍廣闊的通則，架構起了杜威所有的研究工作。這些通則所帶來的許諾，構成了杜威作為一位哲學家所希望達成的願景。《經驗與教育》一書只是他終身致力於實現這項許諾的其中一個例子。

p. 140

在這個例子當中，杜威為了聚焦而選取的二個層面，就是他所謂的**連續性原則（或範疇）**和**互動性原則（或範疇）**。扼要地說，連續性的原則所指的是："每一項經驗皆必須依賴著後來的經驗，才可能延續下去"（p. 16），"每一項經驗都受到先前的經驗影響，同時，也以某些方式修正了後來經驗的品質。"（p. 27）更有進者，此一歷程會不容分說地持續下去，不管你願意或者是不願意。這意指著，我們所承受的任何事情，或是我們所採取的任何行動，**總是**會有一些殘留的效應，不管是好的或是壞的。沒有任何一個經驗不會沒有過去的；沒有任何一個經驗不會留下痕跡的。

收藏杜威第二項廣大原則的互動性範疇，旨在說明經驗的情境性特質（situated character）。它所說的是，在有機體與環境之間總是會有著某種樣式的交易進行著。（順便說一下，作為有機體，我們不只是物質的存在。有意識的覺知組成了我們情境的重要部分。）我們影響著外界，而外界也影響著我們——而且是持續不斷的，永不止歇的。在此一互動的條件中——我們在其中發現了我們自己，也發現了我們參與其中——構成了我們目前生存的情境。就此而言，我們總是融入於情境中的（situated），即使我們在睡覺或是處於無意識的狀態時。更有進者，在互動的混成物中有一組攸關重要的因素，包括了我們以有了基礎的知識、需求、目的、興趣、過去經驗的殘餘物、我們為了以這種或那種方式反應而作的準備等等形式，**帶到**情境中去。

p. 141

現在，單單從這二項原則——連續性與互動性——再加上它們可能顯示之任何的相互連結，杜威渴望地要從他的教育實務工作者觀眾的身上（或者鼓勵他們自己這麼做），衍生出一套相應的教育原則，或者至少是一組某種形式的提示，以便能在他們執行工作時，有所助益。如同他所指出的，這一點他很堅持，因為：

> 符合教育經驗的哲學必須在教材、教學與訓育的方法、學校的設備，以及學校的社會組織，都有可行的方案。除非我們這麼來看經驗，否則，都只是空談而已。（p. 17）

杜威不希望他的經驗概念，像個充滿空氣的氣球；他要求它必須落實於教育的活動上。不過，在他回到這二項原則的應用之前，他不得不做某些其他的事情。假如連續性與互動性二項範疇可以當作某種形式的指導方針，他就可以一套額外的考慮來支持它們。為什麼呢？因為，如果讓它們孤立起來，它們就會在杜威的系統當中，成為一些理所當然的事理。就像地球的圓或者地心引力一樣，只是一些放在那兒的東西而已。它們一直都在運作著，不管我們是否希望它們這樣。所以，真正需要的是，怎麼來**善用**它們的好處，把這些空氣動力的原則付諸實用，以便設計一 p. 142 架可以升空的飛機。

那麼，教育工作者應該怎麼運用杜威在《經驗與教育》一書中所體認之經驗的這二項特質呢？杜威對於這個問題的解答是引介生長的概念。杜威說，**只有在它們能夠對於生長有所助益時，連續性與互動性才可能以對我們有利的方式運作**。但是，生長這個概念的本身之限定性並不足夠，因為從整體來看，生長的本身也有可能會造成嚴重損傷，或者，生長也可能遲滯；我們還必須記得，癌症也是一種生長。杜威有他自己提示的方式；他所舉的例子是，人會"生長"為一個專家型的竊賊。杜威指出，這樣的一個人，他的生長關閉了他以新的方向繼續成長的機會。所以，

我們必須理解生長的規準，杜威是這樣說的，"若是我們以現在
分詞，即**成長**（*growing*）來理解生長"（p. 28）。"一項循著某一
特定路線的發展，若且**唯若**（when and *only* when）該項發展能
有助於繼續的生長"，他總結道，"才算是符合了教育即成長的規
準"（p. 29）。

那麼，這些說法留給了我們一些什麼呢？現在，我們理解了
連續性與互動性乃是無所不在的。我們也明白了經驗可能帶來之
最寬廣的益處，只有繼續不斷成長的經驗，才值得用上"具有教
育意義"這樣一個指稱。

此其中的諸多意義之一就是，教育工作者應該一直保有未來
導向。他們必須經常問：這項經驗（或活動）應該怎麼進行？它
會把我們帶到哪裡去？它如何才會有助於未來的成長與發展？但
是，當然，只把這些問題導向現在的情境，以及一些正在進行中
的活動，是不夠好的，因為到了那個時候，會由於時機太晚而無

p. 143 法有太多的作為。教育工作者還必須計畫在先。以先前對於他們
所教的科目及學生的知識為基礎，他們必須選用那些能最有助於
他們負責教導的學生充分發展的活動，並且安排適宜的環境。以
下一段文字是杜威表達的方式：

> 教育工作者的首要責任是，他們不只要注意到運用周遭的環
> 境條件，來形塑實在經驗的一般原則，還必須具體認識什麼
> 樣的環境才有助於獲得這些可以導致生長的經驗。最重要的
> 是，他們應該知道如何運用現有的自然和社會環境，設法盡
> 力萃取其中所有的要素，以便有助於逐漸形成有價值的經
> 驗。（p. 35）

他更進一步地警告：

> 經過證明，某些特定的教材和教法，對於在其他時候的其他
> 一些個人而言，可能是有效的；然而，若想完全依賴這些，
> 是不足夠的。如果想要讓這些教材和教法，可以使特定的某
> 些個人，在某個特定的時候，能夠形成具有教育品質的經
> 驗，我們就必須有說得過去的理由了。（p. 45）

行文至此，讀者們或許會開始認為，杜威的忠告聽起來都是一些我們已經聽過許多遍的老生常談。"要早早地計畫。選取適合於某個個別學生或是某一組學生的教材和教法。把已經偏離主題的討論或是上課再重新導引回來。"所有的這些，我們聽起來 p. 144 都很熟悉，不是這樣嗎？一般的常識應該已經夠產生這些原理。那麼，為什麼還要重複這些呢？誰需要杜威來告訴我們**那樣子做**呢？而且，如果所有的這些原理都可以熬煮成為（我們又用烹調的用語了！）一些應該要做與不應該做（dos and don'ts）的一張表，而且是每位新手教師在他或她睡覺的時候，也可以很容易地滔滔不絕說出的一堆要領，為什麼這些有關連續性與互動性，還有持續不斷的成長等長篇大論式的開場白呢？

之所以有這些開場白，主要的理由是它們可以警示我們，讓我們注意到那些能發生管制作用的條件，也就是一些我們無法憑以做些什麼事，但是，我們總會想到辦法加以利用的事物。如果無法留心**那些**條件的話——例如，在教學時，以為學生**帶到**情境中的一切，並不會造成什麼差異而不去注意（這樣的作法違反了連續性的原則）——就會招致教育的災難。

依我看，且不計清楚的時間限制，以及說話的場合（我們在

前面已經討論過了），杜威提到這些陳腔濫調式的忠告，是因為
他自己不能再說太多了，因為如果真是這麼做，又會造成一種不
同形式的災難，那就是教師既無法考慮到學生的背景，又無法顧
及整個情境的細節；這些包括了必須教的材料、學校作為一種機
構的性質、來自外在世界的社會期望、還有許許多多要考慮的事
項。在指出一套一般性的條件之後，他這位哲學家所能做的就是
在路上採取第一個或者第二個步驟，把原則帶到實務的方向去，
然後就離開這條路。他說著"請走那一個方向"，同時，模糊地朝
向一條前面幾尺就有一個轉彎的路徑，然後，退到其身後的黑暗
當中。"弄清楚怎麼樣才是真正的簡單，並且依據簡單的原則行
事，是一件非常困難的事。"（p. 20）在他這本書接近結尾的地
方，他又重複了此一警告。他是這樣說的：

p. 145

> 新教育之路並非一條易行之道，比起舊教育之路，它更為艱
> 辛也更為困難。直到大多數人都贊成之前，新教育之路都會
> 保持這個樣子，信從新教育的人士必須真誠地合作多年。
> （pp. 114-115）

話都說到這份上了。對那二項警示，我們表示非常歡迎。但
是，我不確定那二項警示是否已經足夠了。我總覺得它們似乎缺
少了一個解釋，否則，即使提出這個問題，也會有助於我們理解
為什麼難於由原則移動到實務。在我的演說當中，這個時候，我
絕不會想要提供這樣一個解釋。這樣做已經太晚了，而且，我也
不確定，即使有足夠的時間，我能否把這件事情做得令人滿意。
然而，我**可以**試提一個或二個，或許在今天演說的時間限制與個
人能力範圍內，能夠非常容易地做到的解釋。

就杜威所提及的困難而言，確實有一項主要的解釋是，這些原則和實務很少是一對一的剛好對應。我們所發現的是，如果一個案例、一個案例來看，就大多數的原則而言，經常是一項原則可以對應許多項實務。而相反地，就大多數的實務而言，也經常是許多實務，都是由不只一項原則引申而來。更有進者，連接著原則與實務二者的影響路線，則應該是由一對多與多對一地散開，極少像我們在畫組織圖時所用的直線箭頭。相反地，它們更 p. 146 像是庭園裡的蝸牛，在小心翼翼地穿越人行道時，所留下的不規則的爬痕，或者像是秋天的落葉慢慢地掉在地上時，來回往復的軌跡。

關於這亂七八糟的線條，我還有一些其他的話要說，它是這樣的：由這些線條以圖解的方式所描述的路徑，所顯示的原動力，**乃是同時流向二個方向的**。此其中的結果顯示了杜威的主要論點。我們發現它包含在他的連續性概念之中。原則影響實務，這很對，而且，那是論及應用的語言時，一般的情況下，我們都會這麼看的方向。但是，正如杜威很不自然地提醒我們的：實務也影響著原則。我們從我們所作所為當中**學習**，而且，這項學習的連漪效應，會由周邊反射到我們最寶貴的信念與價值的核心，而這正是諸如表示其他各項事務之規則性的原則和宣言等的所在地。這並不意指，我們所相信的每件事情，都會在我們採取每項行動時隨手可得。謝天謝地，某些信念比其他信念**較為**穩定，而這就是為什麼我們把它們稱之為前提、概念、原則，甚至律法，而不是臆測，或是意見，或是其他的事物。但是，即使是最穩定的一些構念（constructions），杜威也堅持要付諸經驗的測試。針對像核心一樣的結構中，所進行的根本變革，不可以，而且毫無疑問地，**不應該**反覆無常的發生。但是，變革的可能性則永遠在那裡，這已經如同杜威的連續性與互動性原則的組合力量清楚地說明了。那些原則本身是否可以藉由經驗而推翻呢？為求一致起見，我們不得不承認，它們這二項原則也應該是容易接受變革的，然而，由我們現在的觀點來看，這樣的一個機會是極不可能的，甚至是不切實際的。

p. 147
　　經常有人提出的關於杜威教育見解的一項問題，就是後來者是否為真實的，抑或是不真實的。這一點的意思是：那是一種能在可預見之未來達成的教育願景，也就是可以有效地加以實現的教育願景，抑或它只提供了比畫餅高明一點點的空想呢？多年以來，許多人都持有後一種觀點。例如，在杜威自己經營實驗學校的日子裡——這些日子裡，杜威自己在實驗學校裡出現，並且帶著訪客四處參觀——為數不少的參訪者都會得到一個結論，當他們走過一間間教室，又進入鄰近的庭園和工作坊，所目睹到的一切，都是非常吸引人的而且都是真真實實的；但是，這些在比杜威及他的教師們條件差的情境中，是不可能加以複製的。至於那些只是讀過有關實驗學校的報導，或者那些曾經讀過杜威其他小冊子、但在其中卻從未提過這所學校的許許多多人，一定也會得同樣的結論。

　　然而，我們也知道，杜威的教育論著，以及實驗學校很明顯的成功，對於每個人都不會帶來負面的效應。一點都不會。事實上，因為他們所讀到的和所目睹的、印象深刻且受到激勵的讀者和參訪者，遠比對實驗學校有所批評的，或者只是表示輕視的人多得多——所以，杜威和他的實驗學校二者，在很短的期間之內就聲名遠播了。

　　今天，《經驗與教育》一書的讀者，或者那些足夠幸運而能親身聆聽杜威當初演講的人（我想，現在他們大部分都早已經離開人世了），他們是怎麼想的呢？在這本既薄又小的冊子（或者先於這本小冊子的演說）留給他的觀眾，過去的、現在的，有哪些東西呢？他們會產生希望與企圖心，或者，他們會引起冷漠與懷疑？我認為，這要看你所問的是誰。我就是曾經把它們當作傳 p. 148達給已經厭煩了的實務工作者的訊息，因而未發現它們是那麼地能激勵人心的眾人當中的一個。但是，杜威並不是以一般常見的方式來激勵別人，而且我猜想他應該會反對我們以那個規準來判斷他。

杜威所採取的激勵的方式不是為別人設定一個願景，然後要他們實現。即使其實驗學校也不是這樣。他的方式是探究，也就是要邀請讀者去思考，去堅持，公開地且負責任地參與——有時候，他還真是囉嗦，我必須這麼說。他的方式是相信這樣的想法，雖然他表達起來有時甚至是很費力而又是吞吞吐吐地，終於會導致明智的行動以及較佳的實務作法。

在《經驗與教育》的最後一段文字當中，杜威表達了他對於人類智慧力量持久不變的信心。這段文字也強烈地懷疑，為從原則引導到實務的費力途徑找尋捷徑的心態，這種為複雜問題求取快速答案的心態，我們今天常稱之為標語的心態（bumper-sticker[22] mentality）。任何企圖把杜威的教育見解化約為一行或兩行，甚至更少文字的人（過去多年來，有許多人這麼做），都是蒼天所不容的啊！——我想，「由做中學」就是最受人喜愛的一則。這樣的人，可要好好地注意他最後的這段話。即使從未有類似企圖的我們，也會受惠於仔細聆聽杜威在《經驗與教育》書中的最後一段文字：

---

22 bumper-sticker是貼在汽車的前後保險桿上附有標語的貼紙。

我希望，也相信，我不會因為任何目的或是任何方法，只用了個進步的名堂，我就會有所偏好。根本的問題在於，教育就是教育，而不應該加上任何的形容詞。我們想望和需求的就是純淨與簡易的教育，而且，一旦我們奉獻心力找到教育的真義，又找到足以使教育成為真實而不只是個名字或者一句口號的條件，我們就會有更確實與更快速的進步。（pp. 115-116）

p. 149

　　我想有些人會這麼說，他又來了，又要一個勁兒把同樣老掉牙的文字，一字一句念到最後，真是沒完沒了，簡直想把我們這些教育實務工作者、還有一般人的日子，弄得比以前更難過，而不是更好過。真的，在理智上還真是難過，但是，**同時**，這也是非常值得的。人們不應該會忘記這些。而且，到了最後，就實際的層面來看，它會變得更為有效。人們也應該會抱著這樣的希望。人們也不應該會忘記這些。在理智上作更多的努力，換來了對自己和別人更多收穫的承諾。我想，即使兌換率既不固定也沒有保證，但顯然這是個不錯的交易。我會這麼說，事實上，這不就是我們這些教育工作者對於各個年齡層的學生，所經常提出的報價嗎？我想，是的。在這一洞見之下（in this light）[23]，且讓我們用光亮把我們的工作和他的作品作一番最快速的比較，我感覺到《經驗與教育》這本書讀起來很像是一件傑作，讓我們所有人都成為學生，而且讓我們一直保持那樣對待生命的方式──特別是我們之中正在從事教學工作，或者負有與教學工作有緊密連結責任的人。也是其中之一的我，感謝他曾經那麼做。今天，我也很

23　雙關語 In this light, light 可解為見解，亦可解為光亮。

驕傲地站在他永恆的光影之下，聆聽著他餘音裊繞、不絕於耳，多年仍在的話語。我相信各位也是這樣。

三、《經驗與教育》：對於今日教學和學校教育的啟示

答玲－哈蒙德（Linda Darling-Hammond）

值此 21 世紀即將到來的時代，美國的學校系統正處於重大　p. 150 變革的痛苦與掙扎之中，此一變革的範圍之大，為一個世紀以來所未見。正如工業革命致使現代的學校科層體制取代了單屋鄉校（one-room rural school house），資訊時代也正在促動新的學校教育形式之改革，俾便使更多的學生能進行創意的思考、更有效的溝通、解決嶄新的問題，以及從事知識型的工作。

為了因應這些要求，過去十年，教育工作者們創辦了、並且重新設計了數以千計的學校，以便教育來自不同種族與族群背景之富有的與貧窮的學生，其獲致的成果為前所未有（Darling-Hammond, 1997）。正如在本世紀初的杜威，1930 年代的楊格（Ella Flagg Young），以及 1960 年代的蜜茹兒（Lucy Sprague Mitchel）等改革者所建立的進步學校一樣，這些學校致力於開創"公平教育學"（equity pedagogy）（Banks, 1993），讓各種背景不同的學習者接受挑戰，而能進行獨立思考；透過研究、寫作，以及探詢等方式，創作、發明，以及理解學科內容；以第一手的方式來經驗觀念；並且以民主的方式作成決定。

這些重建學校的作法反映了杜威所稱的新教育，重現了各個時代的前輩所推動之進步教育改革：以更能親身體驗的方式　p. 151 進行學科的學習；目標在將各種觀念作成連結的科際整合課程（interdisciplinary curriculum）；著重知識運用與高層次思考技巧的

培養之研究專題與其他的專題製作；合作學習；教師、學生與家長等的分享決定；"不分流"（detracking）以便編製能讓更多學生有機會接受的具挑戰性的課程。但是，這些學校以及它們所涵蓋的實務，仍位居邊緣而少接受來自體制內的支持，所以，它們仍然在為生存而奮鬥，而且，一般而言，它們所推動的教育計畫的教學內容也往往未經檢驗。更有進者，這些改革的理念最近在政治上受到了強烈的反對──正如較早期的改革節節敗退於1920年代重視標準化的效率運動，1950年代的免除教師（teacher-proof）的課程改革，1970和1980年代的"回歸基本運動"（back to the basics）等一樣。今天，課程的爭戰集中於"整全語言"（whole language）教學與看字讀音教學法（phonics），直接教學與間接教學，傳統學科的事實之傳遞與跨越學科脈絡的技巧之培養，"教師中心"方式與"學生中心"策略，以及以威權方式管控學生行為與致力培養學生的內在責任感等相反對的不同作法。

在《經驗與教育》一書中，杜威以下列的敘述預示了此種二分法的曲目：

> 人們喜歡以極端相反的方式來思考問題。他們慣常以**非此即彼**（*Either-Ors*）的想法形成其信念，因而不認為在二個極端當中，還有其他的可能。……教育理論的歷史顯示了二種極端相反的主張，一種認為教育應該由內向外發展，另一種認為教育應該由外向內形塑；前者主張教育應該以自然天賦為基礎，後者主張教育是克服自然傾向的歷程，並且代之以由外在壓力而養成的習慣。（p. 1）

p. 152

在半個多世紀以前，杜威就極力主張建立一套較為平衡的教育哲學──不只是拒斥「舊」的觀念，並採用另一極端的主張即可，而必須針對經驗及其在教育方面所擔負的角色，作一仔細的思考，精心地鍛造而成。杜威指出：

> 當我們摒棄了外在的權威，並不意味著我們應該摒棄所有的權威，相對的，我們有必要去找尋權威的更適當根源。因為舊教育是把成人的知識、方法，以及行為規範強施諸於年輕人，除了持有極端**非此即彼**哲學的人之外，都不會認為成年人的知識和技能對於年輕人就毫無指導的價值。（p. 8）

杜威表達了對於某些"較新的"（newer）學校的憂心，這些學校在反對傳統教育的既單調乏味又費力的工作時，"很少、甚至不讓學生學習有組織的教材；彷彿來自成人的、任何形式的指導或輔導，都侵犯了年輕人的個人自由，而且，彷彿在著眼於現在和未來的教育當中，「認識過去」扮演著微不足道的角色"（pp. 9-10）。

如杜威所建議的，使學習有意義化的關鍵在教師如何運用學 p. 153 生的衝動、好奇心、先備的知能，和正在學習的教材等進行**互動**──進而把這些互動**帶進**經驗，而非假定學習者的經驗與此毫無干係。同時，教師必須能積極進行課程思考，進而建立經驗的**連續性**，以便增加學生的理解且建立心智的習慣。於是，對於教材的考慮和對學生的考慮必須合在一起。教師的角色不是被動的；相反地，教師應該主動探究如何建構經驗，並且調整教材，以便能將學習者的興趣和能力聯結在一起。在學習和教材之間的相互適應是使經驗成為具有教育意義的關鍵。

好的教師積極採行「**二者皆然**」（both-and）的作法，而非陷於「**非此即彼**」的徵候群當中。他們把基本能力加以統整,而成為與書本、語文、材料,以及自然情境與活動等豐富且有意義的經驗。他們知道何時運用直接教學法,讓特定的學生或整組的學生能清楚所教的觀念,也知道何時運用發現教學法激發學生的興趣與好奇心。他們運用所說的"雙向教育法"(two-way pedagogies)來理解學生所思想的,以及他們是如何學習的。同時,好的教師理解傳統學科的結構及探究模式,並且以學生自己的經驗和問題為基礎,建立科際的連結,並且建構學習的機會。他們建立了既不放任也不威權的(authoritarian),但是有權威的(authoritative)課室,成人在課室中設定了尺度(set parameters),進行令人可敬的互動,並且引導學生作成負責任的決定。在這麼做時,他們大量地召喚有關兒童、學習、動機,以及發展的知識庫藏,還有對於教材的彈性理解,並且運用大量的學術與社會環境管理技巧的庫藏。

p. 154

在今天,反對這些改革的理由,跟早期一些教育改革招致反對的理由是一樣的。因為進步教育改革所要求的那種教學乃是極端複雜的,須同時兼顧教材的要求,以及學生的需求。在每一個先前時代的改革之中,試著推行諸如"開放教育"(open education)或是"設計教學法"(project method)等改革的實務工作者都知道,應該既要讓學習適切又要能照顧學生的需求,但是,他們卻不知道怎麼樣設計出嚴謹而又適切的功課。有些教師能依據革新作法所意圖的、較具挑戰性的方式進行教學,但是,另外的教師則不知道如何執行較多樣的學生為本(student-based)的策略,同時也能在各個內容領域教導高層次的、具有學術意味的理解(disciplined understanding)。

許多教育工作者在打破傳統行事慣例的過程之中,把他們的學生或者課程目標都丟失了。他們試著要採取比較多一些學生中心的作法，結果把教材的標準給丟失了，或者他們試著要採取比較多一些教師中心的作法，結果在課程往前走去時，卻忽略了學生。在1960年代，許多教育工作者無法兼顧這二項目的，以致讓人認為學校在渴望能夠達到適切的標準時，卻因而丟失了學術的嚴謹程度。學校經常都無法以組織的形式、管理，以及專業發展等作法來支持新的教學方式；然而這些作法必須要結合在一起，才有意義。

　　凡是能針對一大批程度不一的學生，成功培養其能深度地理解具有挑戰性之內容的作法，會在學生和科目之間維持一種辯證 p. 155 的關係，不允許任何一者壓倒另一者。這樣的教學會促使學生精熟內容的作法是，要求學生在學習的領域有熟練的表現，並且設法使學生能把他們的學習加以應用，同時又能和其他的知識取得連結。因為學生們會把不同的長處與先前的經驗，帶到任何的學習經驗來——為他們所必須學習的材料提供了不同的起始點——成功的教師必須知道如何開創一些經驗，讓學生能以各種不同的方式來接受觀念，以便促使他們獲致更深與更具學術意味的理解。

　　這樣的教學是有方向的，而且也會有高度的結構性，但不可避免地，也是即興的。因為真實的理解總是得來不易的，而人類總是會把不同的能力組合與不同的洞察類型帶到必須學習的功課裡，所以，並沒有什麼套裝的步驟或是課程，可以讓每一位學習者都以相同的方式來學習。教師必須帶著大量的知識、分析能力，以及適應的能力，來到要培養其學生理解力的功課。同時，如同杜威所指出的：

能夠在特定的場合採取即興的活動，確實可以避免教學和學習淪為一成不變和死氣沉沉；但是，要切記：重要的學習材料，不可能像這樣，以草率的方式隨意拾取。……我願再次指陳，教育工作者的一部分責任，就是要均等地注意下列二件事：第一，這些問題必須是由現在所領受的經驗之情況中產生，而且，它必須是學生能力所及的；第二，這些問題必須激發學習者主動地探求訊息，並且創制新的觀念。以這樣的方式獲得的新事實和新觀念，成了後續經驗的根據，而在後續的經驗當中則又出現了新的問題。（pp. 96-97）

p. 156

　　傳遞式教學簡單得太多了。教師們可以"趕完"（get through）課文與習作。課堂的常規簡單明瞭，因此很容易實施控管。當教師講完一堂課後，會有一種確定且有所成就的感覺，一堆事實都講過了，或者一章講完了，即使其結果是學生幾乎毫無所獲。當一位教師在傳達資訊時，可以很容易說，"那些我教過了"，即使其學生並未學到那些。積極的學習（active learning）情境將較多的不確定融入教學的過程之中。舉例而言，學生透過研究專題計畫來形成他或她自己的理解，教師必須小心地建構鷹架，以便導引學習的過程，並且要建構設計良好的策略來引發學生的思考過程。許多教師在師資培育的過程中，並未學到怎麼開創一些情境，讓學習者可以在理解能力上有所精進，也不知如何評估學生的學習，並且藉以調整教學。於是，他們就以他們記得的以前被教過的作法來進行教學，建立一套由各個單元活動的流程，而輕輕鬆鬆地作了相當浮面的交代，卻未注意到學生的學習。

　　因為在教師的知識與學校的容量方面的投資一直不足，所以建立親切而民主的課室之努力總是遭到扼殺。克雷明（Lawrence

Cremin[24], 1961, 56）認為，進步教育"要求無限多的熟練教師，但是，因為無法聘足這樣的教師，所以失敗了。"當教育工作者被 p. 157 排斥了知識接受的管道，證明他們無法經營複雜型式的教學時，政策制定者通常是回返過來尋求簡單化了的處方，即使這些無法達成他們企望的目的。在今天，這是比過去的時代更大的一個問題，因為來自更大數量的年輕人對於更高層次的表現之要求愈來愈劇烈，而他們所面對的社會之失敗所形成的危險也愈來愈高。

赫許（E.D. Hirsch[25], 1996）最近對於進步教育所作的多方諷刺，使得建立一種平衡經驗與教育的哲學，以及教師應該擁有廣為共享的知識二事之必要性，更為清楚。他指出，進步的教學方法，與習得科目領域中具有學術意味的理解二者之間乃是相反對的。赫許的著作中，把共享知識的形成與注意到兒童興趣之間，以及共享知識的形成與注意到兒童興趣之間，都作了對立的二分。在他的宣稱當中，進步教育已經漸漸地把美國的學校破壞殆

---

24 克雷明（Lawrence A. Cremin, 1925-1990），為美國教育史學者，曾任哥倫比亞大學師範學院院長，著有《學校的轉變：美國教育中的進步主義，1876-1957》（*The Transformation of the School: Progressivism in American Education, 1876-1957*）及《美國教育：國家的經驗，1783-1876》（*American Education: The National Experience, 1783-1876*）等書。

25 赫許（Eric Donald Hirsch, Jr., 1928- ），為維吉尼亞大學（University of Virginia）退休教授，創立核心知識基金會（Core Knowledge Foundation），終生致力推動「知識豐富的課程」（knowledge-rich curriculum），而反對目前盛行之「毫無內容的課程」（content-free curriculum），著有《讀寫能力：每位美國人需要知道的》（*Literacy: What Every American Needs to Know*）、《文化素養辭典》（*The Dictionary of Cultural Literacy*）、《我們所需要的學校，又為什麼我們無法擁有》（*The Schools We Need and Why We Don't Have Them*）及《美國的形成：民主與我們的學校》（*The Making of Americans: Democracy and Our Schools*）等書。

盡；但是，事實上，他把進步實務的目標，美國目前盛行的實務作法，還有關於有效教學與學習的研究證據等等都弄錯了。他也誤解了為什麼較無效的教學作法——不管它們的名稱是什麼——都那麼難於改變。赫許更誤解了協助學生學習具有學術意味的科目理解所必要的那些事物——亦即是把知識加以應用的能力——事實上，我們都同意學生們確實有需要學會這些能力。

教育人員必須為赫許（Hirsch, 1996,49）所說，進步教育是"反教材"（anti-subject matter）的批評，做好消毒的準備。重要的教育思想家與實務工作者當中，可稱得上是進步教育者的——例如，杜威、皮亞傑（Jean Piaget）[26]、布魯納（Jerome Bruner）、嘉德納（Howard Gardner）[27]、席哲（Theodore Sizer），以及麥兒（Deborah Meier）等——他們都曾經探求更深度的，以及更具有

p. 158

---

26 皮亞傑（Jean William Fritz Piaget, 1896-1980），瑞士人，從1929年到1975年，皮亞傑在日內瓦大學擔任心理學教授，著有《兒童智慧的起源》（*The Origins of Intelligence in Children*）、《兒童的道德判斷》（*The Moral Judgment of the Child*）、《童年的遊戲、夢和模仿》（*Play, Dreams and Imitation in Childhood*）、《兒童的語言與思維》（*The Language and Thought of the Child*）、《兒童關於世界的概念》（*The Child's Conception of the Corld*）及《智慧心理學》（*The Psychology of Intelligence*）等書。

27 嘉德納（Howard Earl Gardner, 1943- ），哈佛大學教育學院教授，以提倡多元智慧理論知名，著有《心智的框架：多元智慧理論》（*Frames of Mind: The Theory of Multiple Intelligences*）、《打開心智：解決美國教育兩難的中國線索》（*To Open Minds: Chinese Clues to the Dilemma of American Education*）、《超越教化的心靈：兒童如何思考，學校應該如何教導》（*The Unschooled Mind: How Children Think and How Schools Should Teach*）、《學養兼具的心智：學生應該理解的事情》（*The Disciplined Mind: What All Students Should Understand*）及《重新建構真、美、善：21世紀的品德教育》（*Truth, Beauty, and Goodness Reframed: Educating for the Virtues in the 21st Century*）等書。

學術意味之學術科目的理解，並且發展可以促成這項理解的課程與評估方法。事實上，好好地理解這些核心概念，並且透徹地檢視這些觀念的努力，是以18世紀各學術領域的頂尖人物所構想的方式，來"訓練"（discipline）心靈的嘗試。

把次序帶入經驗，就事物和事件作較為強而有力的解說，乃是建立學術理解（disciplined understanding）的不二法門。如杜威（pp. 102-103）所說：

> 任何具有教育價值的經驗，都會讓學生得到更多事實的知識，汲取更多不同的觀念，而且也會把這些事實和觀念做更好的、更有秩序的安排。……凡是以經驗為基礎的教育理論和實踐，不可能以成人或專家編製的有組織的教材為起點，這是毋庸多言的。不過，成人或專家編製的教材，代表了教育應該持續前進的目標。

不過，這裡就有了二項兩難：如何將課程與學生經驗聯結起來，又，如何選擇教什麼。一旦教育工作者必須依循一套僵硬的有組織的課程，或者必須在膚淺的趕課與大量事實的記憶和在它們之間形成理解與聯結二項作法作一選擇時，這些兩難的力度就會加強。一旦談到課程建構的論題時，嘉德納（Gardner, 1991）所宣稱的"趕課是理解的敵人"，以及席哲（Sizer, 1992）所主張的"少就是多"（less is more）等說法，很容易就能描述這項挑戰。最近，一項國際的研究顯示，在高年級階段，美國比其他國家的課程分量涵蓋了較多的主題、較少的深度、較多的重複，較少注意到應用、聯結和高層次思考的技巧（Schmidt, McKnight, and Raizen, 1996）。

p. 159

　　設計學生中心的、彈性功課的教師，與事前作了範圍廣大的
設計、緊密地集中焦點於行為目標、並且涵蓋了教材中諸多事實
的教師，兩相比較，前者會比較有效，特別是在刺激高層次思考
時尤其明顯。凡是試圖執行以一系列主題或目標為基礎的、經
過清楚而詳細地規畫的教師，就比較不會敏察學生的想法與行
動，也比較不會因應學生的情況而調整他們的教學策略（Darling-
Hammond, 1997）。這種教學方式只會減少在課堂中學習的高層
次推理與"偶發的"（incidental）學習。換言之，凡是最忠實地"趕
課"（cover the curriculum）的教師們──這些課程是由大量的、
非常瑣碎的主題或行為目標所組成的──是最不可能進行理解教
學的。

　　學生的先備經驗、動機與興趣都是學習的決定性因素。所
以，有效能的教師會注意到學生的需求，而非只會"傳送教學"
（delivering instruction）。在一項以教師為對象的研究（Darling-
Hammond and Wise, 1985）當中，受訪教師被問到，在規畫教學
時第一個考慮的要項是什麼，他們的反應是：67%提到學生，而
其他的則都把學生放在課程目的之後。他們的說法描述了，在學
生與教材之間找到連結，是多麼的重要：

p. 160　　　我想到我的規畫所針對的學生。我想到，"我希望他們能從
　　　科目中得到些什麼"這到底是什麼。我把以科目為名的東西
　　　兜攏在一起，然後從班上學生的角度來思考……然後，我才
　　　開始作規畫，以便適合我的規畫所針對的學生。

　　　我主要的考慮是，這個班級的學生有哪些像我另一年教的學
　　　生。我不認為，11年來，我曾經以同一個方式教過同一課，

因為從來就沒有一個班級是完全一樣的。

許多教師把他們的規畫描述成由學生開始，然後再環繞回到學生，他們會同時在過程中有許多的考慮：

我最先想到的是，有什麼會讓這些學生有興趣，又，他們所熟悉的是什麼，我可以把這個新的觀念加以比較……我也想到他們的能力如何，又，可以找到什麼類型的材料，然後，在這些材料當中，有哪些是學生最能夠處理的。我試著把一些變化放到這堂課裡，或許會在上課的過程之中，把活動改變個二、三次，以便和他們的興趣聯繫起來。

首先，我想到，我們的孩子現在已經學到哪兒了：他們已經知道了什麼東西，他們具有什麼類型的能力？怎麼樣嘗試與呈現這些兒童，才會是有趣的方式？這個班級如何才會學得最好？他們會由教師的語文解說，抑或是很多的問題及學生的互動，才會學得很多？他們由動手做的活動，才會學得很多？應該少說多做嗎？每一個班級都不相同，而且每個個別的學生在每個活動中，也都不一樣。他們在一項科學的活動學習得很好，但是，在拼字的活動中就需要不同類型的表達方式。 p. 161

在一個規定很嚴格的學區裡，雖然教師們會向頒定的課程低頭，但是，大部分的教師還是把焦點放在怎麼樣把規定的課程加以改變，以便迎合學生的需求。有一位富有創意的教師把這個問題完全地作了改變，運用這套巨大的課程指引來提供選擇給她的學生：

> 我們有了一套真是會把一匹馬都噎死的指引。例如，在一個
> 分領域中，指引中的材料就滿滿地八本筆記，每本都是四英
> 寸厚……我告訴學生"這些是我們找出來的東西。你們特別
> 有興趣的是什麼呢？"接著我們開始選擇。他們之中的每一
> 個人都選了他們特別喜歡的一些東西，然後就動手翻找，並
> 且向全班同學作報告。

曾經有人認為，教師若是堅持要注意到學生的經驗、興趣
及先備知識，會導致軟心腸，以及對"科學"方法的不重視。但
是，這樣的堅持現在已經得到認知研究的支持，這些研究顯示，
p. 162 學習乃是以熟悉的觀念或經驗、由新的或不熟悉的事件產生意義
的過程。學習者以認知地圖來組織與詮釋訊息時，他們建構了知
識。有效能的教師會把不同的概念聯結起來，並且在新的觀念和
學習者先前的經驗之間作成聯結，以便協助學生畫出這些認知地
圖。在此一複雜的學習工作之中，教師必須找出關鍵的概念，還
有那些對於理解其他關鍵概念所必要的概念，並且找出他們是怎
麼加總在一起的。換言之，他們注意到了學科的結構。

教師們發展有助於學生理解的工具也很重要。與其他國家的
學校相比，美國的學校表現不佳，並不像赫許（Hirsch, 1996）所
指責的，因為他們採用了諸如偏重專題研習和發現學習等進步主
義教育的方法，而放棄了機械式的學習與記憶。事實上，全國性
的與國際性的研究顯示，大多數的美國學校都重視計算與回憶、
上課多為聽講、強調操練、記憶、多重選擇題與簡答題（除了
一些較富足的社區，以及一些能力分班中的好班之外）。相對照

的，歐洲國家的學校很少用多重選擇題的測驗，而比較偏好口試及論文式的考試，還有專題研究。國外的學校比較有可能希望讓學生做研究與寫作、實驗，以及針對問題與觀念作較廣泛的討論。

　　解決這項問題的方法並不簡單，而且，未加引導即應用的專題研究與發現教學法，也不會自動地為學生帶來理解。教師必須在如此複雜且大量的工作當中，以搭建學習鷹架的方式支持學生，以便讓他們有足夠完成他們的計畫所必需的技巧，協助他們組織他們的作品，並且教他們由未經消化的一大堆訊息和資料之 p. 163中探究、測驗、評估，以及推論其中的意義。就是因為這樣的學科式進步作法乃是稀有的珍品，所以才會導致許多人關心，認為這樣的教學缺乏力道，因而有直接教學的必要，並且要求把教學作法簡單化。對於那些在家裡未接受這類學習的鷹架支持之兒童而言，這樣的作法尤其為真——就是這一點差別說明了，在接受強而有力的知識這一方面，有了明顯不平等的現象。

　　基於上述理由，教育上的保守主義者時常稱進步主義教育為“軟式”教學，缺乏內容、毫無組織，或是混亂。赫許（Hirsch, 1966）即從錯誤地引用大部分是1970年代的“主流研究”（mainstream research），認為直接的、強調操練的大班教學是通往有效學習的途徑，而他所描述的“進步主義教育”卻是失敗的。但是，他忽略了在他所構的“進步主義教育”方法，卻在他所說的那段時間之前、之中，以及之後，記載了產生高層次思考的成果。這類研究重複地闡明了，他所偏好的處方，對於使學生記憶觀念、把這些觀念應用在新的脈絡，或者在複雜的技巧與工作上的測驗等項目，都是不管用的（Good and Brophy, 1986; Resnick, 1987; Gardner, 1991）。

　　在這方面的許多研究當中，史密斯及泰勒（Smith & Tyler, 1942）著名的八年研究[28]，記載了1930年代從實驗的進步學校的學生，最後比起那些傳統學校的同儕，在學業上的成績較為優良、在實務上表現較為機智，還對社會有較高的責任感。就像今天一些改革方案中高度成功的學校一樣，這些學校社群都是小型的，而且是圍繞在學校內部發展出來的一般目的組織而成的。他們試圖建立一套與社區事務，以及學生的興趣和發展需求有所聯結的核心課程。這些學校表現了與一般主流作法不一樣的成功表現。他們的教學都是經驗與探究導向的，而且其管治制度也都是民主式的。

p. 164

　　雖然，經過小心謹慎地檢驗，"證明"這樣的教育方式確實成功了，但是，事實上，進步主義教育卻於第二次世界大戰失去了蹤影。到了1950年代，甚至有些曾經作為研究對象的成功學校，也轉而成為"注重基本學習"（fundamentals）的類型。

　　教科書為本的、傳遞取向的課程於1940年代及1950年代回到了美國的學校。一直到蘇聯發射人造衛星史潑尼克號（Sputnik）之後才說服了政治家們，美國必須與蘇聯競爭，這才因而形成一種壓力，使得在注重具有挑戰性學習內涵的教育又再度恢復生機。美國科學基金會（National Science Foundation）和教育署（Office of Education）於1960年代所推動的課程改革，目標即在

---

28 「八年研究」（Eight-year study）是由進步主義教育學會（Progressive Education Association）設立的學校與大學關係委員會（Committee on Relation of School and College），在1933年至1941年之間在29所中學進行的一項課程實驗計畫。為鼓勵中學進行革新的課程與教學實驗，該計畫說服了300多所大學，對於實驗中學的畢業學生可以不受當時進入大學必修科目的規定，而逕行由中學推薦入讀大學，請參見單文經（2004）。

於培育學生的批判思考和獨立思考，以及理解透徹然後應用到新
情境等的能力。更有進者，諸如發現學習、開放教育、協同教　p. 165
學、教師分級，以及民主決定等改革的作法才再度激增。近來這
些年所進行的研究顯示，編製在學術上較具有挑戰性的課程，以
及探究取向的教學，已經為學生帶來了顯著的學習成果，特別是
在批判思考、解決問題的能力、口語與寫作的表達能力、創造
力，以及作為學習所必備之自我充實的能力等等方面（Dunkin &
Biddle,1974; Glass, Coulter, Hartley, Hearold, Kahl, Kalk, & Sherretz,
1977; Good & Brophy, 1986; Horwitz, 1979; Peterson, 1979）。

　　不過，1960年代的改革，還是無法克服傳統作法的壓力，而
被1970年代和1980年代的回歸基本（back-to-basics）的運動所
超越。儘管一些已經有了充分認識且推行得良好的地方有成功的
情況，其他地方的改革則一旦離開了孵育它們的高強度的溫床之
後，其成功的情況就無法維繫。強烈要求"實行"（implement）這
些觀念的許多實務工作者，都沒有能力有效地付諸實行。通常他
們對於這些觀念並未有透徹的理解。這些複雜的作法必須有較多
的時間去研發，而且它們通常需要把整個學校環境作徹底的改
變，而不是只在課室的門內改變即可。即使在一些改革成功的地
方，也因為負責推動改革的學區總監、校長，以及教師們離職，
而代之以受過傳統訓練（或者未受訓練）的實務工作者，以致人
亡政息了。

　　這一些歷史所帶來的教訓正是杜威所說："新教育之路並非
一條易行之道，比起舊教育之路，它更為艱辛也更為困難。信
從新教育的人士必須真誠地合作多年，才可能達到這樣的境界"
（pp. 114-115）。就大部分的情形而言，這是教師教育的責任：充　p. 166
實教育工作者的知識，以便他們能理解他們的學生會如何思考、

還有他們現在知道什麼。為了執行強而有力的教學，教師必須對教材有深入的認識，並且擁有一個寬廣的藏有各種教學策略的知識庫，在這個知識庫中還組合了對於學生發展的深刻理解。今日，少有教師有機會獲得這些知識，他們服務的學校也很少能支持各種豐富的課程、表現為本的評量，以及因為實施這些措施而必須較多與學生相處的時間。

在此一改革的時代，進步的教育不只需要願意獻身於課室層面改變的教師，還必須有一套系統的條件——包括淵博的教師知識、細微而具有滲透力的課程輔導，以及能涵養強而有力的關係和緊密學習的學校——這是上一世紀[29]的學校設計者所不理解的。今天的努力是否成功，要看教育決策者究竟希望強調實施的標準化，抑或要建立一種學校，既可以積極地照顧到歧異性，又能讓教師擁有足以精巧地教導、且均等地照顧到學童經驗和內容互動的知識。

如果我們關心兒童的未來，以及民主的前程，我們就毫無選擇地要走較困難的道路，並且創造廣泛的條件，讓教師能成功地完成讓教育增能的任務。誠如杜威在1899年所指出的："每位最好、最聰明的家長對其子女的期望，也正是其所處的社會必須期望於所有兒童者，其餘的各種對於我們學校的期望都被認為是狹隘可厭的，並且在施行時都有害於民主社會"（MW1: 5）。

四、〈邀請大家來思考〉　　　　　戴維斯（O.L. Davis, Jr.）

p. 168　　大部分的教育人員希望能從書籍當中獲取二項東西，以便對

29　指19世紀。

他們執行業務有所助益。較多的情況是，許多書籍對於教師、行政人員幾近野蠻，對於教育方案和實施程序，也是極盡無禮。這些書籍與一種特別的意識型態掛鉤，為一些劇烈的改革開立處方，以便為他們診斷的病症補偏救失。另外一種書籍，為教師和教育行政人員們提供了多半是隨意的和簡單化的食譜，以便在下週立即可以派上用場。不過，有時候，我們也會看到值得他們注意的不同類書籍。這些書籍與一般慣常的期望不同。

杜威的《經驗與教育》一書即是這樣一本與眾不同的書籍。這本 1938 年出版的書籍，既不嘲弄當時的教育實務，亦不苛責教育專業人員。它對二者皆嚴謹待之。它也呈現了杜威關心的某些主要問題之較為成熟的觀點。更重要的是，這本書邀請美國的教育人員為他們自己，作一些思考。今天，它仍然提供這樣子的邀請。

因為上述的理由，我一而再，再而三地回到這本單薄瘦小的（slender）書來。我從未受益於提供實務和改革的簡單化食譜，也未為真正的教育問題提供的治病良方或救命仙丹所吸引。我所知曉的教育實務基本上都具其個特的性質，而且也是錯綜複雜的；所以，往往與一些離開脈絡的主張無法相對應。我一直重複地與杜威這本單薄瘦小的書結緣，並不是我能記得該書內容多少，而是我因為他的想法而作了更進一步的思考。因此，比起各位讀者來，我可能較不能從《經驗與教育》　書之中廣徵博引，但是我可能比較會把我自己的想法和杜威的觀念關聯在一起。p. 169

許多的例子可以說明我對《經驗與教育》一書的想法。在開宗明義的第一章，杜威描述了 1930 年代"進步教育"與"傳統教育"倡導者所產生的矛盾。每一種主張的支持者都認為，對於全國的兒童和青年人提供堅實的學校教育之重要性。但是，他們還

做了更多一些事情。他們的黨徒堅持在概念上與實務上必須純
正。他們只宣稱自己主張的長處，卻又試圖懷疑他們的反對立
場。杜威把這樣的分立看作是"非此即彼"的思考，並且拒斥這
個極端的主張。他認為意識型態掩蓋了二者相同的要點，也模糊
了爭論的事項。所以，若要能進行獨立的思考，就必須先放棄這
種"非此即彼"的謬誤。

　　此一提示對於今日的教師而言，仍然是非常實在的建議。不
管是哪一年，也不管是哪一個季節，立法的議員、評論家，以及
學者專家們都會堅決認為美國的學校正走向敗壞之路。只有教師
改變他們的作法時，教育的救贖才會接近。杜威時代的進步教育
與傳統教育的爭議，和近來的許多辯論頗相彷彿。這些辯論包
括了呼籲教師放棄全語文的教學，而採用看字讀音為本（phonics-
based）的作法。近來其他的人則提倡校本參與決定的程序，提議
以私立的特許學校（charter schools）[30]取代公立的教育系統，建構
教學，以及結果本位的教育方案等。任何對於這些主張所作嚴肅
的教育與政治反應，都可以受到杜威的忠告之協助。除了接受或
拒斥這些意識型態的提議，教育工作者與公民大眾還應該努力找
尋共同點。

p. 170

30　特許學校（charter schools）是1990年代在美始設的一種公立學校，其性質
　　是接受公費的私辦學校。特許學校與一般公立學校最大的不同為其在教師聘
　　任、學校營運等方面，不受一般公立學校的法令條例限制，而自有其一套
　　作業系統。特許學校又可稱之為委辦學校，是因應美國社會大眾對於現有地
　　方學區所辦理的公立學校，普遍品質低劣而引起的不滿，而由州政府特別
　　立法，為民間私人提供另一條公費辦學的管道。任何個人、團體、企業都可
　　申請設立，面向所有學生，不得收費。特許學校的經費，主要仍為政府的支
　　助，但民間人士的基金贊助亦為重要來源。

　　舉例而言，絕大部分教過兒童閱讀的教師都會知道，全語文與看字讀音為本的教學各有長處。某些學生當然會對於某一種方法或是另一種方法，反應得特別好些。另外的學童則會在並用這二種教法時，更好且更快地學習閱讀。對於學童和這二種有意識型態意味的方法都不幸的是，有些學童在運用這二種方法時，都不會很容易學習閱讀。這就像醫藥的實務一樣，對全部的學童施予某一項教學的"處理"（treatment），既是一種不健全的作法，也是一種破敗的理論。

　　杜威這本書並未包括可以直接應用的建議。它所提供的是協助我們祛除充滿惡意的爭議，進而仔細地思考和小心地行動。它堅定了我們對個人的智慧能在民主的社會當中作出適切決定的信心。在《經驗與教育》書中，杜威從未放棄他有原則的主張；儘管如此，他急切地呼籲我們，要對不同的選項作謹慎的考慮，而不希望我們作反覆無常的妥協。杜威從不為我們思考；他充滿信心地鼓勵我們為自己而思考。

　　杜威在這本書當中的主要關注點，集中於經驗性質的討論，這是很合情合理的作法。在所有對於進步想法的不當處置當中，經驗這個概念在1920及1930年代，受到的待遇最為令人慨嘆。然而，此一概念持續受到誤解，並不會對《經驗與教育》一書造成失敗的指控。相對地，只憑一本書，杜威也無法翻轉堆積於經驗上的厄運。我們當中的任何人也無法改變別人的理解。另一方面，我們之中的每一個人都可以參考杜威的典範，進而從這一個強而有力的概念獲得更具建設性的、更具個人意味的意義。我個人對於經驗性質的充分理解之探尋，即始終未曾止歇過。然而，我相信，現在我對於經驗意義，已經比開始時有了更進一步的理解。

p. 171

　　我個人初為一個青年教師時，即曾在未經批判的情況下，接受了任何為我的學童"設計經驗"的建議。這項建議突出了我在師資培育階段所接受的，以及後來我的同事及行政人員所使用的一般的專業語言。我對於這套語言的安適感，持續到我第一年教學生涯當中的前六週。當我為學童施測時，發現有一些事情與原來的預想不同。我的學生所經驗到的功課，與我原來計畫要他們經驗的東西，大大地不同。在幾乎沒有任何的協助之下，我繼續為我的學生設計經驗；我所認知到的，並未變得好一些。我的不安持續了許多年。慢慢地，我針對這方面作了仔細的思考。我確定我的理解是有缺陷的、膚淺的，而且是固執的。更有進者，我確認了，簡單化地運用經驗語言，不但無法打開學生的經驗之門，反而是堵塞住了。

　　經驗是個人所發生的一切事情。的確，個人都在事後才覺察到它的存在。只有在某些時候，個人才會在經驗（experiencing）的過程中，察覺到經驗的要素。結果，經驗才會是具有個人的、獨特的，以及私密的等特性。只有在有了親身經驗的那個人，揭露或說出這段經驗時，別人才可能知道這樣的一段經驗。基於這樣的意義，我針對經驗所作的考慮、談話、寫作，與我過去的經驗相比，也是很不同的。

p. 172　　當然，現在，我才知道我無法為任何人"設計經驗"。更有進者，此一發現，總是對的。教師、家長，以及政府的官員也不能為別人設計經驗。事實上，這一個語辭是令人不能忍受的。它確認了一種控制別人的欲望，而這是一項不可能達成的目標。

　　這樣的狀況會不會讓我們所有人都準備好良好的意圖，想要提升我們學生的經驗，但是卻沒有地方可去，或者沒有其他的方案可以選用？這樣的意思是不是指，我們與別人的經驗毫無關聯？我們可以做些什麼呢？我們可以，也必須為經驗而進行計畫（plan *for* experiences），以便讓我們的學生以能使其經驗更豐富的方式，來**投注心力於**課業。

　　無論教師做了什麼計畫，或是他們怎麼計畫，學生都還是會有經驗。即使他們聽取無聊的講演，或是閱讀引不起興趣的文本，也都還是會有經驗。如果講演能刺激他們的想像，或是文本能讓他們把握住一些模糊和不一致的地方，他們也是會有經驗。就如同杜威所正確地指出的，經驗的**品質**並不直接地與特定類型的活動相關聯。也沒有任何教學的作法是"解決棘手問題的妙方"（magic bullet）。同樣的參與一項活動，有些學生可能獲得正面的或是令人滿意的經驗，而另外的學生則可能發現這些經驗是負面的。通常個別學生的經驗，與**其**所作的事情，以及作這些事情的方法有直接的關聯，而不是別人──諸如教師──所作的。因此，教師的計畫即因為這項"有希望的"（brightened）經驗概念，而可能變得更為複雜，也可能變得更為有問題。當然，我們無法預測學習者經驗的本質與性質（nature and quality）。教師必須盡其所能地計畫，以便對學生的經驗有所助益。當他們的學生經驗課堂的教學時，教師可以期望學生們的經驗更為豐富。透過互動，教師可以探知學生經驗過程（experiencing）的性質。　p. 173

　　讀《經驗與教育》一書，我總是被杜威有關學校教材的性質，以及教材的重要性等討論所吸引。一些同事及我大部分的學生，都對於杜威可以為我們研究有關學校知識，提供豐富的資源這件事，表示十分驚訝。的確，杜威的聲譽最易受傷害的弱項即是，許多人對於他有關學校教材性質的主張之誤解。所以，我鼓勵教師們及其他人重讀《經驗與教育》一書，並且特別集中於他對於實質知識（substantive knowledge）的嚴肅興趣。

所有思考的精粹即是知識。對杜威而言，經驗並不會取代知識。經驗是獲取知識的手段。

杜威正確地關注，初學的"認知者"（know-ers）──不論是年幼的兒童，或是成人──在他們藉著自己的經驗來考慮、建構和擁抱知識時，**比較可能**習得知識。杜威了解情境和興趣比抽象的東西，更適合作為知識獲得的起始。也就是這樣的主張，造成他受到太多的誤解和嘲諷。太多的讀者知道他反對把抽象的東西教給學生！他主要關心的是知識和經驗的關係，特別是這層關係與個人──以兒童為主──的關聯，是他們經驗過程的起點，而非他們經驗過程的目的。杜威知道抽象事物、通則、公式、規則和公理等的力量和豐富性質──事實上，也是豐富的事實──應該作為長程的目的。不過，這些東西極少是良好的教學起點；經

p. 174

驗**才是**這樣的起點。不像其他太多的教育人員，杜威關心起點，也關心終點。

經驗的確構成了教學的良好起點。對於許多學生而言，經驗也帶來了一些嚴酷的考驗，進而激發其興趣。毫無疑問地，興趣這個概念，也因為許多人使用得不夠精確，以至於變得惡名昭彰。有些教育人員把經驗只當作是"好玩"，也就是把好玩當成目的自身，杜威在這本書中把他們斥責了一番。他的指責很有道理。當然，學生的經驗應該是愉悅的，但是，許多有意安排的經驗也應該是嚴肅的、有壓力的、模稜兩可的，甚至是讓人挫折的──這不只因為困難的功課才是最好的，更因為學生的興趣可能是短暫而膚淺的；除非他們察覺到有必要投入時間和精力，去想像、研讀、懷疑、建構、記憶，否則，他們甚至有必要接受失敗的考驗。因為，這樣的挑戰才會讓學生認真地審視他們所處的學習情境，用心地學習到實質的知識。

科目或教材很重要。然而，杜威並未以如此簡單的文字來撰寫。他有其他的用意。不過，比較後來的讀者，不應該和一些當時的人一樣，有所誤解。對於年幼的兒童而言，科目或教材就沒有那麼重要，因為他們才開始學習積累社會的資產。年幼的兒童，在學習語言的某些句法要素——如主詞和形容詞——的名稱很久之前，即已經開始運用它們。只有到了後來，兒童成長為青少年時，他們才會理解所習得的文法術語和規則，可以增加其語言運用與獲取知識的能力。

最近，一些前衛的教育人員開始深究學校科目的各個層面——例如，歷史的敘事和詩歌等——試圖揭露潛藏於各分立學科的各種不同的理解方式。這些方式因為教材本身的性質之差異，而構成了顯著不同的學校教學方式，如主題式、多科式，以及單元式（thematic, multidisciplinary, and unit-based）等。**如果適切地加以理解**，這些方法不會對於學校科目的生存，有特別的損傷。不過，如果**不加適切地加以理解**，這些組織的方法會把一些經過設計的學生活動，誤認為對學生投注心力於實質意義的輔導[31]。p. 175

杜威在《**經驗與教育**》書中所提到的觀念，可以協助我們擴展我們理解的界限。對我而言，這些想法甚獲我心。可以確認的是，我現在的知識是建基於我持續不斷與他的觀念互動而採行的某些舉措之上的。但是，杜威與這本書都不應該對我的主張負責，因為我並未自**該書得到**任何想法；我是試著由一些嚴肅的論題形成我自己的意義，而**發展**出我的想法。毫無疑問地，這本書的想法刺激了我。我接受了邀請去思考，我也作了思考。

---

31 在這段文字的最後一句話，Davis 的意思是說，有許多學校教師採用這些新興的教學方式，有可能會讓學生學習實質知識的機會減少。

我會持續去思考。現在，我把杜威的邀請轉發予各位：請閱讀《**經驗與教育**》，而且以它的想法來思考。

肆　正文後各事項

一、作者簡介 [1]

　　杜威（John Dewey, 1859-1952）為眾所周知的現代最重要的　p. 176
教育思想家與哲學家之一。他於1884年在約翰霍浦金斯大學取
得哲學博士，並於威斯康辛州大學及佛萊特大學取得法學博士。
杜威於1894年進入芝加哥大學擔任哲學、心理學與教育三個部門
組合而成的學系系主任，並於1896年創立了實驗學校。杜威於
1904成為哥倫比亞大學師範學院哲學系教授。他在1925年獲頒
Kappa Delta Pi的第一屆桂冠學者。1935年，杜威學會以榮耀他
之名而成立。除了《經驗與教育》一書，杜威還撰有37本專書與
815篇論文與小冊子，包括《學校與社會》（1915）、《民主與教
育》（1916），以及《教育科學的泉源》（1929）等 [2]。

　　格林妮（Maxine Greene, 1917- ）於1955年在紐約翰霍浦金
斯人學取得博士學位，1975年獲有李海大學（Lehigh University）

1　作者簡介部分的正文仍保持《經驗與教育》一書1998年六十週年版的原文。
　　譯注者在注腳中作了一些補充。

2　1998年版的杜威簡介，仍保持《經驗與教育》一書1938年初版的原文。又，
　　杜威所獲贈的榮譽博士學位不只這二個，請參見本書上篇緒論中的壹之二
　　「杜威其人」一小節。還有，如前所述，杜威並在師範學院教授二小時課。

的榮譽法學博士。她是哥倫比亞大學師範學院的哲學與教育學教授，以及哥倫比亞大學 William E. Russell 教育基礎教授（榮譽退職）。格林妮曾任美國教育研究學會（American Educational Research Association）、美國教育研究協會（American Educational Study Association），以及杜威學會等的領導。她在1988年獲頒 Kappa Delta Pi 的桂冠學者。她的著作有《公立學校與私人的視野：在教育與文學中找尋美國》（*The Public School And the Private Vision: A Search for America in Education and Literature*, 1965）、《學習的全景》（*Landscapes of Learning*, 1978）、《自由的辯證》（*The Dialectic of Freedom*, 1988），以及《釋放想像：教育、藝術與社會變遷論文集》（*Releasing the Imagination: Essays on Education, the Arts, and Social Changes*, 1995）[3]。

賈克森（Philip Wesley Jackson, 1928- ）於1954年在哥倫比亞大學取得博士學位，並於1954年獲有 Glassboro State College 的榮譽法學博士。他是芝加哥大學的 Lee Shillinglaw 卓越服務的教育學與心理學教授。他歷任杜威學會、美國教育研究學會會長、芝加哥大學實驗學校校長，以及社會科學研究審議會（Social Science

p. 177

3　格林妮並獲贈哥倫比亞大學傑出教育貢獻講座（Chair for Distinguished Contributions to Education）。格林妮另著有《批判素養：政治、實踐及後現代》（*Critical Literacy: Politics, Praxis, and the Postmodern*）並撰有〈杜威與1894-1920年間的美國教育〉（"Dewey and the American Education, 1894-1920," 1957）、〈杜威與道德教育〉（"John Dewey and Moral Education," 1976）、〈杜威，現象學與意識〉（"Dewey, Phenomenology, and the Matter of Consciousness," 1978）、〈杜威著作中的教師〉（"The Teacher in John Dewey's Works," 1989）等以杜威為研究對象的專文；且曾為1988年由 Houghton Mifflin 出版的《我們如何思想》（*How We Think*）一書作序。

Research Council）的理事及主席。他在1994年獲頒Kappa Delta Pi 的桂冠學者。著有《課堂內的生活》（*Life in Classroom*, 1968）、《教師與機器》（*The Teacher and the Machine*, 1968）、《教學的實務》（*The Practice of Teaching*, 1986）、《未教授的功課》（*Untaught Lessons*, 1992）等書[4]。

答玲－哈蒙德（Linda Darling-Hammond, 1951- ）1978年在天普大學取得博士學位，後來並獲天普大學及Claremont研究院的榮譽博士。現為史丹佛大學Charles E. Ducommon教學與教師教育教授，並任全國重建教育、學校與教學中心的副主任（Co-Director of the National Center for Restructuring Education, Schools, and Teaching）。她曾任曾美國教育研究學會會長，蘭德公司教育與人力資源方案的主任，也是教育研究評論（*Review of Research in Education*）的編輯。她在1995年獲頒Kappa Delta Pi的桂冠學者。她的著作有《學習的權利：建立有效學校的藍圖》（*The Right to Learn: A Blueprint for Creating Schools That Work*, 1997）與《專業發展學校：為了發展專業而設的學校》（*Professional Development Schools: Schools for Developing a Profession*, 1994）等書[5]。

---

4 賈克森並著有《教育是什麼》（*What is Education?* 2011）等專書；還著有〈再訪杜威《學校與社會》〉（"Dewey's *School and Society* Revisited," 1998）、《杜威與藝術的功課》（*John Dewey and the Lessons of Art*, 1998）、《杜威與哲學家的任務》（*John Dewey and the Philosopher's Task*, 2002）等以杜威為研究對象的專著。

5 答玲－哈蒙德另著有《專業發展學校：為了發展專業而設的學校》（*Professional Development Schools: Schools for Developing a Profession*, 2005）、《教學的執照：提高教學的標準》（*A License to Teach: Raising Standards for Teaching*, 1999）、《學習去教社會正義》（*Learning to Teach for Social Justice*, 2002）、

戴維斯（Ozro Luke Davis, Jr., 1928-　）1958年在文德畢爾
大學的畢保德師範學院（George Peabody College for Teachers of
Vanderbilt University）取得博士學位。他現為美國德州大學奧斯
汀校區的課程與教學教授。他曾任Kappa Delta Pi（1980-1982）、
視導與課程發展協會（Association for Supervision and Curriculum
Development），以及課程史研究學會（Society for the Study
of Curriculum History）等的會長，並擔任《課程與視導期刊》
（*Journal of Curriculum and Supervision*）的編輯。他在1994年獲
頒Kappa Delta Pi的桂冠學者。自1968年即擔任Kappa Delta Pi的
Delta分會的顧問。他著有《過去的學校：珍貴的照片》（*Schools
of the Past: A Treasury of Photographs*, 1976），並編有《課程發展
透視》（*Perspectives on Curriculum Development: 1776-1976*, 1976）
與《全美社會科研究學會回顧》（*NCSS in Retrospect*, 1993）等
書[6]。

《體制化變革的教學領導：聖地牙哥改革的故事》（*Instructional Leadership
for Systemic Change: The Story of San Diego's Reform*, 2005）、《強而有力的
師資培育：典範學程的教示》（*Powerful Teacher Education: Lessons from
Exemplary Programs*, 2006）及《正向的世界與教育：美國如何邁向公平的未
來》（*The Flat World and Education: How America's Commitment to Equity Will
Determine Our Future*, 2010）等書。

6　戴維斯另著有《壯其心志：婦女公民、社會科教育與民主》（*Bending the
Future to Their Will: Civic Women, Social Education, and Democracy*, 1999）、
《社會科中的歷史神入與觀點認取》（*Historical Empathy and Perspective
Taking in the Social Studies*, 2001）及《在高危機測驗年代的明智社會科教
育：課堂實務論文集》（*Wise Social Studies Teaching in an Age of High-Stakes
Testing: Essays on Classroom Practices and Possibilities*, 2005）等書。又文中
NCSS係為National Council for the Social Studies縮寫。

二、索引

p. 178

p. 179

p. 181

三、封底評介

（之一）

　　《經驗與教育》一書，為教育工者和教師們，提供了一套積極的教育哲學。該書評估了傳統教育和進步教育的實際措施，也精闢地指出了二者的缺陷。然而，這本書並沒有任何可資爭議之處。杜威博士在討論現有教育論題的同時，也詮釋了經驗哲學的意義，以及科學方法的教育涵義。書中也提到了教育情境的概念，並且具體地說明其內涵。自由、活動、紀律、控制，以及經過組織的教材等，也都在具有教育價值的經驗（educative experience）——即兼顧連續性和互動性的過程——的脈絡中詳細解釋。

　　《經驗與教育》一書不為任何的"主義"辯護。它也不作任何的妥協。它避免作折衷的修補（It steers clear of eclectic patching）。我們要詮釋的是教育的本身。專業的教育工作者和外行人一樣，都可以在本書中，會為一些對未有定論的問題（moot question）找到確定的答案。但是，這些答案乃是一套教育哲學的整體之部分，可以使教育領導中的共同努力成為可能。在本書中，我們會看到一盞明燈，它可以化解掉籠罩在教育理論中的濃霧。

沒有任何一本書，能像《經驗與教育》一樣，如此簡潔地把握住杜威教育哲學的精華。杜威在該書對教育過程的概念分析，對於今天的我們而言，和當時該書出版的1938年一樣，都是正確的。從哲學的角度來看，這個時代的人們對於教育概念的認識，既是變幻無常的，又是膚淺淡薄的。顯然，在這樣的時代裡，《經驗與教育》一書，已經通過了時間的考驗，而成為教育的經典。

Elliot Eisner

Stanford University

（之二）

Kappa Delta Pi 國際教育榮譽學會希望能以本書的六十週年版次，來紀念杜威和這本書。這本書原來是為 Kappa Delta Pi 學會第十次系列講演的出版品，於1938年問世。《經驗與教育》一書，對於傳統和進步教育二者的理論和實際所作的分析，日久而彌新。本書的新版，還增附有由格林妮（Maxine Greene）、賈克森（Philip W. Jackson）、答玲－哈蒙德（Linda Darling-Hammond）及戴維斯（O.L. Davis, Jr.）等四位名家所作的評論。

參考書目

王紅欣（譯）（2010）。R.B. Westbrook 著。**杜威與美國民主**（*John Dewey and American Democracy*）。北京：北京大學出版社。

王書林（譯）（1953）。J. Nathanson 著。**杜威論**（*John Dewey: The Reconstruction of the Democratic Life*）。香港：人生。

行政院國家科學委員會補助人文及社會科學經典譯注研究計畫作業要點（2008）。

吳克剛（譯）（1960）。J. Ratner 著。導論（"Introduction"）。載於趙一葦等（譯）（1960）。J. Ratner（選編）。**杜威哲學**（*Intelligence in the Modern World: John Dewey's Philosophy*）（頁1-195）。台北：教育部。

吳俊升（1972）。**教育與文化論文選集**。台北：臺灣商務

吳俊升（1983）。**增訂約翰杜威教授年譜**。台北：臺灣商務。

吳森（1978）。杜威哲學的重新認識。載於**比較哲學與文化（一）**（頁91-113）。台北：東大。

宋淇（1983）。**翻譯論叢**。台北：聯經。

李日章（譯）（2005）。G.R. Geiger 著。**杜威：科學的人文主義哲學家**（*John Dewey in Perspectives*）。台北：康德。

李玉馨（2010）。杜威與進步主義教育。載於周愚文（編），**進步主義與教育**（頁85-115）。台北：師大書苑。

李園會（1977）。**杜威的教育思想研究**。台北：文史哲。

林秀珍（2006）。**經驗與教育探微：杜威教育哲學之詮釋**。台北：師大書苑。

怒安（2005）。**傅雷談翻譯**。瀋陽：遼寧教育。

思果（2003）。**翻譯研究**。台北：大地。

涂紀亮（譯）（2006）。J. Dewey 著。從絕對主義到實驗主義（"From Absolutism to Experimentalism"）。收於涂紀亮（編譯），**杜威文選**（頁22-34）。北

　　京：社會科學文獻。

秦修明（譯）（1966）。Alexis de Tocqueville著。**美國的民主**（*Democracy in America*）。香港：今日世界。

區劍龍（1993）。香港翻譯電視字幕初探。收於劉靖之（主編），**翻譯新論集**（頁81-83）。台北：臺灣商務。

張振玉（1993）。**翻譯散論**。台北：東大。

許孟瀛（譯）（1948）。J.L. Childs著。**教育與實驗哲學**（*Education and the Philosophy of Experimentalism*）。上海：正中。

郭中平（1998）。**杜威**（再版）。香港：中華。

陳伯莊（選編）（2006）。**美國哲學選**。台北：水牛。

陳建民譯（2000）。S.M. Eames著。**實用自然主義導論**（*Pragmatic Naturalism: An Introduction*）。台北：時英。

黃邦傑（2006）。譯者的苦衷。收於黃邦傑（編），**新編譯藝談**（頁111-114）。台北：書林。

傅佩榮、蔡耀明（譯）（1983）。J.E. Smith著。**目的與思想──實用主義的意義**（*Purpose and Thought: The Meaning of the Pragmatism*）。台北：黎明。

單中惠（譯）（1987a）。Jane Dewey著。**杜威傳**（*Biography of John Dewey*）。載於單中惠（編譯）。**杜威傳**（頁1-55）。合肥：安徽教育出版社。

單中惠（譯）（1987b）。J. Dewey著。從絕對主義到實驗主義（"From Absolutism to Experimentalism"）。載於單中惠（編譯）。**杜威傳**（頁56-70）。合肥：安徽教育出版社。

單文經（1992）。實用主義的改革教育家──杜威。劉焜輝（主編），**人類航路的燈塔──當代教育思想家**（頁2-23）。台北：正中。

單文經（2004）。論革新課程實驗之難成。**教育研究集刊**，**50**(1)，1-32。

單文經（2006a）。教改性質的歷史分析。**教育學報**（北京師範大學教育學部），**2**，25-35。

單文經（2006b）。國民中小學應兼重能力培養與訊息習得的教學。**教育研究與發展**，**2**(2)，43-66。

單文經（2013a）。杜威《經驗與教育》一書蘊含的教育改革理念。**教育學刊**，**40**，1-35。

單文經（2013b）。自由為教與學主體行動之目的：杜威觀點。方永泉、洪仁進（主編），**從內變革：開創教與學的主體行動**（頁1-34）。台北：學富。

單文經（2013c）。解析四位當代學者對杜威《經驗與教育》一書的評論。載於周愚文、林逢祺、洪仁進、方永泉、張鍠錕、彭孟堯（主編），**教育哲學2012**（頁285-321）。台北：學富。

單文經（2014）。杜威《經驗與教育》一書所呈顯的教育願景。**教育與心理研究**，**37**(3)，33-58。

單文經（2015a）。杜威教材通論的評析。**教科書研究**，**8**(1)，63-108。

單文經（2015b）。杜威社會控制論的教育涵義。**臺灣教育社會學研究**，**15**(1)，133-174。

單德興（2010）。俯首為橋。**人文與社會科學簡訊**，**11**(3)，20-22。

單德興（譯注）（2004）。J. Swift著。**格理弗遊記**（*Gulliver's Travels*）。台北：聯經。

曾紀元（譯）（1981）。J. Dewey著。從絕對論到實驗主義（"From Absolutism to Experimentalism"）。載於曾紀元（譯），R. Bernstein（選編）。**杜威論經驗、自然與自由**（*Dewey on Experience, Nature and Freedom*）（頁1-15）。台北：臺灣商務。

涂紀亮（譯）（2006）。從絕對主義到實驗主義（"From Absolutism to Experimentalism"）。載於涂紀亮（編），**杜威文選**（頁22-34）。北京市：社會科學文獻。

黃文範（1997）。**翻譯小語**。台北：東大。

黃國彬（2006）。**新編譯藝譚**。台北：書林。

楊國賜（1974）。**當代美國進步主義與精粹主義教育思想之比較研究**。台北：嘉新水泥公司文化基金會。

楊國賜（1982）。**進步主義教育哲學體系與應用**。台北：水牛。

楊國賜（1985）。**現代教育思潮**。台北：黎明。

楊絳（1996）。失敗的經驗——試談翻譯。收於金聖華、黃國彬（主編）：**因難見巧——名家翻譯經驗談**（頁93-106）。台北：書林。

楊萬運（1983）。柯立芝。2012年12月23日取自中華百科全書・典藏版 http://ap6.pccu.edu.tw/Encyclopedia/data.asp?id=3661

趙一葦等（譯）（1960）。J. Ratner（選編）。**杜威哲學**（*Intelligence in the Modern World: John Dewey's Philosophy*）。台北：教育部。

趙秀福（譯）（2010）。S.C. Rockefeller著。**杜威：宗教信仰與民主人本主義**（*John Dewey: Religious Faith and Democratic Humanism.*）。北京：北京大學出版社。

蕭乾（1996）。叛逆‧開拓‧創新——序《尤利西斯》中譯本。載於金聖華、黃國彬（編），**因難見巧——名家翻譯經驗談**（頁145-177）。台北：書林。

錢鍾書（1979）。林紓的翻譯。2012年2月1日取自http: www.literature.org.cnArticle.aspx?id=4359（原載：**舊文四篇**，上海古籍出版社1979年9月第一版）

謝幼偉（譯）（1960）。J. Dewey著。J. Ratner（編）。科學與教育哲學（Science and Philosophy of education）。載於趙一葦等（譯）。**杜威哲學**（*Intelligence in the Modern World: John Dewey's Philosophy*）（頁369-409）。台北：教育部。

魏念怡（2007）：十年辛苦不尋常——國科會人文處經典譯注研究計畫。**人文及社會科學簡訊**，**8**(3)，49-53。

Banks, J. (1993). Multicultural Education: Historical Development, Dimensions and Practice. In L. Darling-Hammond (Ed.), *Review of Research in Education, 19*(pp. 3-39). Washington, D.C.: American Educational Research Association.

Bernstein, R.J. (1966). *John Dewey.* New York, NY: Washington Square Press.

Boisvert, R.D. (1988). *Dewey's Metaphysics.* New York, NY: Fordham University Press.

Boisvert, R.D. (1998). *John Dewey: Rethinking Our Time.* Albany, NY: State University of New York Press.

Boydston, J.A. (1969). *John Dewey: A Checklist of Translations, 1900-1967.* Carbondale and Edwardsville, IL: Southern Illinois University Press.

Boydston, J.A. (Ed.) (1967-1991). *The Collected Works of John Dewey, 1882-1953.* Carbondale and Edwardsville, IL: Southern Illinois University Press.

Brickman, W.W., & Lehrer, S. (1966). *John Dewey: Master Educator.* New York,

NY: Therton.

Browning, D., & Myers, W.T. (Eds.) (1998). *Philosophers of Process*. New York, NY: Fordham University Press.

Bruner, J. (1986). *Actual Mind, Possible Worlds*. Cambridge: MA: Harvard University Press.

Cahn, S.M. (1988). Introduction. In LW13 ix-xviii.

Campbell, J. (1995). *Understanding John Dewey: Nature and Cooperative Intelligence*. Chicago, IL: Open Court.

Chiang Mon-lin (1924). *A Study in Chinese Principles of Education*. Shanghai, China: Commercial Press.

Childs, J.L. (1931/1971). *Education and the Philosophy of Experimentalism*. New York, NY: Arno Press.

Cohen, D.K. (1998). Dewey's Problem. *Elementary School Journal, 98*(5), 427-446.

Cohen, M.R. (1949). *Studies in Philosophy and Science*. New York, NY: Henry Holt.

Cremin, L. (1961). *The Transformation of the School: Progressivism in American Education, 1876-1957*. New York, NY: Knopf.

Dalton, D.C. (2002). *Becoming John Dewey: Dilemma of a Philosopher and Naturalist*. Bloomington, IN: Indiana University Press.

Darling-Hammond, L., & Wise, A.E. (1985). Beyond Standardization: State Standards and School Improvement. *The Elementary School Journal, 85*(3): 315-336.

Darling-Hammond, L. (1997). The Right to Learn: A Blueprint for Creating Schools That Work. San Francisco, CA: Jossey-Bass.

Darling-Hammond, L. (1998). *Experience and Education*: Implication for Teaching and Schooling Today. In John Dewey, *Experience and Education, The 60th Anniversary Edition* (pp. 150-167). West Lafayette, IN: Kappa Delta Pi.

Davis, O.L., Jr., (1998). An Invitation to Think. In John Dewey, *Experience and Education, The 60th Anniversary Edition* (pp. 168-175). West Lafayette, IN: Kappa Delta Pi.

Delpit, L. (1995). *Other People's Children: Cultural Conflict in the Classroom*.

New York, NY: The New Press.

Dewey, J. (1927). *The Public and Its Problems*. Athens, OH: Swallow Press.

Dewey, J. (1929a). *Characters and Events*. New York, NY: Henry Holt and Company.

Dewey, J. (1929b). *Experience and Nature*. New York, NY: Dover Books.

Dewey, J. (1952/1959). Introduction to *The Use of Resources in Education*. In M. S. Dworkin (Ed.), *Dewey on Education: Selections with an Introduction and Notes* (pp. 1-18). New York, NY: Teachers College Press.

Dewey, J. (1973). *Lectures in China, 1919-1920*. (Translated & Edited by R.W. Clopton & Tsuin-chen Ou). Honolulu, HI: University Press of Hawaii.

Dewey, J., & Mclellan, J.M. (1895). *The Psychology of Number and Its Application to Methods of Teaching Arithmetic*. New York, NY: D Appleton & Company. Retrieved October 10, 2011 from http://archive.org/details/psychologyofnumb00mcle

Dewey, Jane M. (Ed.) (1951). Biography of John Dewey. In P.A. Schilpp (Ed.), *The Philosophy of John Dewey* (pp. 3-44). New York, NY: Tudor. (Original Published in 1939)

Duckworth, E. (1987). *The Having of Wonderful Ideas*. New York, NY: Teachers College Press.

Dunkin, M.J., & Biddle, B.J. (1974). *The Study of Teaching*. New York, NY: Holt, Rinehart & Winson.

Dworkin, M.S. (1959). John Dewey: A Centennial Review. In M.S. Dworkin, *Dewey on Education: Selections with an Introduction and Notes* (pp. 1-18). New York, NY: Teachers College Press.

Dykhuizen, G. (1973). *The Life and Mind of John Dewey*. Carbondale and Edwardsville, IL: Southern Illinois University Press.

Edman, I. (Ed.) (1955). *John Dewey: His Contribution to the American Tradition*. Indianapolis, IL: Bobbs-Merrill.

Edwards, G., & Kelly, A.V. (Eds.). (1998). *Experience and Education: Towards an Alternative National Curriculum*. London, UK: P. Chapman.

Eisner, E. (1988). Back Cover Introduction. In John Dewey, *Experience and Education, The 60th Anniversary Edition* (Back cover). West Lafayette, IN:

Kappa Delta Pi.

Fine, B. (1947). Attracting the Best Minds to Teaching. Interview ca. 15 Oct. 1947, Published in New York Times, 19 Oct. 1947, sec.4, 11. *The Collected Works of John Dewey, 1882-1953. Electronic Edition. Supplementary Volume 1*, 248-250.

Gardner, H. (1983). *Frames of Mind: The Theory of Multiple Intelligence*. New York, NY: Basic Books.

Gardner, H. (1991). *The Unschooled Mind: How Children Thank and How Schools Should Teach*. New York, NY: Basic Books.

Garforth, F.W. (Ed.) (1966). *Of the Conduct of the Understanding*. New York, NY: Teachers College Press.

Glass, G.V., Coutler, D., Hartley, S., Kahl, S., & Sherretz, L. (1977). *Teacher "Indirectness" and Pupil Achievement: An Integration of Findings*. Boulder, CO: Laboratory of Educational Research, University of Colorado.

Good, T.L., & Brophy, J.E. (1986). *Educational Psychology: A Realistic Approach* (3rd ed.). New York, NY: Longman.

Greene, M. (1998). *Experience and Education:* Contexts and Consequences. In John Dewey, *Experience and Education, The 60th Anniversary Edition* (pp. 118-130). West Lafayette, IN: Kappa Delta Pi.

Hahn, L.E. (1977). Introduction. In MW4 ix-xxxiv.

Handlin, O. (1959). *John Dewey's Challenge to Education: Historical Perspective on the Cultural Context*. Westport, CT: Greenwood Press.

Hickman, L.A., & Alexander, T.M. (1998). (Eds.). *The Essential Dewey: v. 1. Pragmatism, Education, Democracy*. Bloomington, IN: Indiana University Press.

Hickman, L.arry A. (Ed.). (1998). *Reading Dewey: Interpretations for a Postmodern Generation*. Bloomington, IN: Indiana University Press.

Hirsch, E.D. Jr. (1966). *The Schools We Need and Why We Don't Have Them*. New York, NY: Doubleday.

Hirsch, E.D. Jr. (Ed.). (2002). *The War of 1812*. Parsippany, NJ: Pearson Education Inc.

Hook, S. (1980). Introduction. In MW9 ix-xxiv.

Hu, Shi. (1968). The Political Philosophy of Instrumentalism. In Ratner, S. (Ed), *The Philosopher of the Common Man: Essays in Honor of John Dewey to Celebrated His Eightieth Birthday* (pp. 205-228). New York, NY: Greenwood Press.

Jackson, P. (1998). Dewey's *Experience and Education* Revisited. In John Dewey, *Experience and Education, The 60th Anniversary Edition* (pp.131-149). West Lafayette, IN: Kappa Delta Pi.

Kahne, J. (1994). Democratic Communities, Equity, and Excellence: A Deweyan Reframing of Educational Policy Analysis. *Educational Evaluation and Policy Analysis, 16*(3), 233-248.

Kallen, H.M. (1940). Freedom and Education. In S. Ratner (Ed.), *The Philosopher of the Common Man* (pp. 15-32). New York, NY: G.P. Putnam's Sons.

Kilpatrick, W.H. (1951). Dewey's Influence on Education. In P.A. Schilpp (Ed.), *The Philosophy of John Dewey* (pp. 447-473). New York, NY: Tudor. (Original Published in 1939)

Kliebard, H.M. (2004). *The Struggle of the American Curriculum, 1893-1958* (3rd. ed.). Boston, MA: Routeledge and Kegan Paul.

Kliebard, H.M. (2006). Dewey's Reconstruction of the Curriculum. In D.T. Hansen (Ed.), *John Dewey and Our Educational Prospect: A Critical Engagement with Dewey's* Democracy and Education (pp. 113-127). Albany, NY: State University of New York.

Kozol, J. (1991). *Savage Inequality: Children in America's Schools*. New York, NY: Crown.

Levine, B. (1996). *Works about John Dewey, 1886-1996*. Carbondale, IL: Southern Illinois University Press.

Levine, B. (2007). *Works about John Dewey, 1886-2006* [Electronic Resource]. Carbondale, IL: Southern Illinois University Press.

Mabie, G. (1998). Forward to the 60th Anniversary Edition. In John Dewey, *Experience and Education, The 60th Anniversary Edition* (pp. iii-iv). West Lafayette, IN: Kappa Delta Pi.

Marke, D.T. (1949). Dewey Sees Ripe Old Age Ahead. Interview Published First in Washington Post, 23 Oct. 1949, 6L. In SV1, pp. 261-263.

Martin, J. (2002). *The Education of John Dewey: A Biography*. New York, NY: Columbia University Press.

Maxcy, S.J. (2002). General Introduction. In S.J. Maxcy (Ed.), *John Dewey and American Education* (pp. ix-xxiv). Bristol, UK: Thoemmes Press.

Meier, D. (1995). *The Power of Their Ideas*. Boston, MA: Beacon Press.

Newmark, P. (1981). *Approach to Translation*. London, UK: Oxford Press.

Passmore, J. (1980). *Philosophy of Teaching*. Cambridge, MA: Harvard University Press.

Perrone, V. (1990). *A Letter to Teachers: Reflections on Schooling and the Art of Teaching*. San Francisco, CA: Jossey-Bass.

Peters, R.S. (Ed.)(1977). *John Dewey Reconsidered*. London, UK: Routledge & Kegan Paul.

Peterson, P.L. (1979). Direct Instruction Reconsidered. In P.L. Peterson & H.J. Walberg (Eds.), *Research on Teaching: Concepts, Findings, and Implications* (pp. 57-69). Berkeley, CA: McCutchan.

Phillips, J.O.C. (1983). John Dewey and Social Control Reconsidered. *History of Education: Journal of the History of Education Society, 12*(1), 25-37.

Resnick, L.B. (1987). *Education and Learning to Think*. Washington, D.C.: National Academy Press.

Ryan, A. (1995). *John Dewey and the High Tide of American Liberalism*. New York, NY: W.W. Norton & Company.

Schillpp, P.A. (Ed.). (1951). *The Philosophy of John Dewey*. New York, NY: Tudor. (Original Published in 1939)

Schmidt, W.H., McKnight, C.C., & Raizen, S.A. (1996). *A Splintered Vision: An Investigation of U.S. Science and Mathematics Education*. Norwell, MA: Kluwer Academic Publishers.

Sfard, A. (1998). On Two Metaphors for Learning and the Dangers of Choosing Just One. *Educational Researcher, 27*(2), 4-13.

Simpson, D.J. (2006). *John Dewey Primer*. New York, NY: Peter Lang.

Simpson, D.J., Jackson, M.J.B., & Aycock, J.C. (2005). *John Dewey and the Art of Teaching: Toward Reflective and Imaginative Practice*. Thousand Oak, CA: Sage.

Sizer, T.R. (1992). *Horace's School: Reading the American High School*. Boston, MA: Houghton Mifflin.

Skilbeck, M. (1970). *John Dewey*. Bristol, UK: Thoemmes Press.

Smith, E.R., & Tyler, R.W. (1942). *Appraising and Recording Student Progress: Evaluation, Records, and Reports in the Thirty Schools*. New York, NY: Harper & Borthers.

Sizer, T.R. (1992). Horace's *Compromise*. Boston, MA: Houghton Mifflin.

Westbrook, R.B. (1991). *John Dewey and American Democracy*. Ithaca, NY: Cornell University Press.

Westbrook, R.B. (1993). John Dewey, 1859-1952. *Prospects: The Quarterly Review of Comparative Education, 18* (1993, 1/2), 277-91. Retrieved September 9, 2011 from http://www.ibe.unesco.org/fileadmin/user_upload/archive/publications/ThinkersPdf/deweye.PDF

Youmans, W.J., & Huxley, T.H. (1873). *The Elements of Physiology and Hygiene: A Text-Book for Educational Institutions*. (Rev. ed.). New York, NY: American Book Co.

Zilversmit, A. (1993). *Changing Schools: Progressive Education Theory and Practice, 1930-1960*. Chicago, IL: University of Chicago Press.

校勘本《杜威全集》電子檔

A 論著部分（*The Collected Works of John Dewey, 1882-1953. Electronic Edition*）

EW1: 227-249　〔1888〕The Ethics of Democracy.

EW4: 70-90　〔1894〕Austin's Theory of Sovereignty.

EW5: 111-150　〔1895〕Interest in Relation to Training of the Will.

EW5: 151-163　〔1897〕The Psychology of Effort.

EW5: 54-83　〔1897〕*Ethical Principle Underling Education.*

MW1: 5-77　〔1899〕*School and Society.*

MW2: 271-293　〔1902〕*The Child and the Curriculum.*

MW3: 158-168　〔1905〕The Postulate of Immediate Empiricism.

MW4: 179-191　〔1908-1909〕The Bearings of Pragmatism upon Education.

MW4: 266-293　〔1909〕*Moral Principle in Education.*

MW5: 177-357　〔1910〕*How We Think（1ˢᵗ ed.）.*

MW7: 142-148　〔1912〕Review of "*Essays in Radical Empiricism*" by William James（1912）. New York: Longmans, Green, & Co.,

MW7: 152-199　〔1913〕*Interest and Effort in Education.*

MW7: 378-387　〔1914〕Lectures to the Federation for Child Study.

MW8: 205-404　〔1915〕*Schools of Tomorrow.*

MW10: 196-201　〔1916〕American Education and Cultures.

MW14　〔1922〕*Human Nature and Conduct.*

LW1　〔1925〕*Experience and Nature.*

LW2: 236-373　〔1927〕*The Public and Its Problems.*

LW3: 257-268　〔1928〕Progressive Education and the Science of Education.

LW3: 280-285　〔1928〕The Manufacturers' Association and the Public Schools.

LW4　〔1929〕*The Quest for Certainty: A Study of the Relation of Knowledge and Action.*

LW5: 3-12　〔1929〕*The Sources of a Science of Education.*

LW5: 147-162　〔1930〕From Absolutism to Experimentalism.

LW5: 178-196　〔1929〕James Marsh and American Philosophy.（Lectured in

1929, Published in 1941）

LW5: 279-289	〔1930〕Three Independent Factors in Morals.
LW5: 319-325	〔1930〕How Much Freedom in New Schools?
LW6: 75-89	〔1931〕The Way Out of Educational Confusion.
LW6: 123-131	〔1932〕The Economic Situation: A Challenge to Education.
LW8: 107-353	〔1933〕*How We Think* (*2nd ed.*).
LW9: 147-167	〔1933〕Why Have Progressive Schools?
LW9: 194-204	〔1934〕The Need for a Philosophy of Education.
LW9: 3-58	〔1934〕*A Common faith.*
LW12	〔1938〕*Logic: The Theory of Inquiry.*
SV1: 248-250	〔1947〕Attracting the Best Minds to Teaching, Interview by Benjamin Fine.
SV1: 261-263	〔1949〕Dewey Sees Ripe Old Age Ahead, Interview by David Taylor Marke.

B 信函部分（*The Correspondence of John Dewey, 1953-2007* (*I-IV*). *Electronic edition.*）

Dewey, J. (1894). John Dewey to Alice Chipman, 1894.11.01（00218）. Volume 1: 1871-1918.

Dykhuizen（1967）. George Dykhuizen to Lucy Dewey Brandauer, 1967.03.16（20608）. Volume 4: 1953-2007.

Hook, S.（1977）. Sidney Hook to *Times Literary Supplement* Editor, 1977.07.22（21286）. Volume 4: 1953-2007.

Lucy Dewey（1967）. Lucy Dewey Brandauer to George Dykhuizen, 1967.03.22（20610）. Volume 4: 1953-2007.

譯注後記

　　這本依1998年發行的《經驗與教育》六十週年增訂版本，而進行的重新譯注，自2010年初起意，歷經撰擬計畫、提出計畫、完成初稿、送審、修正、國外版權聯絡、簽訂合約、校讀與出版等過程共費時五年。

　　本人在2010年初自原服務的澳門大學返台後，即開始著手本計畫的準備工作，當年年底以國立臺灣師範大學教育學系退休教授身分提出申請時，是預定以二年的時間執行完畢。惟於2011年6月下旬，本人以中國文化大學師資培育中心專任教授的身分，由國科會公布之《經驗與教育》譯注案的經費核定單得知，該案執行的年限經縮減為一年，而非預定之二年。

　　以一年的時間執行，再加上因為在2012年10月底之前繳交成果報告而多出的二個月，一共14個月的時間，要執行原來計畫二年完成的工作，本人勢必要在作息時間上進行相當大幅度的調整：除了教學、輔導與服務等一定必要的工作外，不再承擔額外的工作，全心全力投入譯注計畫。原計畫中，是以工作時間的百分之四十執行譯注計畫的工作；但是，實際上，則是超過百分之五十的時間，而且還不計算寒暑假幾乎是百分之百的時間投入。

　　2013年2月，承辦人魏念怡女士以電郵通知：該經典譯注計畫經審查作業，獲得推薦「修正後出版」，又譯注文稿中檢附杜威與其女撰寫的兩篇文字，因這兩篇與全書的關係不大，建議不予附上。另該函並請本人確認需原典的授權事宜。本人於2013年4月完成修正，乃將書稿等資料及KDP出版部負責人Kathie-Jo Arnoff的聯絡方式交予聯經出版事業公司。

或許是因為必須一一處理的譯注書稿太多，再加上這本書是KDP於1998年發行的《經驗與教育》六十週年增訂版本，除該書的原文之外，還包含四位學者的評論，所以在授權事宜的處理上也較費周章。一直到2014年8月聯經出版事業公司才來函，確認可以進行編輯與付梓的程序。本人於2014年9月，完成初稿再次校讀，送交聯經出版事業公司。於今，該書終得出版問世。

在此，本人特別感謝兩位匿名審查人的仔細審閱，尤其難能可貴的是，他們將本書的譯文與原文一一對照，就更好的譯注方式提出了十分有價值的建議。

當然，也要特別感謝聯經出版事業公司處理本書編輯及版權事宜的諸位同仁，若無他們的協助，本書無法順利出版。

單文經　謹誌

2015年3月1日

現代名著譯叢
經驗與教育

2015年7月初版　　　　　　　　　　　　　　定價：新臺幣360元
2020年2月初版第三刷
有著作權‧翻印必究
Printed in Taiwan.

著　　　者	John Dewey	
譯 注 者	單　文　經	
叢書主編	沙　淑　芬	
校　　對	吳　美　滿	
封面設計	蔡　婕　岑	
編輯主任	陳　逸　華	

科技部經典譯注計畫

出　版　者	聯經出版事業股份有限公司	總 編 輯　胡　金　倫
地　　　址	新北市汐止區大同路一段369號1樓	總 經 理　陳　芝　宇
編輯部地址	新北市汐止區大同路一段369號1樓	社　　長　羅　國　俊
叢書主編電話	(02)86925588轉5310	發 行 人　林　載　爵
台北聯經書房	台北市新生南路三段94號	
電話	(02)23620308	
台中分公司	台中市北區崇德路一段198號	
暨門市電話	(04)22312023	
郵政劃撥帳戶	第0100559-3號	
郵 撥 電 話	(02)23620308	
印　刷　者	世和印製企業有限公司	
總　經　銷	聯合發行股份有限公司	
發　行　所	新北市新店區寶橋路235巷6弄6號2F	
電話	(02)29178022	

行政院新聞局出版事業登記證局版臺業字第0130號

本書如有缺頁，破損，倒裝請寄回台北聯經書房更換。　　ISBN　978-957-08-4592-1 (平裝)
聯經網址 http://www.linkingbooks.com.tw
電子信箱 e-mail:linking@udngroup.com

Experience and Education: The 60th Anniversary Edition, published in 1998 by Kappa Delta Pi, International Honor Society in Education, is translated from English and printed with permission of
the publisher. This Work, as well as John Dewey's original lecture presented in 1938, are both copyrighted by Kappa Delta Pi
Complex Chinese edition © Linking Publishing Company, 2015
All rights reserved

國家圖書館出版品預行編目資料

經驗與教育 / John Dewey著．單文經譯注．
初版．新北市．聯經．2015.07．
280面；14.8×21公分．（現代名著譯叢）
譯自：Experience and education
ISBN　978-957-08-4592-1（平裝）
[2020年2月初版第三刷]

1.杜威（Dewey, John, 1859-1952）　2.學術思想
3.教育哲學

520.148　　　　　　　　　　　　104012398